Consumicidio

Ensayo sobre el consumo (in)sostenible

Josep Mª Galí

1ª edición: Noviembre 2013

ISBN: 978-84-941447-1-4
DL: B-25538-2013

© Del texto, Josep Mª Galí, 2013
© Diseño de la cubierta: OmniaBooks, 2013
© Imagen de cubierta: Full image - Fotolia

Revisión del texto: OmniaBooks
© De la edición, OmniaBooks, Omnia Publisher. S.L., 2013
www.omniabooks.com

[La conclusión de este trabajo de crítica social es que las conductas de consumo en las sociedades de economía capitalista tienen su origen en un carácter social inconsciente y colectivo. Este carácter es el núcleo central de un sistema basado en la estimulación del consumo, que conduce a la humanidad hacia una crisis global de sostenibilidad. Esta crisis tendrá una gravedad difícil de imaginar, y pondrá en jaque nuestro progreso y bienestar a nivel global. La vía más eficaz para prevenir y amortiguar estos efectos es la desactivación acelerada del carácter consumista. Esta desactivación pasa por impulsar con fuerza procesos emergentes de cambio, en el ámbito de la ciudadanía, de la política y de la gestión empresarial, cambios que ayudarán a conducir a la sociedad por la vía de la liberación de la alienación consumista y a devolver a las personas no solo su condición de ciudadanos éticos, sino también el poder político que el sistema ha puesto en manos de las empresas y los mercados.]

En el lenguaje de los filósofos podríamos también titular este trabajo:

Del Mamonismo Idiota al Humanismo Político

Mamonismo

Mamonas (voz aramea): riqueza, dinero
(Vox Diccionario Griego Español)

"Lucrum Punice Mammon dicitur"
(El lucro castiga, dice Mammon)
(Agustín de Hipona, Sermones a la Iglesia de Cesárea)

Nadie puede servir a dos señores; porque o aborrecerá al uno y amará al otro, o estimará al uno y menospreciará al otro.
No podéis servir a Dios y a Mammón.
(Mateo 6, 19-21, 24).

Idiota

"Idiota es una palabra derivada del griego ἰδιώτης, idiōtēs, de ἴδιος, idios (privado, uno mismo). Empezó usándose para un ciudadano privado y egoísta que no se preocupa-ba de los asuntos públicos"
(http://es.wikipedia.org/wiki/Idiotez)

Humanismo

"Como los ideales humanos son muchos, han proliferado los humanismos"
Josep Maria Ferrater Mora. Diccionario de la Filosofía.
(Humanismo)

Político/a

"que no se puede llamar feliz a quien no participa en las cuestiones públicas, que nadie es libre si no conoce por experiencia lo que es la libertad pública y que nadie es li-bre ni feliz si no tiene ningún poder, es decir, ninguna parti-cipación en el poder público"
Hannah Arendt. ¿Qué es la política?

Índice

"La conciencia no solo atañe al descubrimiento de los conflictos Íntimos, sino también a los conflictos de la vida social que las ideologías (las justificaciones sociales) niegan y ajustan".

Erich Fromm

Del Tener al Ser.

"La sociedad de consumidores extrae su vigor y su impulso de la desafección que ella misma genera de manera experta".

Zigmunt Baugman

Mundo Consumo

"Got thirteen channels of shit on the T.V. to choose from".

Pink Floyd

Nobody Home

"There can be no Event for a non-engaged objective observer. Lacking this engaged position, mere descriptions of the state of things, no matter how accurate, fail to generate emancipatory effects".

Slavok Zizek

Living in the End Times

Para Agnès, Irene y Helena,

¡Que no os consuma el consumo!

A Mònica,

Siempre a mi costado

Agradecimientos

Este trabajo no habría sido posible sin el soporte de personas e instituciones que me han apoyado durante su desarrollo. Agradezco a ESADE y a la Universidad Autónoma de Barcelona la oportunidad de contrastar mis ideas con los alumnos. A Ferran Rodés, su confianza el haberme encargado diversos estudios de consumo alrededor del mundo. A Jordi Galí i Garreta, director del CREI de la Universitat Pompeu Fabra le agradezco su contraste, y su ayuda en mostrarme que la investigación en macroeconomía lleva a conclusiones similares a las que llego desde la crítica y la filosofía social. A mis colaboradores de AXIS Consultants les debo reconocer la paciencia que han mostrado durante algunas de mis desapariciones mentales de la empresa, y en particular agradecer a Carla Vallès su trabajo paciente en la que a veces parecía interminable búsqueda de fuentes y en la corrección del manuscrito.

A mi esposa, Mònica Sans, le agradezco su apoyo y su ánimo constante. Siempre ha estado ahí, con sus observaciones agudas que me han ayudado a centrar algunas de las perspectivas que se exponen en este libro. Finalmente, a mis hijas Irene, Agnès y Helena les doy las gracias por la comprensión que han mostrado cuando su padre estaba más por los libros y papeles que por ellas. Espero que el tiempo que les he tomado prestado, y que sin duda merecen, no haya sido consumido en balde.

Prefacio

La pregunta que me ha llevado a trabajar sobre el rol, el sentido y las consecuencias personales y sociales del consumo en nuestra sociedad, y finalmente me ha movido a escribir este libro se ha forjado lentamente en el paso inexorable del tiempo vital. Ha sido una pregunta que aparecía y desaparecía, como los delfines en la navegación de altura, en formas diferentes y en fondos diversos. Se ha ido puliendo como las piedras en el río y finalmente ha adoptado una forma manejable, plástica, incluso amable, a la vez que caliente, pegajosa, incluso molesta, como las moscas que en verano no nos dejan hacer la siesta.

La pregunta que poco a poco creí que "valía la pena ser pensada", como propone Heidegger, se basa en una honda preocupación sobre la sociedad actual y los valores que marcan el mundo en el que vivimos nosotros, viven y vivirán nuestros hijos. Por un lado el que escribe es –como probablemente muchos de los lectores– producto de los felices 30 en España (1980-2007). Un figurante más de la obra colectiva de la posttransición democrática, de su enorme crecimiento económico y su explosión consumista, que no tiene precedentes. Por otro lado, como analista del consumo y como docente de la psicología del consumo, la preocupación y las preguntas sobre el sentido de tal explosión consumista se iban amontonando sobre mi inconsciente. ¿Era el consumo una promesa de felicidad? ¿Qué suponía que en una sociedad todos los agentes coincidieran en valorar el estímulo del consumo como una pieza clave del sistema de crecimiento? ¿Qué grado de sostenibilidad mostraba este sistema? El resfriado intelectual que provocaron tales cuestiones se contagió a mi actividad docente y a mi actividad de asesoría empresarial. Lo de compartimentar la vida y vivir vidas paralelas con significados disjuntos es algo que al que escribe estas líneas no se le da muy bien. Con los años era inevitable que el contagio requiriera una cura en profundidad, lo que conlleva inexorablemente intentar entender con algo de profundidad el funcionamiento del sistema.

El mensaje que manda la sociedad y particularmente sus agentes más poderosos ante este tipo de preguntas, incómodas para la mayoría, es muy simple. Consiste en evitar el tema. La época de "Carros de Fuego" ya ha pasado. Estamos en la sociedad capitalista, la sociedad de la economía, dominada por el mercado y el dinero. Es una sociedad de ideología unidimensional, ya ha caído el muro de Berlín y hasta China ha adoptado el capitalismo más puro como sistema económico. Fukuyama dixit: nos encontramos en el fin de la historia - y algunos ilusos se lo han creído. Ocio y negocio en nuestro sistema de mercado es lo mismo, ¿no era yo un lector asiduo de Marcuse? Pero algo me decía que estaba en falso. El proceso intelectual ha llevado años en incubación, y no se ha desvanecido con los antibióticos de la legitimación del "esto es así porque así es el sistema y no lo vamos a cambiar".

Me he preguntado repetidamente hasta qué punto las condiciones de vida actuales en el sistema capitalista de mercado - más o menos regulado- tienen una influencia directa y permanente sobre el carácter de las personas. Hablo de "carácter", no de meros actos, actitudes, incluso valores, sino sobre lo que es más estable y que condiciona de manera más sibilina, encubierta, efectiva y omnipresente todo nuestra trayectoria vital y su mismísimo sentido. El carácter. Nada más y nada menos.

Recientemente una de mis hijas me preguntó si yo escribía libros para ganar dinero y hacerme famoso. Su hermana mayor declaró solemnemente en la mesa familiar que su ilusión era tener una gran mansión y dos perritos pequeños "de estos que están de moda". ¡Atrapadas por el sistema con solo 8 años! pensé. Estoy seguro que escenas parecidas se repiten en tantas y tantas familias que se plantean cómo educar a sus hijos en un contexto social en el que la compra, el consumo y la economía en general tienen un papel de primer orden, el papel de protagonista de la dinámica social y mediática. Si no crece el consumo es que vamos mal, este es el mantra que oímos repetido hasta la saciedad.

Evidentemente deberíamos especificar con exactitud que queremos decir con "condiciones de vida actuales", "sistema capitalista de mercado más o menos controlado" y "carácter". Lo haremos, espero que sobradamente. Pero antes quiero dejar claro que he intentado en este trabajo no caer en la tentación fácil de hacer un llamamiento -o un lamento- antisistema, ni llamar a la revolución contra las multinacionales, los mass-media y la publicidad. Tampoco ha sido mi intención realizar una catarsis auto liberadora al estilo Burning Man. He intentado analizar con todo el rigor con el que he sido capaz, con la cabeza fría y el corazón implicado, un fenómeno que me parece que incide de forma inconsciente y muy intensa sobre las vidas de muchas personas, me atrevería a decir, sobre la vida de todos, y además de formas a menudo perjudiciales para la autorrealización y para la construcción de una sociedad más humana, igualitaria y sostenible.

Evidentemente, calificar de negativa esta influencia supone basarse en una escala de valores sobre lo que es bueno y lo que no es bueno para las personas. Supone pensar de forma moral, con el convencimiento de que la moral, aunque etimológicamente provenga de "mores", o sea costumbres, no es un conjunto de reglas o costumbres que cambian según los tiempos o las circunstancias. Nuestra posición es que existen unos principios morales básicos comunes en todos los hombres, y que esta moral esencial es lo que hace precisamente que las personas sean humanas y no animales.

Mi tesis resumidamente es la siguiente: el sistema económico y social en el que vivimos nos moldea el carácter de una forma que impide nuestra plena realización como personas y como colectivo de individuos. Esta conclusión debería llevar inmediatamente a la reflexión sobre qué mecanismos de control social son necesarios sobre ciertas prácticas asociadas a lo que se denomina el marketing, que si bien de forma individual pueden parecer perfectamente legítimas, de forma agregada aportan una contribución negativa al bienestar de las personas y a la construcción de una sociedad sostenible.

Probablemente se sorprenderán que sea un especialista en ciencias de gestión, profesor de una escuela de negocios y consultor de empresas quien tenga este discurso. Pero en este tema, mi vida personal y mi vida profesional se cruzan en un imperativo categórico kantiano que me obliga a intentar comprender el cómo, por qué y las consecuencias de conductas personales y empresariales, tanto a nivel individual como a nivel agregado. Me interesa tanto comprender el impacto en las ventas que genera una campaña de publicidad –cosa que entra dentro de mis obligaciones profesionales– como comprender como el conjunto agregado de estímulos al que estamos sometidos moldea nuestra manera de vivir en una forma que sospecho que es poco libre y por lo tanto, poco humana. Al fin y al cabo la sospecha se resume en un par de preguntas sencillas, retóricas podría parecer. ¿Somos libres en las decisiones que tomamos? ¿Estamos en un sistema que políticamente se define como de democracia y libertad pero que económicamente nos tiene atrapados en un engranaje inevitablemente pernicioso?.

Las reacciones que crea la contestación del sistema desde el corazón del mismo son diversas, confusas a veces, ambivalentes y no siempre agradables. Es un auténtico proceso de liberación personal que describe bien Zizek en la introducción de su trabajo "Living in the End Times", un trabajo provocador, una carga de profundidad en el sistema. Las emociones empiezan con la negación del problema, "esto es así, así lo hemos encontrado y así lo dejaremos", prosiguen con la rabia, "con lo bien que estábamos, tener que preocuparnos de esto..."; continúa con la negociación "y si pusiéramos un parche aquí o allí"; madura con la depresión "este sistema es un desastre y es imposible cambiarlo" y acaba con la aceptación del mal que impone la realidad y la voluntad o no de actuar sobre este mal. Probablemente es en la depresión donde están actualmente muchos ciudadanos en las economías en crisis o post-crisis, de sobreendeudamiento crónico, en parte causado por un consumo desaforado e irracional.

La conclusión de todo este proceso la hemos resumido en el párrafo introductorio. Las conductas de consumo en las sociedades de economía capitalista tienen su origen en un carácter social inconsciente y colectivo. Este carácter es el núcleo central de un sistema basado en una estimulación sistémica del consumo, que conduce a la humanidad hacia una crisis global de sostenibilidad. Esta crisis tendrá una gravedad difícil de imaginar, y pondrá en jaque nuestro progreso y el bienestar a nivel global. La vía más eficaz para prevenir y amortiguar sus efectos es la desactivación acelerada del carácter consumista.

Esta desactivación pasa por impulsar con fuerza procesos emergentes de cambio, en el ámbito de la ciudadanía, de la política y de la gestión empresarial, cambios que ayudarán a conducir a la sociedad por la vía de la liberación de la alienación consumista y a devolver a las personas no solo su condición de ciudadanos éticos, sino también el poder político que el sistema ha puesto en manos de las empresas y los mercados.

Si con la lectura de este libro alguien ve una puerta de salida a un salón cerrado, quizás confortable, pero en el que a veces se siente prisionero; si a alguien se le abre una ventana para respirar aires más sanos fuera de la vorágine del "trabajo para consumir" y del "consumir para trabajar"; si ayudamos a algún padre de familia a evitar que sus hijos, él mismo o su matrimonio sean consumidos por el consumo, nos daremos por bien pagados. Si además con este trabajo contribuimos a concienciar a la sociedad de cómo nos "consume el consumo" y desencadenamos algo de debate intelectual en el campo de las prácticas comerciales de las empresas y de la política pública sobre consumo, del que estamos muy faltados, nos daremos por excelentemente retribuidos.

Éller, La Batllia, Baixa Cerdanya,

16 de Mayo del 2010

Introducción al carácter consumista

Cuando reviso esta introducción seguimos sumidos en la mayor de las incertidumbres. La burbuja económica que parecía una profecía de mal agüero estalló hace cinco años con virulencia. El aterrizaje suave que nos prometían políticos y economistas se ha convertido en un aterrizaje de emergencia y a fecha de hoy seguimos dando bandazos por la pista. Nadie sabe a ciencia cierta si con las viejas herramientas de política económica saldremos airosos de la situación. La perplejidad de la sociedad se traduce en malestar, el malestar en conflicto social, en sus múltiples expresiones. Los economistas - que nos habían hecho creer que le habían tomado la medida a la máquina del crecimiento - están también algo perplejos. Se contradicen. Nuestros políticos tienen miedo a emprender reformas estructurales, copian fórmulas de otros países, parece que hay que enfrentarse a viejas instituciones y a intereses corporativistas que lastran la recuperación y nos empobrecen a todos.

Ante esta situación de grave crisis económica, a la que se mezcla una crisis de confianza en las capacidades de la clase política para liderar el país[1], aparecen algunos síntomas de cambio que nos pueden conducir por sendas de enriquecimiento personal y colectivo sostenibles, con sentido, más genuinamente humanas. He avanzado en el prólogo que no creo en las posturas catastrofistas ni en las soluciones milagrosas basadas en revoluciones utópicas. El conocimiento de la realidad empresarial y de la vida económica en occidente en los últimos cincuenta años creo que da la razón a Karl Pop-

---

1 Cuando escribimos estas líneas los ciudadanos ven con impotencia - o quizás ya asqueados e insensibles - como se destapa un reguero de casos de corrupción por parte de la clase dirigente. Las encuestas de opinión reflejan una desconfianza sistémica en el Gobierno y en en la oposición.

per[2] cuando concluye que "nuestro mundo es el mejor que ha habido a lo largo de la historia". No es él el único que tiene una visión no pesimista ni negativa del devenir social. Observadores de la realidad contemporánea como Lipovetsky[3] coinciden en calificar nuestra época como una transición esperanzada a un futuro en el que por primera vez la humanidad puede compartir un tronco común de valores éticos universales.

Otros analistas del devenir social, como Baugman[4], no comparten un optimismo que consideran que no se sostiene en un análisis riguroso de la sociedad actual, y constatan que no existe tal comunión de valores. A pesar de su crítica, Baugman, como Arendt, cree que la esperanza no radica en lo que comparten las personas, por más prevalente y bienintencionado que sea, sino *en que existe una responsabilidad moral innata*, que "existe antes de cualquier reafirmación o prueba" que es finalmente la que puede responsabilizarse de la necesidad de enfrentarse a la propia y colectiva circunstancia. Y ahora necesitamos poner de manifiesto esta responsabilidad moral para salir del pozo en el que parece que hemos caído.

A nivel de la praxis social, soy un firme convencido de que el progreso avanza por la senda de la reforma de las instituciones, y que los conflictos que terminan con rupturas violentas suponen casi siempre pasos atrás y retornos a situaciones peores de las que se quería salir. En esta línea, estamos cerca del pensamiento de Touraine[5] cuando no confía en que el resultado de una revolución sea mejor que el de la reforma.

Se puede añadir al discurso de Touraine una consideración práctica: es difícil visualizar lo que representaría como cambio social una revolución en el contexto del mundo globalizado del

---

2 Popper, K.R. (1994). *La responsabilidad de vivir. Escritos sobre política, historia y conocimiento.* Paidós, Barcelona.

3 Lipovetski, G. (2006). *Los tiempos hipermodernos.* Anagrama, Barcelona.

4 Baugman, Z. (2005). *Ética posmoderna.* Siglo XXI Editores. México.

5 Touraine, A. (2009). *La mirada social. Un marco de pensamiento distinto para el siglo XXI.* Paidós, Barcelona.

siglo XXI en la que el poder del Estado está repartido en múltiples instituciones, locales, regionales, nacionales y supranacionales. ¿Qué Bastilla hemos de tomar? se preguntarían los revolucionarios...Todas, respondería su ideólogo. Y como esto es imposible, debemos esperar que el sistema colapse para colarnos entre sus rendijas y desencadenar el cambio. Exactamente la tesis del filósofo neocomunista Zizek.

Y la esperanza en la capacidad de evolucionar no es solamente patrimonio de los críticos sociales. Los literatos quizás expresan con mayor fuerza emocional el dilema actual y la urgencia en la acción. Amin Malouf, que nos deleita con deliciosas horas de lectura de historias en ambientes lejanos que huelen a jazmín, nos expone las dificultades a las que se enfrenta la humanidad en su conjunto:[6]

"Cuesta mucho admitir, por ejemplo, que la forma pacífica y anodina con la que nos comportamos cada día puede provocar un cataclismo climático de primer orden y acabar siendo tan suicida como tirarse al vacío".

En España tenemos un ejemplo positivo y bien claro de evolucionismo exitoso en el desarrollo de la transición democrática. Sin embargo, después de este período de crecimiento democrático y económico, la actual crisis pone en entredicho visiones generalmente aceptadas por la sociedad y por los que intentan analizarla y comprenderla. Entre estas visiones en crisis está la del crecimiento económico, que debe "cambiar" aunque no se sabe muy bien cómo y de qué manera. En este estado de desconcierto se formulan por parte de los líderes políticos y económicos propuestas de lo más chocantes: ¡un presidente socialista exhorta a los ciudadanos a consumir más para paliar los efectos de la crisis económica!

Ante esta cacofonía de propuestas, propuestas retiradas y contrapropuestas, intentaremos focalizar el análisis en un hecho evidente y objetivo: no estaríamos donde estamos si los

---

6 Malouf, A. (2009). *Le Déreglement du Monde*. Grasset Frasquelle, Paris. Trad. catalana, La Campana, Barcelona.

individuos de este país - y de muchos otros países – no hubieran tomado malas decisiones (de las que después se han arrepentido). Decisiones malas de consumo que han conllevado niveles de endeudamiento nunca vistos y a todas luces irracionales, tal como se ha comprobado más tarde. Algunos ejemplos lo ilustran en todo el mundo occidental: en los años 80 la tasa de ahorro de las familias estadounidense era de dos dígitos. Esta tasa cayó al 5% en 1994, y al -1% en 2006. Los americanos gastaban más de lo que ganaban. En China las tasas de ahorro son del 50% de la renta. En 2005, la deuda media por familia en tarjetas de crédito en EEUU era de 9.000$! En España decenas de miles de familias han perdido su vivienda principal por ejecuciones hipotecarias, más de cien mil al año, en los últimos años... ¿Cómo es posible que una sociedad permita – y anime - a tantos millones de individuos a tomar decisiones tan irracionales y que tienen después consecuencias muy negativas para su bienestar, para la estabilidad del sistema financiero, el crédito a las empresas y finalmente el conjunto de la economía y la sociedad?

Mi enfoque intenta evitar caer en dos posiciones que solo acaban creando frustración: el optimismo naïf y bienintencionado (el buenismo, que llaman algunos) y el catastrofismo bíblico. Ambos dan probablemente buenos réditos comerciales en forma de notoriedad y ventas pero no sirven más que para alimentar frustraciones de uno u otro signo. Y a la vez, enrocarse en posiciones que impiden la evolución o iniciar auténticas revoluciones silenciosas. El catastrofismo y el utopismo son tan viejos como la humanidad, y ambos han servido históricamente para imponer y legitimar ideologías, religiones, dictaduras y hasta genocidios.

El catastrofismo resurge de manera periódica en los ámbitos más diversos. A mediados del siglo XX, el historiador Arnold J. Toynbee en un artículo en ocasión del 50 aniversario de la Harvard Business School, escribía[7]:

---

7 Toynbee, A.J. (1958). Thinking Ahead. *Harvard Business Review,* January - February 1958.

"Nuestra situación hoy no es distinta de la del mundo Greco-Romano justo antes de que fuera salvado por César Augusto. Aquí y ahora, existe una necesidad urgente, como había allí y entonces, de paz, armonía, trabajo en equipo, organización, administración y eficiencia a escala mundial. Estamos en el mismo peligro de ver la civilización autodestruirse por las revoluciones y la guerra. En nuestra situación, el peligro y la urgencia es considerablemente superior".

Desde una óptica completamente contemporánea, Slavoj Zizek también predica un acercamiento catastrófico al final de los tiempos: *"La hipótesis básica de este libro es bien simple: el sistema capitalista global se está acercando a un punto cero apocalíptico".*

Creo que debemos ser capaces de diferenciar entre los análisis que nos llevan a conclusiones que podríamos calificar de catastróficas y la actitud catastrofista como principio de análisis. Los análisis de Toynbee y de Zizek efectivamente llevan a preocupaciones muy serias sobre la evolución del sistema y tocan hueso. Pero también debemos tener en cuenta que catástrofe no significa el fin de los tiempos, a no ser que no sea "una" catástrofe sino "La" catástrofe con mayúsculas.

Más allá de estas consideraciones el que escribe está convencido de que lo que necesita la humanidad son buenas políticas y buen gobierno basados en el aprendizaje constante y el recuerdo y aprendizaje de la historia, de la experiencia y de la ciencia. Y unos valores humanistas básicos compartidos por todos. Pero si bien parece cierto que el catastrofismo no lleva a ninguna parte también lo es que el sistema capitalista ha llegado con la crisis del 2008 - en la que todavía estamos empantanados - a un nivel de colapso sin precedentes que sin la intervención de los Estados, asumiendo el riesgo "inmoral" que los agentes económicos del capitalismo habían tomado[8]

---

8 Los economistas hablan del problema del riesgo moral para describir el comportamiento de los agentes que asumen riesgos excesivos a sabiendas que si sus negocios fallan alguien vendrá a rescatarlos y no les dejará que se hunda.

nos hubiera llevado a una situación peor que la del 1929, que preparó el terreno a una guerra mundial. Y lo más curioso es que cuando estalla la crisis es de los consumidores de quien se espera que con su cartera y ganas de comprar revitalicen la economía que los financieros sin escrúpulos han maltrecho estimulando a consumidores irresponsables, como describe con acierto Baugman[9].

Lo que parece evidente es que el origen del embrollo, las "deudas malas" corresponden a "compras malas", y nos preguntamos el porqué de estas decisiones de compra. Nos preguntamos porque los individuos y las familias de este país y de otros se han embarcado en decisiones de consumo avanzado que suponían riesgos muy evidentes. Nos preguntamos sobre el efecto agregado de las prácticas de marketing sobre la estimulación del consumo, no solo como un efecto puntual, macroeconómico o coyuntural sino en su vertiente más profunda y estructuradora de valores y actitudes e incluso de lo que creemos que constituye *un auténtico carácter social*, tesis principal de este trabajo.

Mi hipótesis de partida es que la actividad agregada del marketing en la economía capitalista no solo estimula el consumo de bienes concretos y conduce a decisiones irracionales, sino que crea un *carácter social* que tiene su elemento más definitorio en la propensión compulsiva, inconsciente, irracional e insostenible a consumir bienes y servicios y en particular, bienes materiales. Esta propensión no es solo un efecto de coyuntura sino que se integra en el subconsciente colectivo como algo que marca de forma desconocida nuestra vida individual y social. Cuando George Bush[10] declara en Septiembre del 2001 después del atentado contra las torres gemelas que *"No dejaremos que los terroristas nos impidan ir de shopping"* refleja de una forma algo infantil – o sea profundamente ver-

---

9 Baugman, Z. (2009). *Vida de Consumo*. Paidós, Barcelona.

10 Norris, T. (2004). *Hannah Arendt and Jean Baudrillard: pedagogy in consumer society. The Encyclopedia of informal education* en http://www.infed.org/biblio/pedagogy

dadera - un subconsciente colectivo ampliamente compartido, y no precisamente novedoso. Vance Packard recuerda en su célebre libro "The Waste Makers"[11] que a Eisenhower le preguntaron en rueda de prensa que pensaba que debería hacer la gente para ayudar a salir de la depresión del 1957:

- *Compre – le espetó el Presidente*

- *¿Que compre qué? – pidió el periodista*

- *Lo que sea – respondió el Presidente*

Packard relata cómo los asesores de Eisenhower, y especialmente el Secretario del Tesoro, que había lanzado una campaña para captar fondos a través de bonos a particulares, le comentaron que quizá su respuesta había sido demasiado simplista. Eisenhower, en una posterior rueda de prensa matizó que solo debían comprar lo que necesitaban....¡y deseaban!

"Buy days mean paydays...and paydays mean better days...so buy, buy buy...something that you need today".

rezaba una canción de moda omnipresente en la radio de la época[12].

La lectura de Packard muestra hasta qué punto el estímulo constante del consumo es un elemento nuclear en la economía norteamericana, y como toda la preocupación de los economistas, académicos, publicitarios y líderes empresariales iba dirigida a fomentar el consumo interno, de manera que el mercado pudiera absorber los incrementos de producción de la industria. El hecho de que en aquellos años la economía soviética creciera más que la americana añadía mayor justificación al estímulo del consumo. Todo ello ha contribuido a que sea en los Estados Unidos donde este carácter consumista haya adquirido su máxima influencia en la vida cotidiana.

---

11 Packard, V. (1961). *The Waste Makers*. Longman, New York.

12 Packard, V. (1961). *The Waste Makers*. Longman, New York.

En este trabajo intentaremos analizar en que consiste el carácter social consumista: cuál es su génesis, su sistema de legitimación y soporte institucional; cómo evoluciona en las sociedades en desarrollo y sociedades más desarrolladas y como la prevalencia de este carácter es un elemento que puede frenar la toma de consciencia global ante los riesgos asociados al crecimiento no sostenible y al desarrollo pleno de los individuos de este planeta. Analizaremos también cómo emergen en las sociedades más avanzadas valores y conductas que permiten intuir la emergencia de lo que podríamos denominar un carácter post-consumista, una forma diferente de entender el consumo con algunas características que relegan el consumo a un rol menos estructurador de la dinámica social.

Nuestro convencimiento es que el conocimiento de este carácter es esencial para activar políticas públicas[13] que hagan a los individuos más conscientes de que se encuentran en un proceso de "inmersión consumista inconsciente", de consecuencias indeseables para todos. Este convencimiento, quizás no compartido extensivamente entre la ciudadanía, se encuentra entre las preocupaciones de la Comunidad Europea y de las instituciones internacionales, que en un documento del Consejo de la Comunidad 2006 revisa la política de desarrollo sostenible y entre los objetivos destaca[14] que es necesario *"Promover hábitos de producción y consumo sostenibles…"*

Como en tantos ámbitos de la vida, los primeros que avisaron del problema fueron los poetas y trovadores: *"societat de consum!"* cantaba Raimón en los años 70[15]:

13Más adelante argumentaremos que es improbable un crecimiento equilibrado y sostenible que se base en el postulado de autorregulación de los mercados y soberanía del consumidor.

14 European Union (2006). Review of the EU sustainable Development Strategy (EU SDS). Brussels, 9 June 2006, 22.

15 Raimon es un cantautor valenciano que en los años 70 cantaba esta canción. Ver en http://www.youtube.com/watch?v=-aFHP499fOg

Tu compres un poquet,
jo compre un poquet,
aquell una miqueta de
res; d'això en diran
després:
societat de consum.

Tu treballes bastant,
jo treballe quan puc,
aquell treballa tot l'any,
i sempre es diu el mateix:
societat de consum.

Tu viatges molt poc,
jo viatge bastant,
aquell del poble no surt;
ha, ha, ha, ha:
societat de consum.

Les botigues ben plenes,
les butxaques ben buides,
les teues, les meues, les
seues.

Però és hora de saber
qui és qui les té plenes.

Societat de consum

(1970)

Tú compras un poquito
Yo compro otro poquito
él un poquito de nada
a esto le llaman después:
sociedad de consumo.

Tú trabajas bastante,
Yo trabajo cuando puedo,
él trabaja todo el año
y siempre se dice lo mismo:
sociedad de consumo.

Tú viajas muy poco
yo viajo bastante
él del pueblo no sale:
ja,ja,ja,ja:
sociedad de consumo.

Las tiendas bien llenas,
los bolsillos bien vacíos,
Los tuyos, los míos, los
suyos.

Pero es hora de saber
Quien los tiene llenos…

Sociedad de consumo

(1970)

Marie-Claude Sicart[16] en su trabajo sobre los orígenes del deseo consumista menciona a Emma, la célebre Madame Bovary, como primer arquetipo literario de consumismo compulsivo y autodestructivo. Madame Bovary no puede dejar de caer embrujada de deseo ante cualquier objeto que otros posean y que ella debe poseer, porque está poseída por el deseo, incluso cuando va al notario para que le embarguen sus

---

16 Sicart, M.C. (2005). *Les Ressorts Cachées du Désir. Trois Issues à la Crise des Marques* Pearson Education France. Col. Village Mondial.

bienes por impago de deudas. La diferencia entre la Madame Bovary y el grito de Raimon es sustancial. Lo que era el siglo XIX francés un consumo social compulsivo para pertenecer a una clase social no tenía para el resto de sus coetáneos las consecuencias que tiene actualmente la consolidación de un carácter consumista en el mundo global. Era un fenómeno aislado a los que podían experimentarlo, sin consecuencias generalizadas ni globales. Raimón nos habla de un fenómeno que se inició en los 60 en España y adquirió su máxima expresión alrededor del 2005 antes del estallido de la burbuja inmobiliaria del 2008.

La crítica a la sociedad de consumo se ha enfocado repetidamente desde una óptica que pone de manifiesto una nueva alienación de la persona por parte del sistema económico. Marx escribía la alienación del trabajo como una consecuencia estructural del sistema capitalista: para que el hombre se pueda auto realizar es necesario romper la alienación, que es básicamente una alienación del trabajo. La idea de Marx la resume Raymond Aron[17] con su estilo pedagógico: *"en algunas sociedades, las condiciones en que vive el hombre son de tal naturaleza que le separan de sí mismo, de manera que es incapaz de reconocerse en su actividad y en su obra".*

Esta idea-fuerza ha continuado siendo la base de la crítica a la sociedad de consumo, recogida con diferentes matices, desde pensadores influenciados por el marxismo y el psicoanálisis, como Fromm y Marcuse en la mejor tradición de la crítica social de la escuela de Frankfurt, hasta filósofos nada sospechosos de tales influencias, como Hannah Arendt, que en su magistral ensayo sobre la condición humana nos describe con precisión[18]:

"...en nuestra necesidad de remplazar cada vez más rápidamente las cosas que nos rodean, ya no podemos

---

17 Aron, R. (1967). *Les Etapes de la Pensée Sociologique.* Gallimard, Paris.

18 Arendt, H. (2005). *La Condición Humana.* Paidós, Surcos, 15. Barcelona.

permitirnos usarlas, respetar y preservar su inherente carácter durable; debemos consumir, devorar, por decirlo así, nuestras casas, muebles y coches, como si fueran las "buenas cosas" de la naturaleza que se estropean inútilmente si no se llevan con la máxima rapidez al interminable ciclo del metabolismo del hombre con la naturaleza".

El *homo faber*, ideal de persona que se identifica con su trabajo y vive su trabajo como una aportación al mundo, es destruido por el sistema capitalista de consumo, que le empuja a ser un simple *laborans*, lo que la gente de la calle llama coloquialmente un "currante que curra para vivir", alienado de su trabajo y con ganas de jubilarse lo más pronto posible si el sistema lo permite y lo aguanta.

Arendt introdujo con estas palabras (1958) una premonición sobre la sostenibilidad: *"es como si hubiéramos derribado las diferenciadas fronteras que protegían el artificio humano de la naturaleza..."*. No es como si, es que si. En la sociedad de consumo hemos introducido la naturaleza en su totalidad, la tierra entera en el proceso económico a través de la explosión de la labor y el consumo. Esta realidad, que analizaremos con detalle a continuación, es la que *nos hace considerar el análisis y la desactivación del carácter consumista como una de las prioridades sociales de los próximos decenios* si queremos preservar el bienestar conseguido por la especie humana en el medio natural que acoge su existencia.

Afirmar que nos encontramos ante un carácter social tiene unas implicaciones conceptuales fuertes. No es un asunto trivial. Se puede hablar – y de hecho se habla- de "estilo de vida consumista", como se puede observar por ejemplo en los documentos sobre el consumo sostenible de los expertos de las

Naciones Unidas[19]. Nosotros proponemos una vía de análisis basada en el carácter, un concepto que tiene dimensiones y consecuencias sobre la conducta que van mucho más allá de un simple estilo de vida.

La intuición de que el sistema capitalista conlleva la formación de un cierto tipo de ciudadano es muy antigua. En los años 50 Packard[20], periodista y escritor norteamericano que falleció en 1996 se preguntaba si era posible que un sistema tan extremadamente consumista como el norteamericano no tuviera un impacto importante en la formación del carácter de sus ciudadanos: *"es poco realista asumir que toda esta presión no esté produciendo cambios más profundos que en el simple nivel de las conductas de consumo"* decía.

En este trabajo definimos un carácter social como un programa inconsciente de actuación determinado por un sistema económico de producción y de consumo. El carácter social[2] es un fenómeno de raíz profunda que debe ser analizado con rigor si no se quiere caer en la creación de un artefacto más en el campo de las ciencias sociales. De manera resumida diremos que un carácter social se basa en que un número mayoritario de individuos en una sociedad comparte de forma "natural", es decir, inconsciente, en términos de Carl G. Jung, valores, actitudes y automatismos de conducta comunes y no contestados. Estos comportamientos se consideran lo "normal", incluso lo deseable, puesto que el mimetismo es una de las bases de la legitimidad en todas las sociedades.

En la raíz de la definición de carácter social está el concepto del inconsciente, es decir, una fuerza psíquica que está fuera

---

19 En la conferencia de Rio de Janeiro sobre desarrollo sostenible "se manifestó la preocupación sobre el dominio global y la diseminación del estilo de vida occidental consumista en todo el planeta y las graves consecuencias ambientales derivadas de tal diseminación". United Nations (1998) Comission on Sustainable Development. Measuring Changes in Consumption and Production Patterns. Division for Sustainable Development, Department of Economic and Social Affairs.United Nations. April 1998.

20 Packard, V. (1959). *The Waste Markers.* Longman, New York.

21 Young, C.G. (1968). T*he Archetypes and the Collective Unconscious.* Bollingen Series XX. Princeton, University Press.

de nuestro conocimiento y que nos impulsa a actuar. Cuando hablamos de inconsciente colectivo o social hablamos de *una fuerza psíquica compartida* por un gran número de individuos en una sociedad que les impulsa a actuar de formas homogéneas independientemente del impacto del mimetismo gregario, que es otra fuente de unificación y de conductas estereotipadas, y que además las refuerza. Es una inconsciencia de clase, una pertenencia que parece "natural" pero es producto de una estructura de funcionamiento económico. En términos del análisis marxista de las clases sociales, la descripción de Lukács podría servir también como definición de la clase consumista[22]: *"la conciencia de clase es una inconsciencia, determinada conforme a la clase, de su propia situación económica, histórica y social".*

Para comprender con profundidad el concepto de carácter y de carácter social es obligado contar con los psicoanalistas. Uno de los post-freudianos que ha analizado el concepto de carácter con más detalle es Reich[23].Reich define de forma tan sintética y clara el carácter que vale la pena reproducir "in extenso" sus palabras:

> *"el carácter es una alteración crónica del Yo a la que podríamos calificar de rigidez. Es la base de cronicidad del modo de reacción característico de una persona. Su significado es la protección del yo contra peligros exteriores e interiores. Como mecanismo de protección que se ha hecho crónico puede denominarse con todo derecho una coraza. Esta coraza significa inevitablemente una disminución de la movilidad psíquica total, disminución mitigada por relaciones con el mundo exterior, no condicionadas por el carácter, y por ello atípicas...".*

En estas palabras de Reich encontramos los elementos básicos del concepto "carácter". Su *naturaleza*: la rigidez incons-

---

22 Lukács, G. (1923). *Historia y consciencia de clase*. Grijalbo, México, 1969.

23 Reich, W. (2005). *Análisis del carácter*. Paidós, Surcos 5. Barcelona.

ciente que lleva a la acción repetida. El *sentido* de la rigidez caracterológica: la defensa contra un peligro. Su *génesis*: la sedimentación de resoluciones de conflictos repetidos entre instinto y mundo exterior. Su *lugar de expresión*: el yo. Y finalmente *su ámbito histórico y social*: su clonación mimética, dado que los conflictos entre instinto y entorno son vivencias individuales repetidas e idénticas de conflictos económicos y sociales estructurales.

Aunque Reich no profundiza en la característica social y compartida del carácter y se enfoca a su disección individual, otros psicoanalistas basan sus análisis en esta dimensión social del carácter y del funcionamiento psíquico. C.G.Jung[24] es el analista por excelencia de la dimensión social de los fenómenos psíquicos. Su tesis queda bien resumida en sus palabras (traducción del autor):

"El inconsciente colectivo es una parte de la psique que puede ser netamente distinguida del inconsciente personal por el hecho de que, a diferencia del inconsciente personal, no debe su existencia a la experiencia personal y en consecuencia no es una adquisición personal... el contenido del inconsciente colectivo no ha estado nunca en la consciencia y por consiguiente nunca ha sido adquirido por el individuo: debe su existencia exclusivamente a la herencia. Así como el inconsciente personal está constituido en su mayor parte por los complejos el inconsciente colectivo está formado básicamente por arquetipos...".

Siguiendo a Jung, el carácter consumista sería un inconsciente colectivo universal e impersonal. Pero se manifestaría en una forma primordial y primitiva compartida y heredada, similar a un arquetipo, *el arquetipo consumista*, que daría forma definida a algunos contenidos psíquicos y condicionaría por tanto las conductas. ¿Podemos hablar con propiedad de ar-

---

24 Jung, C.G. (1968). The Archetypes and the Collective Unconscious Bollingen. Series, XX. *The Collected Works* of C.G. Jung, 9(1). Princeton, University Press.

quetipo consumista sin simplificar y desvirtuar a Jung[25] y podemos hablar en propiedad de carácter consumista de la misma forma que Reich habla de carácter burgués? Ello supone por un lado profundizar en las características de los arquetipos y ver si aplican al carácter que definimos y por el otro analizar contra qué miedo o temor protege la coraza caracterológica consumista y verificar que su génesis es la sedimentación de resoluciones de conflictos entre el instinto y el mundo exterior. Vamos a intentarlo.

Los arquetipos según Jung son arcaicos, primordiales, se encuentran en los mitos, en las fábulas y en el esoterismo. Son sedimentaciones psíquicas de conflictos esenciales con los que se topa el ser humano, y cuya resolución consciente en forma de cultura y tradiciones puede adoptar expresiones conscientes diferentes. Por un lado el análisis antropológico del consumo excesivo, ostentoso o de la dilapidación de bienes nos ayuda a entender hasta qué punto este es uno de los conflictos básicos de la humanidad. Por el otro, el análisis filosófico moderno puede darnos pistas sobre la forma contemporánea de vivir los conflictos de escasez. Desde esta óptica filosófica, nuestro concepto de carácter social tendría el mismo efecto sobre la sociedad que el concepto de "ideología" según Zizek: *"la ideología en ella misma es esta misma textura del mundo vivido que esquematiza las proposiciones, haciéndolas vivibles..."*[26] *"El nivel fundamental de la ideología no es el de una ilusión que enmascara el estado real de las cosas, sino que es la fantasía inconsciente que estructura la misma realidad social"*[27].

Analistas más cercanos al fenómeno del consumo nos dan nuevos argumentos para defender la necesidad imperiosa de

---

25 Una de las críticas que más adelante haremos a la sociedad del marketing y al carácter consumista es el escaso rigor en el uso de conceptos. Un análisis fundamental para entender este aspecto se encuentra en Lauffer, R., & Paredise, C. (1982). *Le Prince Bureaucrate*. Machiavel au pays du Marketing Flammarion, Paris.

26 Zizek, S. (2010). *Living in the End Times*. Verso. London, New York.

27 Citado en Fisher, M. (2008). *Capitalist Realism. Is there no Alternative?* O Books, John Hunt Publishers.

recurrir a las estructuras del inconsciente social si queremos entender el consumo. Baudrillard[28] nos recuerda que *"el nivel fundamental de análisis es el de las estructuras inconscientes que ordenan la producción social de las diferencias…"*.

En otro ámbito más cercano, la comprensión histórica del consumo en el mundo del lujo nos da muchas pistas para entender el consumo inconsciente, socialmente determinado, el consumo dadivoso, el consumo del dilapidar y el consumo simbólico. Marie Claude Sicart[29] en su excelente análisis del lujo en la sociedad cortesana nos acerca estos significados históricos a contextos más recientes: *"…Así pues, a los mejores les tocaba el máximo de visibilidad: rica o no (y casi siempre no lo era demasiado) la nobleza tenía que mostrar que era noble, empezando por el rey. Gastar no era una elección, era una obligación"*.

Vemos por tanto que el fenómeno del consumo "excesivo" siempre está presente aunque se estructura en formas sociales diferentes. Por un lado el consumo es una protección, una forma de asegurar una pertenencia social, sea de clase, sea de tribu amenazada; por el otro el consumo tiene algo de protesta primigenia contra la misma condición humana. ¿Contra qué protege el carácter consumista? nos podemos preguntar. Contra el miedo a la escasez, contra la misma condición humana, que se basa en la lucha contra la escasez, o sea el miedo a morir, diríamos inspirándonos en Arendt. El análisis de los valores en sociedades con distintos grados de desarrollo del consumo confirman esta intuición: en las sociedades más ricas, los valores individuales de tipo autoexpresivo y la consideración de los valores colectivos ganan peso respecto a los valores individuales derivados de la sensación de inseguridad[30]. Las implicaciones del nacimiento de estos valores

28Baudrillard, J. (1972). *Pour une critique de l'économie politique du signe Gallimard.* Trad. Española, Siglo XXI Editores, Madrid 2010.

29 Sicart, M.Cl. (2007). *Lujo, mentiras y Marketing.* Gustavo Gili, Barcelona.

30 Ingelhart, R., & Welzel, C. (2005). *Modernization, Cultural Change and Democracy.* The Human Development Sequence. Cambridge University Press.

emergentes en el ámbito consumo son un tema de investigación actual del máximo interés y que serán desarrollados más adelante en este trabajo.

¿Cómo se cronifican las conductas?

Un ejemplo actual puede ayudarnos a entender como el consumo adquiere un sentido que en la sociedad moderna parece atemporal, a histórico, "normal". Tomemos por ejemplo el caso las compras navideñas. Seguramente existen muchas maneras de hacer ofrendas por navidad que no pasen por visitar un centro comercial a comprar objetos. Sin embargo la forma socialmente "normalizada" de hacer regalos de navidad es ir a comprar, es gastar en objetos que muchas veces son inútiles y acaban en la basura. La "forma" de mostrar afecto es a través del gasto y del consumo. Y como más gasto y más consumo, más afecto. Si resulta que si uno no quiere hacer regalos de navidad comprando objetos generalmente innecesarios, puede parecer socialmente inadaptado o algo peor, avaricioso y egoísta, y ante tal acusación...mejor ir de compras. Esta compra por tanto protege contra el miedo a que nos digan que no mostramos afecto hacia los demás. Miedo que sólo sentimos si actuamos contra lo que nos dicta el carácter consumista y su conducta repertoriada que nos parece ley de vida "natural". Y, a menudo, el importe del regalo es interpretado como proporcional al afecto que queremos expresar... Este razonamiento en la realidad no se da: la acción se ha interiorizado en el repertorio de las conductas automáticas, como conducta inmotivada, en términos de Maslow.

A partir de ahí, la capacidad de invención del sistema es ilimitada. Una invención del paraíso del marketing del consumo, los Estados Unidos, es -entre otras muchas- estimular adicionalmente esta motivación a través de "Christmas in July", una manera de inventarse una excusa para vender más antes de verano. En otras culturas, como demuestra Annamma Joy[31]ciertos ámbitos (como la familia) están fuera del ámbito de la esfera de la reciprocidad consumista de los regalos: "... *en los países de occidente, en contraste, la vulnerabilidad de*

31Joy, A. (2001). Gift Giving in Hong Kong and the Continuum of Social Ties. *Journal of Consumer Research*, 28(2), September, 239-256.

la familia es responsable de la enorme cantidad de regalos, especialmente en Navidades..." Imaginemos por un instante el efecto agregado de esta conducta consumista en una sociedad. El resultado es que el 30% de las compras de bienes de consumo de los hogares se realiza en estas fechas, y que la distribución de este gasto dista mucho de ser racional y responsable como muestran multitud de estudios de mercado[32].

Cuando nos referimos a carácter social hacemos referencia a los hilos invisibles que tejen este conjunto de conductas, actitudes y valores. Un carácter social nos moldea como individuos, de la misma forma que como individuos contribuimos inconscientemente a la consolidación de este carácter a través de la creación de mimetismo en las personas con las que nos relacionamos, especialmente con nuestros hijos[33].

Nos hemos preguntado contra qué nos protege la "coraza" consumista. Hemos apuntado anteriormente que esta coraza tiene entre sus causas una particularmente poderosa: la reacción inconsciente contra el miedo a la pobreza. Esta reacción es completamente inconsciente (y socialmente irracional), porque entre otras cosas agrava el miedo que la genera a través del consumo innecesario y ostentoso, lo que impide el ahorro.

Una visión evolutiva de la sociedad, desde la época preindustrial a la sociedad industrial y hasta la sociedad actual de consumo, nos aporta otras pistas interesantes para analizar cómo se construye el carácter social consumista. La vivencia de la actividad comercial y de las conductas de los consumidores de diferentes sociedades con niveles de desarrollo económico y de consumo bien diferenciados permite una clara visualización del fenómeno. Un paseo por los países en desarrollo nos

---

32 Algunos ayuntamientos - como el de Londres- promueven campañas en Navidad para "enfriar" la vorágine compradora que se da en estas fechas e introducir algo de racionalidad en tal fenómeno. También los activistas del consumo responsables celebran el "Non shopping day", con actividades de protesta como las que el lector puede ver en el link siguiente http://www.bnd.nu/index.php

33 Sicard, M.C. (2005). *Les Ressorts Cachées du Désir*. Pearson Education, Paris.

hace ver hasta qué punto las conductas socialmente aceptadas asociadas al desarrollo económico y a la renta pasan por la adopción de forma central y centrípeta de conductas que tienen que ver con el consumo: visitas a centros comerciales, contacto con las marcas, fascinación por el mundo del lujo, compra, consumo y finalmente endeudamiento para consumir, lo que llegará tarde o temprano a las sociedades como la China, que encuentra inconcebible –por ahora– endeudarse para financiar el consumo.

En países en pleno desarrollo, como Chile, el centro comercial aparece como el destino donde uno puede alcanzar sus sueños. En Perú los centros comerciales existentes en Lima son el "Shangri-La" y destino ineludible de cualquier familia que quiera estar en el progreso. En estos países se observa claramente como los sistemas de economía capitalista más o menos liberales crean el tipo de carácter consumista que necesita el mismo sistema para su dinámica de desarrollo interno. Se trata en definitiva de la creación de una auténtica "cultura", como proponen Firat y Venkatesh[34], una cultura en la que *"... la extensión y dominio del marketing y la publicidad en la vida diaria puede ser visto como una cultura en ella misma: la cultura del marketing. La cultura del marketing puede ser definida como la creación sistemática de formas culturales a través de la acción del marketing y la publicidad".*

Una cultura que define carácter, que lo impone en el inconsciente colectivo, a través de sus arquetipos y de la estimulación del mimetismo a través del marketing y de los medios de comunicación.

34Fuat Firat, A.; Venkatesh, A. (1995). Liberatory Postmodernism and the Reenchantement of Consumption. *Journal of Consumer Research*, 22(3) December, 239267.

Marketing y legitimidad

Durante años y años hemos escuchado, aprendido y enseñado que la orientación de la empresa al mercado es una clave de su desarrollo y supervivencia. Este concepto de raíz utilitarista (la organización tiene sentido si sirve a un mercado), no ha sido puesta en duda por nadie. Incluso hoy se le exige a quien tiene la legitimidad por el poder, el Estado, que siga esta orientación al mercado como factor de productividad y buen manejo de los recursos públicos.

La orientación al mercado es un constructo genérico y poco específico en lo normativo y raramente ha recibido críticas referentes a su legitimidad. Al contrario, "servir" a los demás es una actitud que difícilmente puede ser atacada. Sin embargo, la palabra "marketing" lleva añadida una carga significante distinta. No supone sólo servir al "mercado" sino "servirse de" para lograr unos objetivos que no tiene por qué estar sujetos a una ética, moral o limitación y control social. Podría parecer que sólo son legítimas las prácticas de marketing que están pensadas en "bona fide" (nadie va a criticar a una ONG por utilizar el marketing) y sin embargo las prácticas de marketing persuasivo, invasivo y a veces insultante de las operadoras de telefonía o de los bancos reciben una amplia contestación social. Esta realidad nos hace ver un aspecto fundamental del concepto de "marketing". El marketing no tiene bandera, valores ni tierra a la que servir: es de naturaleza instrumental, depende de quién y cómo lo use será o no legítimo. Es claro que su legitimidad no debe buscarse en su eficacia, sino que es externa a su mundo conceptual y operativo.

Es evidente –y este es un punto que muchas escuelas de negocios no quieren abordar– que existe un problema fundamental de legitimidad en la práctica del marketing. Las expresiones "esto es marketing" significando de "esto es mentira" a por lo menos "es un artificio destinado a vender algo a alguien" están en el orden del día. Uno de los primeros analistas de la problemática de legitimidad del marketing ha sido Romain Lauffer, profesor en la HEC (París) con el que tuve la suerte de estudiar en la década de los 90. En su trabajo "El Príncipe Burócrata, Maquiavelo en la Sociedad del Marketing"[35] Lauffer retrata magistralmente el marketing y su omnipresencia en la sociedad actual:

> *"El marketing, como la sofística eligen el empirismo como método, la retórica como medio y el pragmatismo como objetivo...".*

Luego el marketing es indiferente a la finalidad de las acciones que lo hacen eficaz, y esta falta de legitimidad esencial es lo que provoca su rechazo social y que convierte la invectiva "esto es marketing" en uno de los peores insultos que pueden dirigirse a un político o a un filósofo. En el ámbito social, decir "aquí hay mucho marketing" significa "hay mucho engaño", mucha "falsedad", falta total de legitimidad. En el campo comercial se acepta puesto que se sabe que uno está en un contexto puro de eficacia económica y empresarial.

¿Y por qué el marketing, este supuesto invento americano tan viejo como la retórica, se ha infiltrado en todos los ámbitos de nuestras vidas? La respuesta parece bien sencilla: cuando el sistema es incapaz de legitimar los fines, los instrumentos toman el control. Donde no hay moral, ética ni leyes que regulen, la lógica de la eficacia se infiltra hasta tomar el control de la nave. Sabemos que somos muy eficaces pero no sabemos para qué. Y puede ocurrir – y ocurre – que esta eficacia acaba estando al servicio de intereses poco claros que suelen llevar la sociedad a callejones sin salida.

¿Y dónde falla un sistema que ha dado lugar a confundir la legitimidad de los fines con la de los medios?.

Lauffer de nuevo nos da una pista de reflexión: crisis en la distinción de lo que es público y lo que es privado; crisis sistémica por la emergencia de corporaciones poderosas imposibles

---

35 Lauffer, R., & Paredise, C. (1989). *Le Prince Bureaucrate. Machiavel au Pays du Marketing.* Flamarion, Paris.

de controlar; de sectores enteros a los que no se "puede dejar caer". Nosotros añadiríamos a estas causas otras más generales como la crisis en la estructuración del poder de los estados y federaciones, que aprovechan las grandes corporaciones para imponer sus estrategias; la influencia global en la escena internacional de estados "locos" o estados "parásitos" que aprovechan los residuos de su soberanía nacional para abusar del sistema y darse reglas de juego diferentes, y quizás de forma esencial la crisis de la política en muchos de los estados en los que parece que la economía ha tomado las riendas de la política, para beneficio de unos pocos y perjuicio de muchos.

Quizá el testimonio más impactante de esta realidad es la calificación que John Kenneth Galbraith[36] da al sistema actual de consumo: *"hablar del sistema de mercado como alternativa benigna al capitalismo es presentarlo bajo un disfraz anodino que oculta una realidad más profunda: el poder del productor para influir, incluso controlar, la demanda del consumidor".*

¿Qué queda ante todo este campo confuso sin reglas de juego? La eficacia como fin y el dominio de las herramientas, que definen los propios fines de quienes las utilizan de forma interesada.

Veamos ahora como se legitima el marketing dentro del sistema, y particularmente en un ámbito nuclear del mismo que es el espacio donde se enseña su teoría y práctica. En las escuelas de negocios se legitima esta disciplina de forma rápida y escueta. En las primeras sesiones, normalmente, cuando la capacidad de contestación de los alumnos es débil se espeta: "el marketing se legitima a si mismo por que se basa en la satisfacción de las necesidades de los consumidores". Punto.

Lo que nos dice esta frase es que lo que le interesa al marketing y a la sociedad del consumo, que es tener consumidores

---

36 Galbraith, J.K. (2004). *La Economía del fraude inocente, La verdad de nuestro tiempo.* Crítica, Barcelona.

a los que satisfacer, no ciudadanos o personas a las que hacer mejores, o más felices.

La segunda derivada de la legitimación es la supuesta satisfacción de algo preexistente que son las necesidades. Este es un tema de máxima relevancia que suele ser tratado con poco rigor y profundidad. Si ahondamos en el significado de "necesidad" nos daremos cuenta de la importancia, dificultad y complejidad de acercarnos a este concepto.

Algunas consideraciones se imponen. Se aborda el tema con un grado de simplismo no inocente. Tomemos el clásico ejemplo de la supuesta Pirámide de necesidades de Maslow. En primer lugar Maslow[37] no habló ni dibujó ninguna pirámide en ninguna de sus investigaciones ni publicaciones. Lo que hace el marketing (y en esto no se diferencia de otras ciencias - o pseudo ciencias - de gestión) con la famosa pirámide es simplificar y banalizar un concepto complejo: la jerarquía de las necesidades humanas, proposiciones empíricas derivadas del trabajo del padre de la psicología humanista, una de las escuelas de psicología más influyentes del siglo XX. Además Maslow aplicó este concepto al individuo, no a la empresa. Una empresa no se "autorealiza" lanzando una marca de gasóleo, como reza la publicidad de la célebre compañía petrolera. La analogía fácil: otra de las características que definen el enfoque del marketing.

Asistimos a un proceso típico del marketing: utilizar un concepto –cualquier concepto– con ánimo persuasivo e interesado sin respetar su génesis, su sentido y sin reparar en las consecuencias de tal alteración. La permanente manipulación de los significados a través de la banalización del lenguaje y el juego de los equívocos es una de las características de la sociedad del marketing moderno y de la formación del carácter consumista. Es la utilización del lenguaje por parte del marketing para dirigir conductas y moldear voluntades. Hablaremos de ello en un capítulo posterior. La confusión deseos/necesi-

---

37 Maslow, A. (1954). *Motivation and Personality.* Harper, New York.

dades es una de las manipulaciones más corrientes. Se basa en la simplificación de conceptos y la anulación de matices significantes. Cuando se simplifica un significado anulando otro es importante saber por qué se esconde lo que se esconde. Esconder el deseo y hacerlo pasar por necesidad apelando a la ciencia y citando a uno de sus más prestigiosos referentes es una estrategia que intenta crear un determinado tipo de receptor, sin criterio, sin distinción, un niño-consumidor a estimular o un cliente a hacer comprar.

La creación de palabras a través de todas las formas imaginables de fusión, absorción, o contracción es otra de las fuentes de las que bebe la persuasión y el marketing. Compte-Spontville[38] en ocasión de sus análisis sobre ética y empresa, nos recuerda cómo se forja un curioso neologismo: *"...Hay quienes llegaron a forjar el curioso neologismo de la "markética" para designar al hijo, asombrosamente engendrado, de los amores extraños entre el marketing y la ética...".*

Se constata una gran confusión incluso en los términos más básicos: el consumo, el consumismo, el consumerismo y sus derivados. En español hablamos de consumismo cuando queremos referirnos al consumo en sentido excesivo, hiperbólico y exagerado; de consumerismo cuando hablamos de un consumo basado en una actitud responsable, racional y sostenible. En Ingles, solo existe el término "consumerism", que se usa para los dos significados, que hay que leer en función del contexto. En francés la palabra "consumérisme" también se utiliza en los dos sentidos, aunque normalmente cuando se habla de consumismo se habla de la "societé de consommation".

Existe un caso paradójico en el mismo corazón del mundo del marketing que vale la pena citar. Entre la miríada de "Journals" que se publican en el ámbito académico existe uno que refleja hasta donde llega la contradicción. Es el Journal of Macromarketing, donde profesores e investigadores intentan salir

---

38 Compte-Spontville, A. (2004). *El Capitalismo ¿es moral?*. Paidós Contoxtos, Barcelona.

del corriente del pensamiento dominante en su campo y abordar la problemática del consumo insostenible. Para ello, como buenos conocedores del marketing, inventan una nueva "marca" el "macromarketing", voz que engrosa las filas de los artefactos marketinianos como el massmarketing, el micromarketing, el turbomarketing, el protomarketing, el tribalmarketing, el buzzmarketing y el experimentalmarketing entre otros.

Un último ejemplo es el intento anglosajón de coger el toro por los cuernos y atacar de forma directa la misma definición del concepto de marketing con el objetivo de hacerla permeable a análisis sociales y consideraciones valorales y finalistas. The Chartered Institute of Marketing propone evolucionar la definición de marketing de la siguiente forma[39]:

> *"El marketing es el proceso de gestión responsable de identificar, anticipar y satisfacer las necesidades del cliente de forma rentable y responsable con consideración debida al entorno y al tejido social".*

Lo de forma rentable todo el mundo lo tiene claro. Todo lo demás está por aclarar, aunque los últimos desarrollos en marketing de sostenibilidad parece que dan pie a vías reales de aplicación práctica.

Finalmente creemos necesario hacer una reflexión sobre la legitimidad del marketing como ciencia o supuesta ciencia. Es un debate en el que necesario no mezclar conceptos. Una cosa es utilizar uno o varios métodos científicos para hacer avanzar el campo de conocimiento de una especialidad y la otra es otorgarse el estatuto de ciencia, cuando no de paradigma, de era que inicia el conocimiento definitivo e iluminador. La misma problemática ocurre en general en el campo del management. La discusión no es banal porque parece que atribuirse la etiqueta de "ciencia" legitima una especialidad. Nada más lejos de la realidad. Nadie duda que la física nuclear sea una ciencia y sin embargo sus aplicaciones militares

---

39 The Chartered Institute of Marketing (2006). *Sustainable Consumption & Production. The Role of Marketers.* Final Report. Londres.

no las encontramos precisamente legítimas. La discusión de si el corpus – enorme – acumulado por la investigación científica en el campo del marketing constituye una ciencia o no la resolveremos nosotros en este marco. Que existe mucho conocimiento en el ámbito del marketing generado por métodos científicos esta fuera de toda duda. Pero que exista la ciencia del marketing o la "markética" no está nada claro.

La naturaleza operativa, instrumental y persuasiva que está en la base del oficio del marketing hace dudar de que el marketing persiga como objetivo final el conocimiento, sino más bien el convencimiento, con lo que en términos de Lauffer el marketing estaría más cerca de la retórica que de la ciencia, y utilizaría de forma interesada siempre los conocimientos generados en las ciencias sociales y en las ciencias puras para lograr sus objetivos estratégicos[40].

A este nivel es importante tener en cuenta que el marketing (y el management por extensión) tienden a simplificar la realidad de una forma que solo se explica a partir de la consideración del tipo de mercado al que se dirigen estas ciencias - o pseudo-ciencias, puesto que la ciencia no necesita un mercado para legitimarse. El destinatario de las ciencias de management no es la comunidad que quiere entender cómo funciona la economía, el mercado y la empresa, o el progreso, sino específicamente las empresas. Son las empresas las que pagan a las escuelas de negocios y universidades sus cursos de formación, a las que se exige un conocimiento "práctico", que demanda habitualmente un soporte conceptual simple y simplista, un discurso "power point", ordenado, empaquetado, marketizado y asimilable sin digestiones pesadas ni dolor de estómago.

No es por casualidad que los sistemas de análisis preferidos en el management son aquellos que permiten la simplificación, el dimensionamiento en pocas variables, el resumen de infor-

---

[40] Fernandes, V. (2010). *Crise identitaire du marketing: quelques pistes de réflexion sur sa légitimité scientifique*. Thèse de Doctorat, Université Aix-Marseille II.

maciones. Todas ellas técnicas que encajan perfectamente en la voluntad de hacer digerible una complejidad inescapable para un público que quiere recetas de cocina sencillas para hacer crecer las ventas y los beneficios. Sin embargo si en algo están de acuerdo los científicos hoy en día es que los enfoques simplistas y simplificados no ayudan a entender la realidad, y menos en un mundo en efervescencia y cambio. Aceptación de la complejidad y visión global interdisciplinar y sistémica son requisitos básicos para comprender la dirección del cambio social, y también del cambio en las empresas. Holt (1997) previene contra la simplificación excesiva[41]:

> *"Si las conductas de consumo están organizadas y se organizan en esquemas dependientes del contexto cultural, entonces es ilusorio intentar describir estas conductas en características o valores nomotéticos42, como el VALS de Rokeach o el LOV de Kahle. Si dejamos de lado las ventajas metodológicas, esquemas nomotéticos como estos resultaran siempre en descripciones superficiales del consumo, porque por definición, se abstraen de un alto porcentaje del contenido cultural".*

En definitiva, el marketing es un instrumento, quizás el más importante del que dispone el sistema capitalista para realimentar el consumo y llevar el agua a su molino. Un instrumento no tiene legitimidad. El que la tiene o no es quien lo usa determinando con que fin lo usa.

Nuestro trabajo, desde una óptica epistemológica, podría englobarse dentro de lo que se ha bautizado como Teoría Crítica. Este enfoque tiene como elementos básico de la generación del conocimiento la interpretación crítica del funcionamiento de la sociedad, la interdisciplinariedad, la considera-

---

[41] Holt, D.B. (1997). Postructuralist lifestye analysis: Conceptualizing the social patterning of consumption. Journal of Consumer Research, 23, 326-350.

42 Enfoque nomotético, en contraposición a ideográfico: considera al individuo como miembro de una clase, con atributos característicos de la misma sin detenerse en considerar los factores de entorno cultural e histórico que conforman sus particularidades.

ción de la sociedad como una totalidad indivisible en partes, una visión histórica evolucionista y una finalidad de mejora de los grupos sociales menos favorecidos o que quedan excluidos o marginados. Es también lo que quiere significar Zizek en la frase que hemos citado al inicio de este trabajo, cuando dice que no hay conocimiento cierto sin implicación moral. En el terreno de la investigación en marketing, este programa fue definido en 1991 por Murray y Ozane[43] en un artículo en el que postulaban la necesidad de aplicar la crítica social en el terreno del marketing, y se articula alrededor de una pregunta general en la que nuestro trabajo puede considerarse englobado:

"¿Cómo pueden los investigadores del consumo profundizar en la consciencia pública sobre la compra, uso y destrucción de una manera que transforme a mejor la sociedad?... Si bien la crítica social es inescapablemente negativa, una manera de que los investigadores sean más conscientes de su potencial para cambiar las cosas es a través de la crítica...".

La crítica social es a nuestro parecer una herramienta básica de evolución y de mejora del sistema. Tiene una perspectiva ética, liberadora, de salida de la alienación, y de reequilibrio de lo que el sistema capitalista tiende a descompensar de forma ineluctable.

---

43 Murray, J.B., & Ozanne, JL. (1991). The critical imagination: Emancipatory interests in Consumer Research. *Journal of Consumer Research*, 18(2), 129-144.

La creación de conductas que alimentan el crecimiento

Hoy en día –afortunadamente– ya nadie niega que el sistema del marketing sea una fuente de creación de conductas. Una mínima observación de las conductas de compra y de consumo y de su evolución hace insostenible la supuesta legitimación del marketing como respuesta adaptativa a fenómenos de demanda preexistentes. La insistencia persistente de algunos académicos y profesionales en que el marketing es un fenómeno adaptativo da fe de hasta dónde puede llegar la capacidad de autoengaño de los que se ganan el pan en el mundo de la empresa de la venta y de la persuasión comercial.

Tomemos como muestra algunos ejemplos actuales. Una de las empresas de mayor éxito en España y en el mundo es Inditex. Inditex no solamente es una empresa que ha acumulado un valor enorme. Es una empresa que ha modificado las formas de comprar de la gente. Veámoslo. Hace 30 años la gente se compraba ropa básicamente en temporada, con alguna compra de "dépannage"[44] como elegantemente lo bautiza en francés. La política de "pescado fresco" de Inditex (una colección o más al mes, renovación continua del surtido), ha cambiado la forma de comprar, convirtiendo el acto de compra en un acto que tiene menos que ver con la necesidad de equipamiento que con el placer de darse un capricho asequible en ocasión de un paseo....por un centro comercial, que es donde de forma "natural" va mucha gente a pasear para liberarse del mundanal ruido o de las tensiones del trabajo[45]. Entre retirarse a descansar o pasear por el monte y visitar un centro comercial hay una gran diferencia: en el segundo caso se suelen producir uno o varios actos de compra. Compras

---

[44] Una compra de "dépannage" es una compra puntual de un producto que se dejó de comprar por olvido en un proceso de compra anterior.

[45] En multitud de investigaciones de mercado hechas para diferentes empresas aparece claramente esta forma conductual de reducir ansiedad.

que la oferta pone al alcance de la mayoría de mortales, con un producto que suele ser barato y de mala calidad, o sea, de lo que se llama "buena relación calidad/precio", que es el equivalente a precio muy bajo para un producto que no es más que un consumible efímero, que prácticamente se consume en el acto de compra, no después a través de su uso, puesto que *el mismo acto de compra es el producto que se compra.*

Finalmente, un ejemplo en el sector del lujo (podríamos encontrar centenares de casos en todos los sectores). La necesidad del sistema para crecer ha conllevado dos tipos de conducta nueva: la estimulación del consumo de nuevos clientes que por su incremento de renta pueden acceder esporádicamente a este tipo de producto y más importante, la alteración de concepto clásico del lujo: la reformulación (algunos le llaman perversión)[46] del concepto en algo más comercializable, y evidentemente bautizado con nombres de lo más novedoso, especialidad del marketing[47], como el "mastige", contracción del "prestige" y el producto de masas, el lujo asequible, las gamas de prestigio, o como dice un buen amigo publicitario en términos coloquiales, los "pequeños lujos" que a muchos les encanta poder comprar para poder compensar la supuestamente desgracia de la condición de laborantes.

Vemos que la alteración de los significados de las categorías existentes y la creación de nuevos conceptos o "constructos" ad-hoc que permiten al sistema pasar de las conductas a las palabras, y de las palabras a la supuesta legitimidad es esencial en el marketing.

El que escribe se dedica al mundo comercial desde hace 20 años, al asesoramiento de empresas y a investigación y la enseñanza de la Conducta del Consumidor en una escuela de negocios y diversas universidades. Conoce algo la problemá-

---

[46] Thomas, D. (2010). *De Luxe: How Luxury Lost Its Luster.* Penguin Books, Nueva York.

[47] Romain Lauffer decía en sus clases: "El marketing es el dominio de lo artificial".

tica empresarial, la necesidad de vender, los requisitos de competitividad, etc. Pero también reconoce que la sociedad del marketing a nivel agregado, provoca disfunciones que hay que corregir sino queremos acabando siendo víctimas de nuestros propios instrumentos. No seremos tan ilusos o simplistas como para atribuir al marketing y a la economía libre de mercado todo los males de la sociedad, pero si creemos que el carácter consumista y las disfunciones sociales que provoca y que va a provocar en un mundo globalizado y cada vez más finito - en el que por primera vez se intuye un horizonte de bienestar para todos - son el inicio de una decadencia y de un colapso de consecuencias imprevisibles - o no tan imprevisibles como veremos más tarde. El marketing no debe ser el chivo expiatorio del sistema. Algunos incluso proponen que el marketing puede ser parte de la "solución". Pero debe fijar sus propios límites y reenfocar su propia actividad para impedir que la suma de conductas agregadas de sus actores no acabe llevando la humanidad a una espiral de consumo insostenible y autodestructivo. No se trata de sustituir la moralización de la economía liberal y su instrumento clave, el marketing, por la utopía y la revolución[48]. Se trata de evolucionar la sociedad y sus instituciones.

La mecánica de formación del carácter consumista será analizada con detalle en este trabajo. Una primera aproximación de raíz marxista nos llevaría a pensar que el sistema de producción y de acumulación ve en la estimulación del consumo la única forma de acumular más excedente. Marx describía como este excedente se acumulaba en base a explotar a la clase obrera[49]. En las sociedades consumistas la base de esta acumulación es la estimulación del consumo en base al "adoctrinamiento" conductual derivado del efecto agregado y con-

---

[48] Comte-Spontville, A. (2004). *El Capitalismo ¿es moral?*. Paidós Contextos, Barcelona.

[49] Karl Marx sostenía que el mecanismo del ejército de reserva de obreros disponibles era la garantía del mantenimiento de los bajos salarios. La historia ha desmentido a Marx, la propia dinámica desencadenada por el movimiento obrero ha puesto freno a su profecía, aunque el análisis del paro actual en España y la industrialización en países emergentes muestra hasta qué punto sus análisis siguen siendo actuales.

certado de la actividad de marketing del conjunto de actores, en especial de los más potentes, que son los que utilizan masivamente las herramientas de persuasión. Hay pocos trabajos de análisis sobre el efecto agregado de las prácticas de marketing en la sociedad[50]. Sí que los hay obviamente sobre los efectos individuales de acciones de marketing en los mercados. Pero el estudio del efecto agregado de la acción de marketing en el carácter es metodológicamente muy complejo, prácticamente inviable desde la óptica experimental. Por ello deberemos recurrir a multitud de enfoques del análisis social, con una visión crítica, desde la psicología a la sociología y a la filosofía, y a la investigación académica de los fenómenos individuales y sociales derivados de las actuaciones del marketing. En este trabajo el lector nos tendrá que perdonar la sensación de "ir de un lado para otro", de ciencia en ciencia. Es una necesidad imperiosa si se quiere enfocar desde distintas ópticas un fenómeno complejo, multidimensional y que requiere un acercamiento multidisciplinar.

El hecho de utilizar enfoques derivados de ciencias sociales diversas tiene una legitimación epistemológica sólida, que se basa en la creencia de que si bien la investigación en el seno de un paradigma[51] es un instrumento útil para avanzar en el conocimiento, también lo es intentar enfoques que pongan en relación conocimientos adquiridos en el seno de un paradigma con conocimientos adquiridos en otro. Estos enfoques eclécticos, tan corrientes en la psicología y fundamentales en la crítica social, son menos frecuentes en la economía y la sociología, aunque afortunadamente hay actualmente un florecimiento de trabajos basados en la economía conductual, una ciencia que nace de la hibridación de las ciencias de la conducta y de la economía. ¿Cuántas analogías entre ciencias sociales y ciencias naturales no han sido fructíferas y nos han dado la

---

[50] Uno de los trabajos pioneros y más interesantes es Yiannis, G., & Lang, T. (2006). *The Unmanageable Consumer.* Sage Publications, Londres.

[51] Kuhn, T. (2005). *La estructura de las revoluciones científicas.* Fondo de Cultura Económica. Publicado en inglés en 1962.

posibilidad de avanzar en el conocimiento? Sin duda el reto es trabajar estas interconexiones con rigor y no utilizarlas de forma interesada para legitimar un discurso de valores o político determinado de antemano, lo cual ocurre frecuentemente en el terreno del marketing, lo que además de una falta de rigor constituye una manipulación del conocimiento. Después resulta que los ciudadanos dicen refiriéndose a la falsedad inseparable de la persuasión: "esto es marketing".

El problema que se plantea al investigador comprometido con los fenómenos disfuncionales que observa a su alrededor no es fácil de abordar. Creo que una parte de la sociología contemporánea, sobretodo en Francia, adolece de una falta de lo ellos mismos llaman "recul", es decir, distancia ante los fenómenos que se observan. Parece que utilicen el análisis sociológico para algo más que desgranar y explicar los mecanismos de la evolución social y que algunos utilizan un discurso muy sofisticado y radical para cerrar un discurso que por definición no puede ser cerrado. Esta radicalidad se observa por ejemplo cuando Baudrillard afirma con tanta contundencia que *"...es por el contrario el valor de cambio "signo" lo que es fundamental, no siendo el valor de uso con frecuencia otra cosa que la garantía práctica (incluso una racionalización pura y simple). Tal es en forma paradójica la única hipótesis sociológica cierta".*

Esta radicalidad deja sin posibilidad de análisis una multitud de conductas de consumo que probablemente se explican más por el valor funcional del producto que su valor simbólico, lo que no quita que pueda poseerlo en una forma más o menos consciente. En el "con frecuencia" es donde Baudrillard deja la puerta abierta a lo que no entra en su categoría, que deja de ser en todo caso una categoría absoluta. Creemos que antes de empezar con el análisis, es mejor dejar bien claro para qué lo hacemos, y si como en nuestro caso, es para compartir reflexiones que ayuden a mejorar la condición humana, que el lector nos lo tenga en cuenta, no sea que caigamos en lo que los anglosajones llaman con tanta precisión el "wishful thinking", la confusión entre ciencia y buenos deseos, o el "buenismo", como también se denomina en la filosofía. Nuestra posición se nutre asimismo de la impresión y la emoción que nos causa ver a prestigiosos economistas o sociólogos poner en duda los principios paradigmáticos en los que habían sustentado sus trabajos y creencias cuando llegan a su madurez vital en la vejez.

Las consecuencias disfuncionales del carácter consumista

Entender el carácter consumista es esencial para promover políticas públicas de educación en el consumo sostenible y orientar la gestión empresarial del marketing de una forma socialmente responsable. Las dos actuaciones son básicas para asegurar un desarrollo económico y social sostenible: la actuación para la educación de los demandantes, los ciudadanos que consumen – y no los consumidores como de forma interesada les solemos llamar – y la educación de los que gestionan la oferta, las empresas que producen y venden a estos ciudadanos utilizando las técnicas de marketing. Antes de abordar con más profundidad estas dos vías de mejora de la sociedad es necesario analizar porque es prioritario para la humanidad tomar consciencia de la importancia de consumir de forma responsable, e incluso de limitar la propensión a *consumir* de los ciudadanos y limitar su consumo efectivo en muchos casos.

En la actualidad existen años de investigación y un conjunto enorme de evidencias de que la sociedad de consumo y la depredación de los recursos naturales que lleva asociada es un fenómeno global que nos afecta a todos, y que afectara a las futuras generaciones de forma extremadamente negativa si no se toman iniciativas para desactivarlo. Nadie puede negar en 2010 –más tarde analizaremos con detalle esta problemática– que uno de los factores fundamentales del desarrollo sostenible y del mantenimiento de nuestro planeta pasa por cambiar las conductas de consumo de los ciudadanos, educarlos y responsabilizarlos sobre las consecuencias de no hacerlo.

Todos los indicadores y los trabajos de investigación sobre el desarrollo sostenible apuntan que de continuar el crecimiento del consumo de la forma actual el sistema económico colapsará en los próximos decenios a causa de una crisis de sobreexplotación de recursos naturales no renovables[52]. Es fundamental entender que los trabajos sobre los límites del crecimiento, que empezaron con el célebre informe al Club de Roma en 1972, convergen en la actualidad, cuarenta años después, en conclusiones que hacen ineludible el paso a la acción a todos los niveles[53]. El fracaso de la Cumbre de Copenhague de 2010 sobre la reducción de gases de efecto invernadero muestra las dificultades de llegar a acuerdos globales sobre aspectos que van a marcar de manera decisiva las posibilidades de bienestar de las futuras generaciones.

Las conclusiones de las actualizaciones y puestas al día de los modelos de previsión sobre el desarrollo sostenible son bien claras:

La población mundial seguirá creciendo exponencialmente aunque a un ritmo mucho menor por la caída de la natalidad y la aceleración de las transiciones demográficas (caída de natalidad y incremento esperanza de vida) en los países en desarrollo. Se estiman una población de entre 7.500 y 8.000 millones de individuos dentro de 30 años (en 2040).

Se estima que a partir de 1980 el desarrollo socioeconómico del planeta tierra ha generado y genera una huella ecológica[5] que ha superado la capacidad de carga del mismo, es decir, el límite que el ecosistema pone a la capacidad de sostenimiento de la población con su nivel de actividad económica.

Pensar o creer que los recursos del planeta pueden permitir que todos los habitantes del planeta vivan con el nivel de consumo de los países occidentales desarrollados es una quimera que no se sostiene ni con las simulaciones más optimistas

---

52 Ver los trabajos de Sartori, G., & Mazzoleni, G. (2005). *La Tierra Explota. Superpoblación y Desarrollo*. Santillana Ediciones Generales, Madrid.

53 Meadows, D., Randers, J. & Meadows, D. (2006). Los *límites del crecimiento 30 años después*. Galaxia Gutemberg, Círculo de Lectores.

54 Efectos de la agricultura, minería, pesca, silvicultura, emisiones contaminantes, ordenación del territorio y pérdida de biodiversidad.

referidas a posibles cambios tecnológicos que reduzcan la huella ecológica.

Se barajan dos escenarios posibles: un escenario de colapso, con reducción forzosa del consumo posterior a una gran crisis que de seguir las tendencias actuales llegará hacia mediados de siglo o bien la posibilidad de diferir esta crisis 20 o 30 años si se abordan de forma inmediata los políticas de reducción de natalidad, una inversión masiva en tecnologías más productivas y el acceso masivo a recursos no renovables en reserva antes de abordar energías limpias de forma masiva.

Los cambios que debe realizar la humanidad en conjunto para abordar con éxito la supervivencia a medio plazo de la especie son de una envergadura que los científicos califican de auténtica revolución de la sostenibilidad, equivalente a la revolución agraria, o a la revolución industrial en la magnitud de toda su transformación.

Uno de los modelos de prospectiva más citados que sustenta estas previsiones es el World 3, resultado de años de trabajos del grupo de investigadores liderado por Donella y Dennis Meadows. Las críticas al modelo vienen – como no podía ser de otra forma –de las necesarias simplificaciones y postulados de base que sustentan las relaciones entre las variables que contempla. Sin embargo su poder predictivo ha demostrado ser muy razonable como muestran algunas investigaciones, entre las que destacamos la de Turner[55].

Uno de los factores clave en la mejora de las previsiones de sostenibilidad y en la aceleración de los fenómenos que pueden paliar los efectos traumáticos de esta revolución es la *concienciación global y masiva* de la población a través de la educación en el consumo sostenible. Las Naciones Unidas, a través de la Comisión Para el Desarrollo Sostenible, trabajan fomentando el cambio en las conductas de consumo y pro-

---

55 Turner, G. (2008). *A Comparison of the limits to growth with thirty years of reality.* CSIRO Working Paper Series. ISSN 1834-5639.

ducción siguiendo los mandatos de la cumbre de Rio de Janeiro, en la cual se apuntaban los siguientes diagnósticos:

"La causa más importante de la degradación del medio ambiente es el sistema y la dinámica de consumo y de producción actual, especialmente en los países industrializados".

"Los niveles de consumo son extraordinariamente altos en algunas partes del mundo, lo que resulta en demandas excesivas y estilos de vida insostenibles entre los más ricos, que provocan un estrés inmenso en el medio ambiente. Los más pobres, al mismo tiempo, son incapaces de encontrar alimentos, salud, cobijo y educación".

En la Conferencia de Río (capítulo 4 de la agenda 21) se concluyó que:

"Todos los países deben trabajar para promover dinámicas y patrones de consumo sostenibles y en particular los países desarrollados deberían ser los primeros y liderar las modificaciones de dinámicas de conducta de consumo para hacerlos más sostenibles"[56].

"El cambio del sistema y las prácticas de consumo requerirá una estrategia múltiple que considere paralelamente la educación de la demanda, satisfacer las necesidades básicas de los pobres y la reducción del despilfarro y el uso de recursos finitos en los procesos productivos".

Los expertos de Naciones Unidas se muestran preocupados asimismo por la generalización de los estilos de vida consumistas que dominan en occidente y su "exportación" a los países en vías de desarrollo como modelos de conducta. En este sentido las recomendaciones de la ONU van en la línea de

---

[56]Brandsma, E.H. (1996). *Changing Consumption and Production Patterns*. Conferencia Inaugural en el Workshop Brazil-Noruega, Brasilia, Noviombre.

"examinar las conducta del consumidor que impide el desarrollo sostenible y explorar vías de cambiar estas conductas".

En la Conferencia de Oslo de 1995 se concluyó que era esencial[57]:

- Construir complicidades entre los diferentes actores sociales para fomentar el consumo sostenible y reforzar los valores que soportan el consumo sostenible.

- Establecer un arco político adecuado para fomentar el consumo sostenible que permita llegar a que los precios de los productos incorporen los costes ambientales.

- Extender la responsabilidad de los productores al impacto ambiental de los bienes y servicios.

- Promover que los gobiernos den ejemplo a través de un consumo responsable.

- Dar motivos e incentivos a los individuos y a los hogares para que adopten conductas de consumo sostenibles.

En este sentido todos los organismos internacionales han empezado a trabajar en la creación de indicadores que permitan monitorizar estas variables. Las Naciones Unidas, a través de la División para el Desarrollo Sostenible, han creado un conjunto de indicadores que se empezaran a monitorizar a partir del 2007 en todos los países a través de diversos organismos[58].

Una voz radical en este panorama es la de Giovanni Sartori[59], que hace especial hincapié en la necesidad de controlar de forma mucho más rápida y efectiva el crecimiento de la población. Su tesis es que los cambios propuestos por los analistas

---

57 Oslo Round Table Conference Report (1996). *Elements for an International Work Programme on sustainable production and consumption.*

58United Nations Division for Sustainable Development (2006). *Expert Group Meeting on Indicators of Sustainable Development.* New York, 3-4 October. Background paper.

59 Sartori, G., & Mazzoleni, G. (2005). *La Tierra Explota. Superpoblación y desarrollo.* Santillana Ediciones Generales, Madrid.

del Club de Roma y sus continuadores no son suficientes a menos que se reduzca de forma absoluta y no relativa el nivel de población del planeta. Según sus análisis, el efecto del factor demográfico en el escenario de insostenibilidad supera con mucho los efectos que puedan lograrse por la vía de la mejora de la tecnología y el control del consumo.

La posición de "no discusión" del modo de funcionamiento de la "máquina económica" no es compartida por muchos otros analistas. No es compartida por los autores de "Los límites del Crecimiento", que abogan por una reformulación de la actividad de consumo en un marco nuevo que permita la sostenibilidad, ni por las instituciones públicas supranacionales, que invitan a replantear el sentido social del consumo como factor clave de desarrollo sostenible.

La Comunidad Europea ha recogido el guante de las Naciones Unidas[60], y basándose en estudios que muestran que en la UE los sectores de consumo de alimentos, bebidas, vivienda y viajes son los responsables de entre el 70 y el 80% de todo el impacto ambiental, recomienda:

- Revisar los requisitos mínimos que deben cumplir los productos que tienen un impacto ecológico.
- Desarrollar el etiquetado de los mismos.
- Armonizar los criterios de sostenibilidad en la contratación pública.
- Concienciar a los consumidores, comerciantes minoristas y productores en general y potenciar su papel proactivo.

De manera especial se insta a los grandes minoristas a asumir acciones ambiciosas y concretas sobre información y concienciación sobre el consumo sostenible.[61]

---

60 Comisión de las Comunidades Europeas (2008) Comunicación de la Comisión al Parlamento europeo, al Consejo, al Comité Económico y Social europeo y al Comité de las Regiones relativa al Plan de Acción sobre Consumo y Producción Sostenibles y una Política Industrial Sostenible. Bruselas, 16/07/08.

61 La comunidad ha creado un instrumento para alentar la educación en consumo sostenible llamado "Dolceta" ver www.dolceta.eu.

En el campo de la economía, una voz notoria y radical, –aunque no la única– es la de Serge Latouche, el "analista-ideólogo" del decrecimiento, quien en sus trabajos sobre la sostenibilidad llega a la conclusión[62] de que:

> *"Nuestro sobrecrecimiento económico se enfrenta a los límites finitos de la biosfera. La capacidad de regeneración de la Tierra no alcanza la demanda: el hombre transforma los recursos en residuos de forma más rápida que la naturaleza reconvierte residuos en recursos".*

Más tarde veremos que si bien es difícil no estar de acuerdo con su conclusión, sus trabajos de análisis y de recomendación caen a menudo en el "buenismo" y no dan pie a planteamientos de evolución del sistema a partir de la situación actual.

Desde la óptica sociopolítica de la izquierda neocomunista, Mark Fisher nos recuerda que si bien el sistema capitalista es capaz de transformar y adaptarse a todas –o casi todas– las circunstancias históricas, la crisis medioambiental de recursos no puede ser superada por el sistema puesto que ataca su misma esencia, su misma realidad, escondida entre sus inconsistencias y contradicciones[63]. Precisamente lo que niegan los economistas neoclásicos...

Ante esta situación objetiva, que como vemos es asumida con diferente intensidad y signo por los ciudadanos, los políticos y las empresas, creemos que es tarea fundamental entender cómo funciona el engranaje del carácter consumista. La educación ambiental, que será una parte esencial del cambio social en los futuros años de "revolución de la sostenibilidad", tiene en la educación sobre el consumo una parte fundamental de su éxito. Educar en el consumo responsable con el objetivo de modelar conductas que no hipotequen el futuro de

---

62 Latouche, S. (2007). *Petit traité de la décroissance sereine*. Mille et Une Nuits, Paris. También puede consultarse un excelente artículo de síntesis sobre la economía del decrecimiento en es.-wikipedia.org/wiki/decrecimiento.

63 Fisher, M. (2008). *Capitalist Realism. Is there no Alternative?*. O Books, John Hunt Publishers.

las generaciones que vienen requiere entender cuál es la lógica interna del consumismo insostenible. Precisamente lo que intentaremos hacer en este trabajo.

Nuestra visión –como se apreciará en el análisis–[64] es que no se puede entender el funcionamiento de una sociedad ni de un carácter social sin poner en un lugar central de la explicación la economía y el desarrollo del sistema de producción, acumulación de renta y capital y consumo. Aunque el sistema de producción y consumo no es el único factor a considerar, es fundamental considerar que el funcionamiento de la economía como factor clave del desarrollo social consumista. Creo que la centralidad del hecho económico en el desarrollo político de los países avanzados después de la segunda guerra mundial es responsable del período de crecimiento sostenido y sin grandes catástrofes en el que –a pesar de todo– aún estamos viviendo. Por lo tanto es obligado para el analista social, para el psicólogo y para el psicólogo social entender cuál es la lógica de funcionamiento económico consumista y las disfunciones en las que se encuentra actualmente, después de tantas décadas de crecimiento indiscutible de la renta y el bienestar.

Esta posición epistemológica no difiere de la clásica y genial introducción sintética que hace Marx en el Prefacio a la Crítica de la Economía Política[65]:

"He aquí, en pocas palabras, el resultado general al que llegué, y que, una vez obtenido, me sirvió de hilo conductor en mis estudios. En la producción social de su existencia, los hombres anudan relaciones determinadas, necesarias, independientes de su voluntad; estas relaciones de producción corresponden a un grado fijado de desarrollo de sus fuerzas productivas materiales. El conjunto de estas relaciones forma la estructura económica

---

64 Aron, R. (1980), *Les étapes de la pensée sociologique*. Gallimard, Paris.

65 Aron, R. (1980), *Les étapes de la pensée sociologique*. Gallimard, Paris.

de la sociedad, la base real sobre la que se eleva un edificio jurídico y político, y a las que responden las formas determinadas de la conciencia social. El modo de producción de la vida material domina en general el desarrollo de la vida social, política e intelectual".

Economía y sociedad son pues para Marx un todo que no puede analizarse separadamente. Bourdieu[66], como tantos sociólogos, asume el pensamiento de Marx: la separación existente entre el análisis económico y el análisis social está de nuevo recibiendo críticas. Los continuados errores de los economistas en la predicción de la evolución económica han llegado a ser "vox populi", y los humoristas definen los economistas como "aquellos profetas que predicen lo que ocurrió en el pasado". No es extraño que economistas de tanto prestigio como Rajan[67], Roubini[68] u otros acaben hablando de sociología y de educación en sus trabajos de análisis económico, y se haya recuperado el prestigio de la historia en los trabajos sobre análisis económico.

Analizar el carácter consumista requiere un hilo conductor, que siga una cierta teoría de la evolución social. Nuestro esquema de trabajo se ha basado en la consideración de cuatro ámbitos de reflexión: los procesos de formación del carácter, la consolidación del mismo, sus consecuencias sociales en la vida corriente de las personas y finalmente los síntomas que aparecen de desestabilización del sistema. Veremos en el capítulo 1 la sociogénesis y psicogénesis del sistema del carácter consumista, inspirándonos en la sociología evolutiva de Elías[69]. Veremos que el carácter consumista no es el resultado de una manipulación intencionada e interesada de un agente social sino que es el resultado de una evolución estructural del

66 Bourdieu, P. (2003). *Las estructuras sociales de la economía.* Anagrama, Barcelona.

67 Rajan, R. G. (2010). *Fault lines.* Princetown University Press.

68 Roubini, N., & Mihm, S. (2010). *Crisis economics.* The Penguin Press.

69 Elías, N. (2010). *El proceso de la civilización.* Fondo de Cultura Económica, Madrid. (Original publicado en alemán en 1977).

desarrollo económico y social. En el capítulo 2 analizaremos como el sistema se consolida y se retroalimenta en una espiral que parece blindada ante cualquier movimiento centrípeto. En el tercero, veremos cuáles son las consecuencias sociales y personales de vivir dentro de este sistema, apuntando disfuncionalidades. En el capítulo 4 analizaremos algunas señales que indican una probable desestabilización del sistema y del carácter que lleva asociado, y seguiremos el trabajo con una prospectiva acerca de cómo la superación de esta etapa evolutiva impacta y redefine en el rol de los ciudadanos (capítulo 5), del Estado y la política (capítulo 6) y de las empresas (capítulo 7). Cerraremos el trabajo con un epílogo en el que apuntaremos algunas estrategias sobre las que podemos apoyarnos para facilitar este cambio, y veremos cómo paradójicamente, el marketing puede ayudarnos a transitar por este camino.

Referencias

Arendt, H. (2005). *La Condición Humana.* Paidós, Surcos 15, Barcelona.

Aron, R. (1967). *Les Etapes de la Pensée Sociologique.* Gallimard, Paris.

Baudrillard, J. (1972). *Pour une critique de l'économie politique du signe.* Gallimard, Paris. Trad. Española, Siglo XXI Editores, Madrid 2010.

Baugman, Z. (2005). *Ética posmoderna.* Siglo XXI Editores. México.

Baugman, Z. (2009). *Vida de Consumo.* Paidós, Barcelona.

Bourdieu, P. (2003). *Las estructuras sociales de la economía.* Anagrama, Barcelona.

Brandsma, E.H. (1996). *Changing Consumption and Production Patterns.*

Comisión de las Comunidades Europeas (2008). *Comunicación de la Comisión al Parlamento europeo, al Consejo, al Comité Económico y Social europeo y al Comité de las Regiones relativa al Plan de Acción sobre Consumo y Producción Sostenibles y una Política Industrial Sostenible.* Bruselas, 16/07/08.

Comte-Spontville, A. (2004). *El Capitalismo ¿es moral?.* Paidós Contextos. Barcelona.

Conferencia Inaugural en el Workshop Brazil-Noruega, Brasilia, Noviembre 1996.

Elias, N. (2010). *El proceso de la civilización.* Fondo de Cultura Económica, Madrid. (Original publicado en alemán en 1977)

European Union (2006). *Review of the EU Sustainable Development Strategy (EU SDS).* Brussels, 9 June, p. 22.

Fernandes, V. (2010). *Crise identitaire du marketing: quelques pistes de réflexion sur sa légitimité scientifique.* Thèse de Doctorat, Université Aix-Marseille II

Fisher, M. (2008). *Capitalist Realism. Is there no Alternative?.* O Books, John Hunt Publishers.

Fuat Firat, A., & Venkatesh, A. (1995). Liberatory Postmodernism and the Reenchantement of Consumption. *Journal of Consumer Research,* 22(3), 239-267.

Yiannis, G., & Lang, T. (2006). *The Unmanageable Consumer.* Sage Publications, Londres.

Galbraith, J.K. (2004). *La Economía del Fraude Inocente La Verdad de nuestro tiempo.* Crítica, Barcelona.

Holt, D.B. (1997). Postructuralist lifestye analysis: Conceptualizing the social patterning of consumption. *Journal of Consumer Research,* 23, (March).

Ingelhart, R., & Welzel, C. (2005). *Modernization, Cultural Change and Democracy. The Human Development Sequence.* Cambridge University Press.

Joy, A. (2001). Gift giving in Hong Kong and the continuum of social ties. *Journal of Consumer Research,* 28, September.

Kilbourne, W., McDonagh, P., & Portero, A. (1997). Sustainable consumption and the quality of life: A macromarketing challenge to the dominant social paradigm. *Journal of Macromarketing,* Spring.

Kuhn, T. (2005). *La estructura de las revoluciones científicas.* Fondo de Cultura Económica.

Latouche, S. (2007). *Petit traité de la décroissance sereine.* Mille et Une Nuits, Paris.

Lauffer, R., & Paredise, K. (1989). *Le Prince Bureaucrate. Machiavelo au Pays du Marketing.* Flamarion, Paris

Lipovetski, G. (2006). *Los tiempos hipermodernos.* Anagrama, Barcelona.

Lipovetsky, G., & Roux, E. (2002). *El Lujo eterno.* Anagrama, Barcelona.

Lukács, G. (1923). Historia y consciencia de clase. Grijalbo, México 1969

Malouf, A. (2009). *Le déréglement du monde.* Grasset Frasquelle, Paris. Trad. Catalana, La Campana, Barcelona.

Maslow, A. (1954). *Motivation and Personality.* Harper, New York.

Meadows, D., Randers, J., & Meadows, D. (2006). *Los límites del crecimiento 30 años después.* Galaxia Gutemberg, Círculo de Lectores.

Murray, J.B., & Ozanne, J.L. (1991). The critical imagination: Emancipatory interests in consumer research. *Journal of Consumer Research,* 18, September.

Norris, T. (2004). Hannah *Arendt and Jean Baudrillard: Pedagogy in consumer society.* The Encyclopedia of informal education. www.infed.org/biblio/pedagogy

Oslo Round Table Conference Report (1996). *Elements for an International Work Programme on Sustainable Production and Consumption.* Oslo.

Packard, V. (1961). *The Waste Makers.* Longman, New York.

Popper, K.R. (1994). *La responsabilidad de vivir. Escritos sobre política, historia y conocimiento.* Paidós, Barcelona.

Rajan, R.G. (2010). *Fault lines.* Princetown University Press

Reich, W. (2005). *Análisis del carácter.* Paidós, Surcos 5, Barcelona.

Roubini, N., & Mihm, S. (2010). *Crisis economics.* The Penguin Press.

Sartori, G., & Mazzoleni, G. (2005). *La tierra explota. Superpoblación y desarrollo.* Santillana Ediciones Generales, Madrid.

Sicart, M.C. (2007). *Lujo, mentiras y Marketing.* Editorial Gustavo Gili, Barcelona.

Sicart, M.C. (2005). *Les ressorts cachées du désir. Trois issues à la crise des marques.* Pearson Education France. Col. Village Mondial.

The Chartered Institute of Marketing (2006). *Sustainable Consumption & Production. The Role of Marketers.* Final Report Londres.

Thomas, D. (2010). *De luxe: How luxury lost its luster.* Penguin Books, New York.

Touraine, A. (2009). *La mirada social. Un marco de pensamiento distinto para el siglo XXI.* Paidós, Barcelona.

Toynbee, A.J. (1958). *Thinking Ahead.* Harvard Business Review

Turner, G. (2008). *A comparison of the limits to growth with thirty years of reality.* CSIRO Working Paper Series, ISSN 1834-5639.

United Nations (1998). *Comission on Sustainable Development. Measuring Changes in Consumption and Production Patterns. Division for Sustainable.* Development, Department of Economic and Social Affairs. United Nations. April.

United Nations Division for Sustainable Development (2006). *Expert Group Meeting on Indicators of Sustainable Development.* New York, 3-4 October 2006. Background paper.

Young, C.G. (1968). *The Archetypes and the Collective Unconscious.* Bollingen Series XX. Princeton University Press.

Zizek, S. (2010). *Living in the End Times.* Verso. London, New York.

Capítulo 1

El proceso de formación del carácter consumista

En este capítulo intentaremos analizar el carácter consumista como el producto de un sistema, un carácter que es a la vez materia prima y producto final, puesto que revierte en el sistema como materia prima de su perpetuación. Veremos que el carácter consumista es el resultado de un proceso en el que los factores de entorno y de desarrollo económico interaccionan con factores personales dando lugar al fenómeno consumista y a la cristalización de este carácter. Los factores de base que constituyen el terreno de juego en el que cristaliza este fenómeno son en nuestro análisis los siguientes:

- La centralidad social del desarrollo económico.

- El individualismo, materialismo y mamonismo como valores predominantes.

- Las supuestas necesidades y la formación y alimentación del deseo mimético.

- La recarga simbólica del objeto.

- Y finalmente la traslación de la dominación por el trabajo a la dominación por el consumo.

Estos factores no son independientes, se realimentan en un sistema poco permeable que solo puede evolucionar por el impacto de un factor externo (probablemente este factor será la crisis de sostenibilidad, aunque el aumento espectacular de la desigualdad en los países capitalistas, China incluida, abre la posibilidad de que éste sea el factor decisivo en el probable colapso del sistema).

Como veremos más adelante, la economía consumista es un sistema que evoluciona y se debilita lentamente, y algunas señales, aunque débiles, indican que evolucionará hacia un carácter post-consumista del que podemos analizar algunas características emergentes.

La centralidad social del desarrollo económico

Nos ha tocado vivir unos tiempos en los que la economía ocupa la centralidad de la vida pública y un papel fundamental en la vida privada y familiar. El discurso sobre el entorno económico, la situación de las empresas y la economía doméstica invaden nuestras vidas hasta un extremo que difícilmente podemos objetivar dado que nadie puede vivir en dos épocas distintas al mismo tiempo. Sería interesante tener una visión histórica de la importancia asignada al hecho económico en la vida de las gentes y de las civilizaciones. Probablemente las preocupaciones por la economía doméstica siempre han ocupado un lugar central en la humanidad, pero probablemente nunca como hoy la economía no doméstica, la economía de la empresa, la economía de las naciones y del mundo, y últimamente le economía financiera han tenido una influencia tan extensa, una presencia tan amplia en nuestras vidas cotidianas.

En el constante bombardeo de informaciones económicas, el crecimiento ocupa el rol central: el rol de la valoración y de la sanción, de lo bueno y de lo menos bueno. Las magnitudes – paro y déficit aparte– van bien si crecen y van mal si no crecen. La mayoría de las informaciones económicas nos vienen servidas en formato de primeras derivadas, o de segundas: se trata de índices de crecimiento o de índices de aceleración o desaceleración. Raramente se habla de valores absolutos. Es imposible saber si el hecho de que se vendan 800.000 o 1 millón de coches en España es positivo o negativo. Lo importante es que se vendan más automóviles que el año pasado, que haya un crecimiento.

El mismo tipo de argumento se da en el campo del consumo agregado: las buenas noticias son que el consumo privado crece, que el índice de confianza del consumidor sube tantos o cuántos puntos, que el tráfico en los aeropuertos aumenta y que por fin el consumo va a tirar de la economía y que gracias a ello se va a lograr el objetivo más lícito y que nadie pone en cuestión, que es la creación de puestos de trabajo lo que debe permitir a los individuos y las familias llegar a fin de mes, suprimir subsidios del Estado y encarar el futuro con más seguridad. Lo mismo da que sea consumo de alcohol o tabaco que de bananas de Canarias. Lo importante es que el consumo ayude a la recuperación de puestos de trabajo.

Baudrillard nos alerta sobre la parcialidad y carácter ideológico de tales varas de medir:[70] *"nos referimos aquí al bluff colectivo más extraordinario de las sociedades modernas. A una operación de "magia blanca" realizada sobre las cifras, que en realidad oculta una mano negra de hechizo colectivo. Me refiero a la gimnasia absurda de las ilusiones contables, de las contabilidades nacionales"*, dice. Desde la óptica de la macroeconomía, Galbraith[71] sentencia: *"sin embargo, del tamaño, composición e importancia del PIB también surge una de las formas de fraude más extendidas en nuestra sociedad"*.

Actualmente los economistas están trabajando en la construcción de nuevos indicadores, como por ejemplo el GPI o Genuine Progress Indicator, métrica alternativa al PIB. El GPI utiliza los mismos datos de consumo que el PIB pero deduce de él los costes de la desigualdad, del crimen, de la degradación medioambiental, la pérdida de tiempo libre y añade el valor que prestan los bienes duraderos y la infraestructura pública, así como los beneficios del voluntariado y el trabajo en casa. Los análisis realizados en base a este nuevo indicador en los Estados Unidos muestran que desde 1974 hasta 2004 el crecimiento del PIB per cápita, que casi se ha multiplicado por dos, no se ha correspondido con el crecimiento del GPI, que se ha estancado o ha decrecido[72]. Los norteamericanos consumen cada vez más y no progresan a mejor, incluso parece que van a peor.

---

70 Baudrillard, J. (2007). *La sociedad de Consumo*. Siglo XXI Editores, Madrid.

71 Galbraith, J.K. (2004). *La Economía del Fraude Inocente. La Verdad de nuestro tiempo* Crítica. Barcelona.

72 World Economic Forum (2011). *The Consumption Dilemma. Leverage Points for Accelerating Sustainable Growth*. Davos.

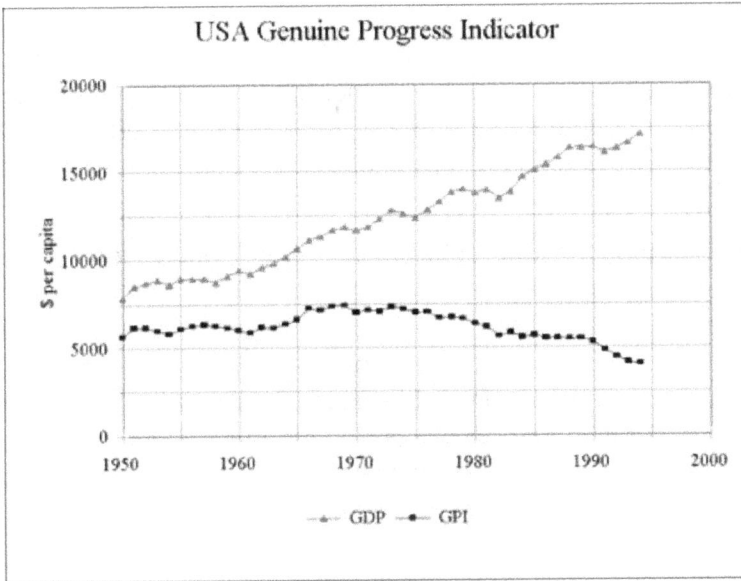

Gráfico 1. Evolución del PIB y del GPI en los Estados Unidos. Fuente: WEF

La lógica del crecimiento continuado como "buena noticia" no ha sido contestada hasta hace bien poco. En los países que se han desarrollado de forma muy intensa en las últimas décadas, como España, a nadie se le ocurría poner en cuestión el crecimiento, aunque este crecimiento estuviera basado en sectores en los que se sabía y se aceptaba socialmente que era fruto de una enorme burbuja especulativa, como fue el caso del sector inmobiliario de 2000 al 2008. ¿Por qué el Estado no puso coto a los desmanes del mercado inmobiliario sabiendo lo que estaba ocurriendo? Es interesante ver como de nuevo los intereses de unos pocos acallaron los intereses de unos muchos:[73] "la primera cuestión es saber si el supervisor advirtió a tiempo de la bomba de ladrillo que se le venía encima. No hay duda: el Banco de España lo vio. Es más, lo advirtió: *"La magnitud de la sobrevaloración podría llegar al 20%"*.

---

73 Barrón, I. El País 13/03/2011.

Ni en este caso se puso en duda la necesidad de crecer ni se hizo nada para parar el crecimiento hasta que fue demasiado tarde. A sabiendas de que se generaría una bolsa de paro que costaría una auténtica fortuna al Estado, unos 3.000 millones de euros mensuales y 114.000 ejecuciones hipotecarias en 2010[74].

Los ciudadanos, ante este panorama de "educación" económica transmitido de forma constante por los medios de comunicación, suelen esperar la reactivación del crecimiento económico como la solución a todos los problemas del país. La recuperación del crecimiento parece convertirse en el único objetivo. Actualmente existe un debate intermitente sobre qué tipo de crecimiento se quiere impulsar, se habla de sostenibilidad en el crecimiento y de modelo de crecimiento. Se habla del crecimiento sostenible, que es un intento de definir un modelo que no genere ciclos de destrucción masiva de empleo y a la vez sea respetuoso con el medio. Si profundizamos en las estrategias y leyes derivadas de este debate nos damos cuenta de hasta qué punto este modelo no existe y será necesario construirlo paso a paso. En España, el documento "Estrategia para la Economía Sostenible" y su consecuencia operativa, el "Proyecto de Ley de Economía Sostenible"[75] constituyen una mezcla de buenas intenciones y de medidas de todo tipo en todos los ámbitos para conseguir un objetivo bienintencionado. La lectura atenta del proyecto de ley muestra hasta qué punto no es más que una cacofonía ininteligible. Propone medidas de todo tipo, desde obligar a las empresas cotizadas a presentar informes de buen gobierno hasta asignar frecuencias de telecomunicaciones pasando por la modificación del régimen sancionador del Banco de España. Adornan el pastel medidas para liberalizar los servicios y medidas para intentar fomentar el peso de la industria en el PIB a través del fomento

---

[74] http://www.elpais.com/articulo/economia/paro/crecio/2009/rozar/millones/desempleados/elpepueco/20100105elpepueco_1/Tes#despiece1

[75] Gobierno de España (2010) "Estrategia Para la Economía Sostenible y Proyecto de Ley de Economía Sostenible", disponible en la web http://www.economiasostenible.gob.es/

del transporte basado en energía eléctrica. No creemos que exista posibilidad alguna de mejorar el proyecto en el trámite parlamentario, mejor olvidarlo, que es lo que parece que va a ocurrir. En todo caso las estrategias de crecimiento sostenible no son modelos prefabricados a clonar: hay que inventarlas a medida que se desbroza el camino.

Los resultados de los estudios de los economistas sobre qué supone la creación de una economía sostenible hacen especial hincapié en la necesidad de innovar. El progreso tecnológico debe ser lo que permita el ansiado "decoupling": la posibilidad de seguir creciendo sin aumentar las tasas de depredación del medio ambiente. La idea dominante es que "como la tecnología ha resuelto siempre los problemas lo seguirá haciendo de forma indefinida en el futuro"[76].Pero de hecho no se sabe muy bien como la tecnología y la innovación van a reducir el consumo material de recursos: los análisis sobre el "decoupling", es decir, la diferenciación incremental entre las tasas de crecimiento del producto bruto y el consumo material[77], (resultados del último estudio disponible de la Agencia Europea del Medio Ambiente) muestran que el indicador "consumo material doméstico", que mide la cantidad de recursos naturales consumidos cada año por cápita, ha cambiado poco en los últimos 20 años.

El indicador "intensidad material", que mide los kilogramos de materia necesarios para producir un valor de un euro, muestra que Europa es mucho menos eficiente que Japón y algo más eficiente que los Estados Unidos. Las diferencias entre países europeos son muy considerables, van de 0,7 Kg/euro en Francia a 11 Kg/euro en Estonia. El peso de la energía nuclear en el mix energético es fundamental para reducir este ratio.

---

76 Kilbourne, W., McDonagh, P., & Portero, A. (1997). Sustainable Consumption and the Quality of Life: A Macromarketing Challenge to the Dominant Social Paradigm. *Journal of Macromarketing*, 17(1), 4-24.

77 European Environment Agency (2006). *Measuring Progress Towards a More Sustainable Europe*. Bruselas.

Todos los países de la CE menos dos han reducido la intensidad material en la década de los 90, aunque los nuevos entrantes en la Comunidad son muy ineficientes y empeoran la media del conjunto.

La conclusión del informe es que de manera general, a pesar de la mejora en la eficiencia en el uso de recursos, no se reduce el consumo material cuando el producto bruto incrementa, con lo que si bien se ha logrado un "decoupling relativo", no se ha logrado el "decoupling absoluto", que es el que debe perseguirse si no se quieren hipotecar los recursos de las futuras generaciones. Y el informe concluye taxativamente[78]: *"a causa del efecto "rebote" (las ganancias en eficiencia se ven superadas por las pérdidas debidas al incremento de consumo) es improbable que el uso de recursos naturales se pueda reducir solamente con adelantos tecnológicos. La sostenibilidad de los estilos de vida y de consumo actuales debe ser críticamente revisada".*

En todo caso las previsiones más optimistas sobre incremento de la eficiencia por innovación tecnológica del modelo World 3[79] suponen la necesidad de realizar inversiones a largo plazo en I+D que sólo pueden ser financiadas si se destina una parte muy importante de la renta generada al ahorro y a la inversión. Si miramos la evolución de las tasas de ahorro a nivel general y en especial en España nos encontramos con un panorama que no anima al optimismo en cuanto a la capacidad de inversión derivada del ahorro.

¿Por qué la mayoría de los países más avanzados ahorran menos (inclusive Alemania y Japón) o simplemente han dejado de ahorrar?. Dar respuesta a esta pregunta no es fácil. Lo que está claro es que durante años se ha visto el ahorro como una auténtica amenaza social. Las noticias sobre los incre-

---

78 European Environment Agency (2006). *Measuring Progress Towards a More Sustainable Europe*. Bruselas.

79 Meadows D., Randers, J., & Meadows, D. (2006). *Los límites del crecimiento: 30 años después*. Galaxia Gutemberg. Círculo de Lectores. Barcelona.

mentos de ahorro han sido y son leídas en clave negativa o por lo menos defensiva: se ahorra cuando se tiene miedo, cuando se está triste, cuando se está deprimido, cuando se cree que van a venir mal dadas. Es chocante que en un mundo de recursos finitos, el ahorro de recursos sea visto como un freno al desarrollo. La falta de legitimidad del ahorro revela una de las características de los valores consumistas: el extremo presentismo, es decir, la sobrevaloración del momento presente y la incapacidad de valorar las propias futuras necesidades así como las de las generaciones futuras.

El presentismo como filosofía de vida, la sobrevaloración del momento presente sobre el pasado y el futuro provoca más pronto o más tarde un problema serio en un mundo de recursos finitos. Cualquier consumo actual conlleva de alguna manera, en alguna forma o en alguna cantidad una renuncia a un consumo futuro. Y a menudo, a dejar una huella ecológica imposible de borrar. Lipovetsky[80] nos hace caer en la cuenta de que *"la compulsión presentista del consumo y la reducción del horizonte temporal de nuestras sociedades forman una buena combinación…"*.

80 Lipovetsky, G. (2006). *Los tiempos hipermodernos*. Anagrama, Barcelona.

Percent

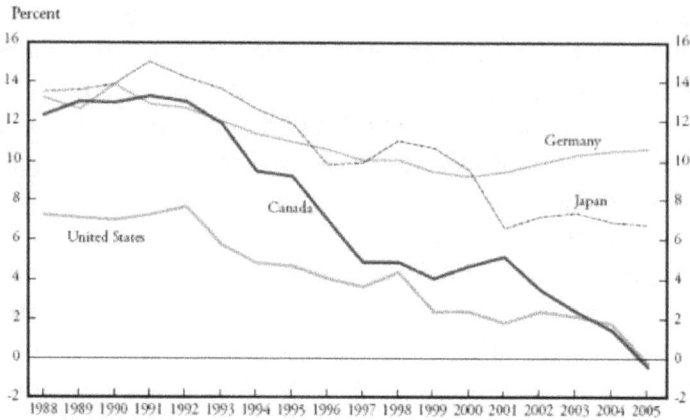

Source: Organization for Economic Cooperation and Development

Gráfico 2. Ratio de ahorro de las familias en Estados Unidos, Canadá, Japón y Alemania. (Reserva Federal (OECD))

Podemos añadir un argumento más a favor de esta tesis: los resultados de las investigaciones – escasas por cierto – sobre la frugalidad, es decir, sobre la propensión a consumir poco. Un trabajo pionero de Lastovika y su equipo[81] analiza los orígenes religiosos y antropológicos de la frugalidad como virtud, y desarrolla una primera definición y un instrumento de medida. También se intenta analizar – como en los trabajos de Kasser que veremos más tarde - cuáles son los correlatos del perfil frugal y sus consecuencias actitudinales.

---

81 Lastovicka J., Bettencourt, L.A., Shaw Hughner, R., & Kuntze, R.J. (1999). Lifestyle of the Tight and Frugal: theory and measurement. *Journal of Consumer Research*, 26(1), 85-98.

Las personas que dan puntajes más altos en la escala de frugalidad comparten las siguientes características:

- Son menos susceptibles a la influencia de los demás.
- Son menos materialistas.
- Son menos compulsivos en las compras.
- Son más conscientes del valor y el precio.
- Guardan productos para reutilizar.
- Son menos propensos a ser manipulados y dirigidos al gasto.

Las consecuencias conductuales de la frugalidad son bien claras:

- Menor sensibilidad a las marcas.
- Menor propensión a pagar con tarjeta de crédito.
- Menor generación de residuos, (más por frugalidad que por sensibilidad ecológica).

Los autores llegan a la conclusión que *"... cuando el frugal evita el círculo vicioso de trabajar y pedir prestado para comprar más, para luego querer comprar incluso más, gana tiempo para su familia, sus hijos, amigos y su desarrollo personal y espiritual..."*[82].

Un trabajo reciente que llega a las mismas conclusiones desde un ámbito distinto es el de la "filosofía" del decrecimiento. Nicolas Ridoux[83], en su trabajo "Menos es Más, Introducción a la Filosofía del Decrecimiento" expone que la "objeción al crecimiento" habla de la *"necesidad de compartir, el regreso a la sobriedad, en particular para aquellos que consumen demasiado..."*

---

82 Lastovicka J., Bettencourt, L.A., Shaw Hughner, R., & Kuntze, R.J. (1999). Lifestyle of the Tight and Frugal: theory and measurement. *Journal of Consumer Research*, 26(1), 85-98.

83 Ridoux, N. (2010). *Menos es Más. Introducción a la filosofía del decrecimiento*. Los libros del Lince.

La lectura atenta del trabajo de Ridoux muestra hasta qué punto a menudo los trabajos sobre esta vía conforman un programa político voluntarista, bien intencionado pero difícil de anclar a la evolución actual de la sociedad, y a la evolución de la situación económica en particular. La misma sensación se deriva de la lectura de los trabajos de Serge Latouche, el economista más conocido del "decrecimiento". Las aportaciones que hacen los economistas del decrecimiento se basan en considerar que más que de-crecimiento hay que hablar de a-crecimiento: *"...de hecho se trata sin duda del abandono de una fe o una auténtica religión, (la de la economía, del progreso, del desarrollo)"*[84].

Los defensores de esta rama de la economía basan sus recomendaciones para lograr el equilibrio en tres ámbitos:

En primer lugar, el cambio y sustitución de los indicadores de progreso social (del PIB, como hemos visto).

En segundo lugar, lograr el efecto "decoupling" a través de la interacción del cambio tecnológico (que procura más eficiencia) con un estilo de vida sobrio y frugal (que se basa en una contención y posterior reducción del consumo).

Finalmente la modificación del estilo de vida consumista, que no es tanto una elección de valores individuales sino el resultado de un sistema social de producción en que estamos inmersos, cuya lógica no nos deja ser de otra manera a no ser que queramos automarginarnos y "salir" del mismo. Nuestra posición es que –como veremos más tarde con detalle – no con buenas intenciones lograremos resultados que conduzcan al consumo responsable y sostenible. Solamente incidiendo sobre los factores que producen este carácter social seremos capaces de modificarlo, facilitando la eclosión de este "nuevo" estilo de vida más frugal. Dicho de otra manera, la fuerza clave del progreso sostenible es precisamente la acción sobre los factores que puede conducir a la sustitución del carácter

---

84 Latouche, S. (2007). *Petit Traité de la Décroissance*. Sereine Mille et Une Nuits. Paris.

consumista por un nuevo carácter social, el carácter sostenible.

La emergencia de este nuevo carácter es una incógnita, aunque hemos apuntado que existen algunos indicios de cambio
que apuntan en esta dirección. Uno de los factores fundamentales en este proceso de cambio es la pérdida de la centralidad de la economía, o mejor dicho, la pérdida de dominación
de la economía sobre la política la sociedad y los valores de
los individuos. Los analistas de lo que se ha venido a llamar el
post-modernismo contraponen a la visión moderna del dominio de lo económico la visión crítica post-moderna, que se
considera la economía como un elemento mucho menos central en la vida social. Hemos de tener presente que la crítica
social durante la época moderna se basa o se centra en la
economía: de Marx a Krugman, de Friedman a Zizek, los filósofos, sociólogos y los economistas o bien legitiman el sistema o bien lo analizan para cambiarlo. Pero todos consideran
la economía como un hecho central y estructurarte de la dinámica social.[85] Y al que no habla de economía le llaman "estúpido". No se trata tanto de que la economía pierda centralidad el debate social sino que incorpore otros factores en la
ecuación, en el análisis, la formulación de objetivos y en los
indicadores de bienestar. Y que la política encuentre en una
economía más social y más compleja un aliado para conducir
la sociedad a cotas mayores de desarrollo. Con el PIB, el diferencial con la deuda alemana y el índice de inflación no se
hace más plena, más rica y más humana una sociedad.

---

85 Fluat Firat, A., & Venkalesh, A. (1995). Liberatory Postmodernism and the Reenchantment of
Consumption. *Journal of Consumer Research*, 22(3), 239-267.

Individualismo, materialismo y mamonismo

Se dice que vivimos en una sociedad individualista (y materialista). Una sociedad individualista por oposición a una sociedad colectivista es una sociedad en la que los valores individuales están por encima de los colectivos, y en la que no se pueden limitar derechos individuales a no ser que sea clamorosamente patente que el ejercicio de estos derechos hace un mal irreversible al conjunto de los individuos. En este tipo de sociedades, cada vez que una decisión política destinada a proteger derechos colectivos colisiona con un derecho individual se duda de la legitimidad de tal decisión y se observan resistencias enormes para su aplicación. Ejemplos de estas resistencias los tenemos todos los días: desde las dificultades del presidente de los Estados Unidos para imponer la cobertura médica universal hasta la imposición de limitaciones de velocidad en España para evitar las tragedias que se dan cada día en las carreteras. Multitud de reformas se ven además entorpecidas por los grupos de presión que tienen intereses económicos en el mantenimiento de un status quo que les reporta beneficios.

Nuestra sociedad, en aras a salvaguardar uno de los bienes más preciados que ha conquistado la humanidad, los derechos individuales del ser humano, recela – y tiene sobradas razones para hacerlo- de las limitaciones de derechos individuales. En un mundo en el que la mayoría de los pobladores no tienen asegurado el respeto a sus derechos individuales más inalienables, velar por los derechos individuales es una obligación ética de todos, como Touraine describe con exactitud[86]*...reconocer que cada individuo tiende a invocar su "derecho a tener derechos", según una expresión que se ha hecho clásica".*

Sin embargo también es cierto que la defensa del individualismo tiene un aspecto relativo y cultural, que como tal, evolu-

---

86 Touraine, A. (2009). *La Mirada Social*. Paidós, Barcelona.

ciona en el tiempo y en la historia. En los Estados Unidos de América parece inconcebible negar a la gente el derecho a poseer libremente armas de fuego, cosa que en Europa es inimaginable. Y a la inversa, en España nadie entiende que se pueda ir a la cárcel por un exceso de velocidad en la conducción de un automóvil, cuando es habitual en los Estados Unidos.

Si bien el individualismo como principio es un valor universal, sus formas de expresión – y por tanto de protección – se basan en una interpretación que tiene un contexto histórico y social. Por consiguiente la defensa de los derechos individuales no es un asunto independiente de la cultura, los hábitos y lo que la sociedad valora como aceptable o inaceptable.

En el campo del consumo está claro que el individualismo crea buenos consumidores, como describe Compte-Spontville[87] con su estilo fresco y pedagógico: *"El individualismo, el cocooning forma muy buenos consumidores. Y puesto que es necesario vivir bien, si el individualismo forma buenos consumidores, forma también productores como mínimo adecuados...".*

Uno de los argumentos centrales que los liberales a ultranza enarbolan para no encarar las consecuencias del carácter consumista es decir que las decisiones de consumo forman parte de la esfera de lo privado, y que no tienen ningún impacto negativo sobre los demás, sino más bien positivo, puesto que se aumenta el gasto, la producción y se crean puestos de trabajo. Este argumento, que parece de una calidad insostenible, ha estado en boca de muchos políticos incluso de izquierdas que han utilizado la estimulación del consumo como una receta anticrisis.

La ligazón entre el individualismo como valor final y el materialismo como valor instrumental[88] se produce a través de la vo-

---

87 Compte-Spontville, A. (2004). *El capitalismo ¿es moral?*. Paidós, Contextos. Barcelona.

88 Retomamos aquí la clásica diferenciación de Rokeach entre valores finales (estados deseables del ser) y valores instrumentales (formas de conducta que nos llevan a ellos).

luntad de perseguir el "yo ideal" de la época moderna y post-moderna. Efectivamente, la sociedad postmoderna como bien ha descrito Zygmunt Bauman, crea un conjunto de individuos que persiguen un "yo ideal" fragmentado, líquido, "ad-hoc", y cuya expresión narrativa consiste en una serie de hitos relacionados con la posesión y consumo de bienes y servicios. Los niños no dicen sólo que cuando serán mayores tendrán un teléfono móvil sino también significan que serán mayores porque tendrán un teléfono móvil y una motocicleta. El individualismo lleva al materialismo a través de la persecución de un "yo ideal", conjunto de fantasías, imágenes propias o deseos a perseguir, hiperrealidades, en términos de Baudrillard, un yo ideal basado en la posesión y consumo de objetos materiales. "Cuando sea mayor tendré" versus otras posibilidades es el estribillo de la canción materialista, repetida como un "mantra" hasta convertirse en lo no pensado.

Uno de los mejores trabajos que conocemos sobre este proceso es el de Gabriel y Lang[89], que nos recuerdan como se alimenta indefinidamente el proceso: *"una vez la fantasía creada alrededor del producto ha pasado el test de la realidad, su valor para el ideal del yo decrece...una nueva fantasía empezará a desarrollarse alrededor de otro producto. Este es el proceso que hace crecer y crecer al capitalismo."* El carácter consumista crece y se desarrolla en el rasgo materialista y en la búsqueda del "yo ideal" como construcción del mercado, de las empresas y de las marcas.

El constructo "materialismo", más actitudinal en su forma conativa, cercana a la acción, se presta a un discurso más sencillo. Es fácilmente objeto de operacionalización, es decir, de medida directa sobre los individuos, a partir de las herramientas que nos provee la psicología diferencial. De hecho existe una buena cantidad de literatura sobre el concepto de mate-

---

89 Yiannis, G., & Lang, T. (1995). *The Unmanageable Consumer.* Sage Publications Ltd. Londres.

rialismo, sobre sus sistemas de medida y sus correlatos en la conducta[90].

Se entiende por materialismo en la literatura académica una característica individual de carácter multidimensional que tiene que ver con la valorización exageradamente fuerte de objetivos materiales, económicos y de consumo con respecto a otros fines en la escala de que valores, actitudes y conductas. Existen diferentes sistemas de medida de esta característica individual. Las más utilizadas son los Índices de Aspiración[91], la Escala de Materialismo de Belk, por de Richins y Dawson[92]. El materialismo como característica psicológica puede ser tomado como un indicador próximo (en la medición individual) a lo que nosotros llamamos consumismo como carácter social.

Belk (1985) en un artículo pionero desarrolla una escala de materialismo que ha sido utilizada en multitud de trabajos posteriores. Esta escala se basa en tres conceptos centrales: el "ansia de posesión", la "baja generosidad" y la "envidia". En su artículo, cuando aborda la evaluación de la validez predictiva del constructo, al confirmar la relación negativa que existe entre alto grado de materialismo y satisfacción con la vida, concluye: "en la medida en que se ha demostrado que es falsa la creencia materialista que la felicidad se encuentra en la próxima compra (bien porque el consumo material no tiene relación con la felicidad, bien porque cause realmente infelicidad), se impone una investigación más amplia sobre los efectos del marketing"[93].

---

90 Belk, R.W. (1985). Materialism: Trait Aspects of living in the material world. *Journal of Consumer Research*, 12(3), 265-280.

91 Kasser, T. (2002). *The High Price of Materialism*. Bradford, The MIT Press. Cambridge, Massachussets.

92 Richins, M.L., & Dawson, S. (1992). A consumer values orientation for materialism and its measurement: Scale development and validation. *Journal of Consumer Research*, 19(3), 303-316.

93 Belk, R.W. (1985). Materialism: Trait Aspects of living in the material world. *Journal of Consumer Research*, 12(3), 265-280.

La escala de Richin y Dawson[94] ha sido objeto de múltiples análisis y ha dado lugar a una forma reducida más manejable con propiedades psicométricas aceptables.

Está basada en tres dimensiones, de las que ejemplificamos un ítem de muestra:

2. *Éxito: "Admiro a los que tienen casas caras, coches de lujo y ropa de precio alto".*

3. *Centralidad: "Al fin y al cabo las cosas que poseo no son tan importantes para mi".*

4. *Felicidad: "Tengo todo lo que necesito para disfrutar de la vida".*

El materialismo como característica sugiere dos líneas de investigación. La primera intenta aclarar porque las personas comparten valores materialistas, y la segunda intenta profundizar en cuáles son sus consecuencias. Kasser las revisa en sus trabajos empíricos[95]. Los valores materialistas son más preeminentes...

• En los individuos en los que las necesidades básicas de seguridad y sustentación han sido o son satisfechas deficientemente.

• En niños de familias con problemas en la satisfacción de las necesidades básicas.

• En adolescentes con hogares afectivamente poco nutritivos.

Las personas que dan puntajes altos en las escalas de materialismo...

• Reportan un nivel de bienestar psicológico menor que las personas que están menos comprometidas con estos ob-

---

94 Richins, M.L. (2004). The Material Values scale: Measurement Properties and Development of a Short Form. *Journal of Consumer Research,*31(1), 209-219.

95 Kasser, T. (2002). *The High Price of Materialism.* Bradford, The MIT Press. Cambridge, Massachussets.

jetivos (esta conclusión se replica en culturas y sociedades diferentes).

- Consumen más televisión y se comparan negativamente con las personas que salen en la televisión.

- Están insatisfechas con su estándar de vida.

- Tienen un conjunto de relaciones sociales mucho más insatisfactorio.

- Se ocupan mucho menos del bienestar social.

- Valoran menos la libertad y la autogestión de sus vidas.

- Están pendientes de recompensas externas para encontrar sentido a sus acciones.

- Se sienten más obligados y empujados a hacer determinadas cosas.

- Tienen una sensibilidad medioambiental mucho menor.

- Tienen una menor satisfacción global con la vida.

Estos hechos, de base empírica, son suficientemente explícitos y necesitan pocos comentarios. Sí que merece un comentario el análisis de antecedentes, lo que refuerza nuestro argumento del que la formación del carácter consumista es algo sistémico, es decir, no es ninguna perturbación en la que incurren los individuos en la sociedad capitalista sino que tiene su origen en la salida de la pobreza y la salida del mundo de las necesidades a través de la economía libre del mercado. Este aspecto sistémico explicaría que el fenómeno se de en todas las sociedades en desarrollo, de una forma automática y mecánica, sea en Brasil, en China o en los Estados Unidos y en Japón.

Del materialismo al mamonismo hay un paso. Mammon es el Dios o Diablo de la riqueza y el dinero, del lucro y del beneficio. En arameo[96], Mammon significaba riqueza, voz de la que

---

96 Ver http://es.wikipedia.org/wiki/Mammon

derivó "mamona", (que sigue utilizándose en la actualidad, significa "riqueza" en polaco moderno). El Mamonismo es una tendencia moral a la deificación de la riqueza, la ganancia personal y la avaricia. "Lucrum Punice Mammon Dicitur", decía San Agustín. La deificación de la riqueza y la ganancia se refleja en la sociedad consumista a través de la visualización pública del simbolismo de los objetos comprados y poseídos. En definitiva, el carácter consumista se alimenta, en un ir y venir entre el rasgo materialista de la consciencia, el "yo ideal" y la economía. Impulsa a la fabricación de productos que llenan la consciencia parcial, la ilusión del llegar a ser a través de la posesión. Es una consciencia desviada, perdida, alienada, puesto que no es una conciencia que haga feliz a la gente como prueban – entre otros muchos – los trabajos citados. La ilusión del "llegar a ser" a través del consumo y la posesión, es el rasgo fundamental de la alienación de la sociedad actual.

Hemos apuntado anteriormente y veremos con más detalle cuando hablemos de la publicidad, que la persona en este sistema deviene un individuo confuso y confundido. Es a la vez medio y fin, es materia prima y producto acabado, es a la vez producto de una cultura y productor de la misma a través del juego que el sistema le impone y en el que se encuentra atrapado en la disyuntiva fatal de participar activamente o caer en la marginalidad. Firat y Venkatesh[97] en su análisis de lo que ha venido a llamarse el postmodernismo, recuerdan como el sistema, aparte de producir bienes de consumo, produce consumidores, y con ello simplifica y empobrece el sentido de la identidad personal y social: *"aceptada la sospecha de que el individuo no ha sido nunca el centro de control, y con la intención de liberar el sujeto de cualquier compromiso, la visión postmoderna apuesta por la confusión (o fusión) del sujeto y del objeto..."*.

---

97 Fluat Firat, A., & Venkatesh, A. (1995). Liberatory Postmodernism and the Reenchantment of Consumption. *Journal of Consumer Research,* 22(3), 239-267.

Esta confusión, derivada del individualismo materialista, se observa de forma constante en los estudios de valores, en los que los individuos se declaran "manipulados", incapaces de sentir que poseen un cierto "locus" de control sobre el sistema. Y de forma generalizada y quizás como consecuencia de todo ello se observa un conformismo que llega a impresionar cuando se observa en directo en los estudios de mercado sobre clima social. Es un conformismo de carácter, no de situación, equivalente en el campo del consumo al cinismo de carácter derivado del trabajo en la empresa capitalista, como propone Senett y veremos más adelante.

Las supuestas necesidades: formación del deseo y mimesis

La necesidad no pensada, la necesidad que se sobreentiende, que supuestamente es natural, indiscutida, auto legitimada, es una derivación inmediata de un individualismo llevado al materialismo mamonista. Del "yo" al "yo necesito" hay una distancia muy corta. El marketing juega con esta distancia de una manera cada vez más sofisticada, proponiendo al individuo lo que necesita para "ser" con el objetivo de provocar conductas interesadas. Precisamente la supuesta "satisfacción de las necesidades" ha sido y continúa siendo el argumento central de la legitimación del marketing.

El análisis de las necesidades lleva siempre implícita una carga ideológica. Es imposible desvincular el análisis de lo necesario de una cierta visión de la naturaleza humana, de lo que es esencial y de lo que es superfluo en la realización de la persona. Por lo tanto, resulta imposible abordar esta problemática esencial de una forma objetiva y científica, y es un atentado a la inteligencia humana o una manipulación interesada abordarlo desde una óptica simplificada, simplista y simplona. Se llega a esta conclusión desde muchos caminos diferentes: desde la crítica sociológica hasta la investigación de mercados. Autores como Fromm, desde la sociología o Belk desde la perspectiva del marketing llegan a la misma conclusión. En palabras de Fromm[98]*… la pregunta por el sentido y la finalidad de la vida nos lleva a la cuestión de qué son las necesidades humanas".*

Belk, Ger y Askegaard[99], en su trabajo pionero sobre la estructura y significado del deseo, y desde una óptica estrictamente de marketing, confiesan: *"Además, coincidimos con Baudri-*

---

98 Fromm, E. (1989). *Del tener al Ser. Caminos y extravíos de la conciencia.* Obra póstuma. Paidós, Barcelona, p. 17.

99 Belk, R.W., Ger, G., & Askegaard, S. (2003). The Fire of Desire: A Multisited Inquiry into Consumer Passion. *Journal of Consumer Research*, 30(3), 326-351.

llard en que las necesidades tienden a esconder su naturaleza ideológica detrás de una fachada de "naturaleza"...

Marcuse[100] añade al análisis el factor histórico y cultural y un factor valorativo, distinguiendo entre necesidades "falsas" y "otras" necesidades, sin especificar muy bien cuáles son estas otras, tarea a nuestro juicio imposible de determinar - más allá de respirar, comer y dormir... Vale la pena citar "in extenso" sus conclusiones, que tienen más valor por cuanto fueron escritas en 1960, al principio del gran desarrollo del consumo en la antigua República Federal de Alemania y en plena vorágine consumista en los Estados Unidos, donde residía: *"La intensidad, la satisfacción y hasta el carácter de las necesidades humanas, más allá del nivel biológico, han sido siempre pre condicionadas [...] Se puede distinguir entre necesidades verdaderas y falsas. "Falsas" son aquellas que intereses sociales imponen al individuo para su represión; las necesidades que perpetúan el esfuerzo, la agresividad, la miseria y la injusticia [...] Estas necesidades tienen un contenido y una función sociales, determinadas por poderes externos sobre los que el individuo no tiene ningún control".*

Para Marcuse, la represión es la incapacidad de salir de un sistema único e incontestado, sistema que aparentemente da pie al pensamiento libre pero lo absorbe en una visión única del funcionamiento económico y social.

El mismo Fromm[101]distingue entre dos enfoques en la consideración de las necesidades: *"La primera postura, y casi la única que hoy se defiende, consiste en afirmar que la necesidad es algo enteramente subjetivo: es el afán de conseguir una cosa deseada con tanta ansia que justamente podemos llamar necesidad, y cuya satisfacción nos procura placer".*

---

100 Marcuse, H. (1965). *El hombre Unidimensional*. Ariel, Barcelona.

101 Fromm, E. (1989). *Del tener al Ser. Caminos y extravíos de la conciencia*. Obra póstuma. Paidós, Barcelona.

Fromm defiende que la humanidad ha acumulado suficiente saber y experiencia para deslindar qué necesidades y pasiones pueden ser calificadas de nocivas para la sociedad, de la misma forma que un médico puede impedir a un diabético que se dé un atracón de pasteles. Esta idea de acumulación de experiencia sobre el funcionamiento de la vida social, y su aplicación a la mejora de la condición humana, es uno de los aspectos más interesantes y quizás menos desarrollados por Fromm y en general los filósofos sociales.

Un concepto tan fundamental como el de "necesidad", que reenvía a lo esencial y a lo accesorio, a lo que tengo derecho legítimamente y a lo que debería ser objeto de renuncia, el sentido mismo de la existencia plena o de la existencia alienada, un tal concepto puede ser despachado con simplificaciones como las que se suelen escuchar en las universidades y escuelas de negocios: "una necesidad es un estado de carencia que provoca un movimiento para recuperar el equilibrio y rebajar la tensión, según e principio de homeostasis. Un deseo es la expresión cultural específica de la necesidad. Y el rol del marketing es activar el deseo y convertirlo en motivación a través de los productos y las formas de persuasión". Esta definición no explícita los supuestos estructurales del sistema que la acoge y sustenta: un individuo con sensaciones subjetivas, culturalmente mediadas, y una organización típica de un sistema económico que lo quiere persuadir. Un objeto o servicio, a ser vendido o consumido en una relación material única individuo-objeto, que se presume independiente de un significado, individual y social. Esto es evidentemente una falsedad que Baudrillard[102] ya describió hace más de cuarenta años, cuando hablaba del consumo como un acto básicamente simbólico, que a través de su significado social es la base de la estructuración en clases de la sociedad actual: *"las necesidades y las funciones no describen en el fondo más que un nivel abstracto, un discurso manifiesto de los objetos, frente al cual*

---

102 Baudrillard, J. (1972). *Crítica a la economía política de signo*. Gallimard. Trad. Española Siglo XIX Editores, Madrid, Febrero 2010.

el discurso social, ampliamente inconsciente, aparece como fundamental".

Maslow, que es citado hasta la saciedad en los cursos de management, frecuentemente mal interpretado y menos leído[103], usa indistintamente los términos "necesidad" y "motivación". Su teoría, *"que se deriva muy directamente de la experiencia clínica..."*, se articula en torno a dos conceptos fundamentales: las necesidades básicas y las necesidades cognitivas básicas, que son precondiciones de las necesidades básicas, *"porque sin ellas las satisfacciones básicas son casi imposibles o están en grave peligro..."*.

Entre las necesidades básicas encontramos en una jerarquía de aparición gradual las necesidades fisiológicas, las de seguridad, las de pertenencia y amor, las de estima por parte de la sociedad y las de autorrealización. Entre las necesidades cognitivas básicas encontramos los deseos de saber y entender y las necesidades estéticas.

En el análisis de las necesidades básicas Maslow hace una aproximación a una tipología de excepciones entre las que destacan –aparte de las patologías neuróticas y psicóticas más comunes– la prevalencia de la autoestima sobre el amor o la prevalencia de la naturaleza creativa sobre algunas de las necesidades más elementales. Siempre dentro de su estilo humilde, como corresponde a un investigador que basa sus conclusiones en la observación y en la inducción, Maslow propone un sistema complejo, un cuadro impresionista más que realista, un conjunto de observaciones que nos ayudan a comprender los desencadenantes de la conducta, con una aproximación epistemológica de carácter psicoanalítico.

En su aproximación a la conducta inmotivada Maslow hace una apreciación que describe perfectamente el ámbito ideoló-

---

103 Maslow, A. (1954). *Motivation and Personality*. Trad. Española Ediciones Díaz de Santos, Barcelona 1991.

gico de la investigación en marketing[104]: *"...desde el punto de vista de los valores esto se podría describir como una preocupación por los medios olvidándose del problema de los fines...".*

No podemos dejar de sonreír –o sonrojarnos– cuando pensamos en la capacidad del sistema de marketing y de management de reconvertir la obra de Maslow en una receta útil para explicar cómo persuadir o gestionar... para generar consumo y aumentar la productividad de la persuasión comercial ignorando como él mismo postulaba, *"el problema de los fines"...* Maslow no sólo se ocupó de las necesidades y de las tipologías de personalidad. Una parte importante de su trabajo – quizás la más innovadora– fue el estudio sistemático del fenómeno de la autorrealización[105]. Sus conclusiones apuntan al que la autorrealización se produce cuando la persona dedica los esfuerzos de su existencia a algo que él considera importante. Uno de los autores que han seguido la estela de Maslow ha sido Víctor E. Frankl[106] que en sus análisis –siempre basados en la inducción, la observación y la práctica terapéutica– añade que lo que caracteriza la condición humana no es tanto la autorealización como la "búsqueda de significado" más que la "búsqueda de uno mismo", tarea esta última que paradójicamente deshumaniza y nos enferma de neurosis: *"... así pues la existencia humana –mientras no llegue a distorsionarse– se dirige siempre hacia algo o alguien diferente a uno mismo, ya sea a encontrar un significado o llegar a un encuentro amoroso. Yo he dado en llamar a esta característica de la existencia humana "auto trascendencia". La "autorrealización" sería en último término el efecto, el producto final no intencionado de la auto trascendencia".*

104 Maslow, A. (1954). *Motivation and Personality.* Trad. Española Ediciones Díaz de Santos, Barcelona 1991.

105 Maslow, A. (1968). *El hombre autorrealizado.* Kairós, Barcelona.

106 Frankl, V.E. (1999). *El Hombre en busca del sentido último.* Paidós, Barcelona.

Frankl hace una revisión crítica de la concepción de Maslow de la jerarquía de necesidades: *"Como vemos, la teoría de la motivación de Maslow no resulta suficiente aquí, ya lo que se necesita no es tanto distinguir entre necesidades más o menos primordiales, sino responder a la pregunta de si los objetivos individuales son meros medios o son significados..."*.

Como puede verse en el anterior debate la problemática de la comprensión de las necesidades nos lleva inexorablemente como hemos apuntado al principio del capítulo a la problemática de las finalidades y los valores. Nada más lejos de las simplificaciones interesadas, abusivas y empobrecedoras de los manuales de marketing: *"el marketing encuentra su justificación en la extraordinaria diversidad de las necesidades y deseos del ser humano [...] una necesidad nace de un sentimiento de falta ligado a la condición humana [...] Un deseo es una manera privilegiada de satisfacer necesidades fundamentales [...] La distinción entre necesidad y deseo permite responder a la acusación tan frecuente según la cual "el marketing crea necesidades" o también "el marketing fuerza a las personas a comprar productos que no necesita". El marketing no crea necesidades: éstas le preexisten"*[107].

O sea que con una distinción semántica arreglamos el problema y salimos del apuro. Pura retórica. El marketing no tiene nada que ver con las necesidades sino con los deseos, que son formas de expresión de las mismas, y que prevalecen inmutables. En la misma línea está un texto secular en la literatura de marketing hispana[108]: *"...el marketing por tanto, actúa fundamentalmente sobre la demandas. Identifica, crea o desarrolla demanda, posibilitando que los deseos se conviertan en realidad. Además, como factor cultural que es, propio de una sociedad desarrollada, contribuye a orientar los deseos y canalizarlos hacia demandas efectivas. Pero no crea necesi-*

---

107 Kotler, P., & Dubois, B. (1988). *Marketing Management*. Publi Union, Paris.

108 Santesmases Mestre, M. (1991). *Marketing: Conceptos y Estrategias*. Pirámide, Madrid.

dades. Estas deben existir, bien de forma manifiesta o latente. Han de ser reales y no aparentes".

¡Posibilitando que los deseos se conviertan en realidad! Más tarde veremos como en la sociedad de marketing el lenguaje persuasivo subordinado a la ideología capitalista lo invade absolutamente todo... hasta la religión. Otro razonamiento del texto de Santesmases nos pone en la encrucijada de saber qué es lo "artificial" y lo que no lo es, y como siempre, el juez será el mercado: *"Aunque puede estimularse la demanda sin existir una necesidad previa, esta demanda será artificial y acabará desapareciendo".*

Autores tan reconocidos como Roger Blackwell; Paul W. Miniard y James F. Engel[109] escriben sin ningún rubor y con una falta de perspectiva evidente, que raya la legitimación ideológica consciente o inconsciente, que: *"...los consumidores no van a las tiendas y dicen: "Veo que tienen cosas para vender. Tengo un poco de dinero que me sobra y me gustaría gastar solo para llevarme algo y cargarlo en la tarjeta de crédito". Los consumidores compran cosas cuando creen que el producto les va a solucionar un problema que es más costoso de arreglar que lo que cuesta el producto...".*

Cualquier profesional del marketing y cualquier ciudadano con un mínimo de inteligencia se sonrojarán si le decimos que este es el libro de texto de referencia en Conducta del Consumidor en la mayoría de las escuelas de negocios...

A lo sumo, a lo que se llega en la discusión es a distinguir entre necesidades "auténticas" y necesidades "falsas". Nosotros estamos de acuerdo con Belk[110] cuando insiste en que..."con la excepción de Baudrillard, la crítica clásica al consumo hace una distinción explícita o implícita entre verdaderas (básicas/auténticas) necesidades y falsas (alienadoras) necesidades.*

---

109 Blackwell, R., Miniar, P.W., & Engel, J.F. (2000). *Consumer Behavior.* (9th Ed.) South-Western.Thompson Learning. New York.

110 Belk, R.W., Ger, G., & Askegaard, S. (2003). The Fire of Desire: A Multisited Inquiry into Consumer Passion. *Journal of Consumer Research*, 30(3), 326-351.

Estas formulaciones están condicionadas a la distinción entre necesidades útiles y necesidades superfluas (exceso y lujo)". Para que estas distinciones sirvan para legitimar el sistema es necesario disfrazarlas de artefactos naturales. Son sin embargo pura ideología, mera construcción social, una imposición estructural del sistema de producción.

Esta definición del núcleo de la actividad de marketing ha encontrado como es obvio muchos problemas de legitimidad, además de los de lógica interna. Otros autores han eludido el problema de legitimación considerando que el marketing es una actividad puramente instrumental, un oficio que tiene por finalidad[111] *"...establecer, mantener y potenciar relaciones a largo plazo y beneficiosas con los clientes, de forma que los objetivos de ambas partes sean conseguidos. Esto se da a través del mutuo intercambio y el cumplimiento de las promesas..."* Por lo menos esta definición se circunscribe en el campo de lo operacional y deja de lado el campo de las finalidades, simplificándolas en "ganar dinero", como corresponde a una práctica empresarial completamente legítima en el plano de lo económico.

Baudrillard[112] nos hace ver que esta lógica instrumental no tiene nada de científico sino que es una forma de perpetuación del sistema de producción y de distribución de rentas: *"la lógica social del consumo no es en modo alguno la de la apropiación individual del valor de uso de los bienes y servicios [...], no es una lógica de la satisfacción sino que es una lógica de la producción y de la manipulación de los significantes sociales [...] como proceso de significación y de comunicación y como proceso de clasificación y de diferenciación social".*

Más adelante Baudrillard analiza cómo siente el ciudadano-consumidor esta diferenciación y clasificación social: *"El con-*

---

111 Grönroos, C. (1990). Marketing Redefined. *Management Decision*, 28(8).

112 Baudrillard, J. (2007). *La sociedad de Consumo.* Siglo XXI Editores, Madrid.

sumidor vive sus conductas distintivas como libertad, como aspiración, como elección y no como imposiciones de diferenciación ni obediencia a un código".

Esta percepción de "naturalidad" y a la vez "relatividad" en la conducta de consumo fue analizada ya a principios de siglo en la sociedad norteamericana, como refleja Michael Schudson[1] mucho antes que se fijaran en ella tres grandes B´s de la sociología moderna (Baugman, Baudrillard y Bourdieu). Schudson, uno de los sociólogos contemporáneos que ha analizado la institución publicitaria y su rol en la creación de la cultura de consumo, valora las consecuencias de esta "cultura" en la sociedad: *"...una sociedad con un nivel de consumo de alta intensidad no es tanto una sociedad donde se fabrican e imponen necesidades como una sociedad en la cual los ciudadanos pierden un conocimiento seguro y fiable de cuáles son sus necesidades y de hasta qué punto los productos los pueden satisfacer ...".*

Desde otras perspectivas de las ciencias sociales, como la economía, autores como Akerlof, premio Nobel de economía del 2001 o Shiller[114] contraponen a los argumentos "sistematizados" y obedientes de tantos académicos del marketing una visión mucho menos optimista y cercana a Baudrillard: *"Sin embargo la generosidad del capitalismo tiene un gran inconveniente: no produce automáticamente lo que la gente necesita realmente sino lo que cree que necesita y está dispuesta a pagar".*

Galbraith[115] califica este proceso de fraude inocente, por automático y sistémico: *"La mayoría de los progenitores de lo que aquí quiero identificar como fraude inocente no están deliberadamente a su servicio. No son conscientes de cómo se*

---

113 Schudson, M. (1984). *Advertising, the Uneasy Persuasion*, New York, Basic Books.

114 Akerlof, G.A., & Shiller, R.J. (2009). *Animal Spirits. Como influye la psicología humana en la economía.* Gestión 2000, Barcelona.

115 Galbraith, J.K. (2004). *La Economía del Fraude Inocente. La Verdad de Nuestro Tiempo.* Crítica, Barcelona.

han formado sus opiniones ni de como se ha llegado a tener-las".

Baugman[116], con su estilo más incisivo y valoral, va más allá y propone que la economía del consumo es esencialmente y estructuralmente la economía del "engaño", condición indispensable para mantener viva la propensión al consumo: *"el consumismo apuesta a la irracionalidad de los consumidores, y no a sus decisiones bien informadas tomadas en frío; apuesta por despertar la emoción consumista y no a cultivar la razón"*.

Esta apuesta por despertar la emoción a través del sistema de producción, comunicación y consumo es en nuestro modelo explicativo uno de los engranajes clave del sistema. La estimulación social de la emoción compartida es el factor clave de contagio del deseo consumista. Y el factor fundamental de contagio es un mecanismo básico en la conducta social: el mimetismo. El mimetismo está en la base de la creación del deseo y por lo tanto de muchas conductas de compra y consumo que pueden parecer irracionales o poco comprensibles por lo menos desde la óptica de la racionalidad, por muy limitada que sea. El mimetismo es la base del aprendizaje –gracias, dirán algunos lectores que tienen hijos; – y es un factor fundamental de aprendizaje y conducta durante toda la vida del individuo, sea niño, adolescente o adulto.

El fenómeno de la mimesis, que los expertos en marketing utilizan hasta la saciedad, requiere una relación entre dos personas que suele estar mediada por un tercero, que es el que desencadena el mimetismo de los otros y la lucha y rivalidad que se genera entre ellos para ser como el tercero o poseer lo que el tercero posee. Por lo tanto, el mediador (lo que en marketing llaman el aspiracional) es el que provoca el deseo y el causante de que un consumidor le diga al otro o le muestre al otro que posee tal o cual producto y desencadene su envidia y

---

116 Baugman, Z. (2007). *Vida de Consumo*. Pollty Press. Londres.

su rivalidad. Marie Claude Sicard[117] inspirándose en los trabajos del gran filósofo del mimetismo René Girard, concluye que
el mimetismo genera rivalidad y la rivalidad violencia, con lo
que la presión de marketing acaba generando violencia en la
sociedad. Cualquier padre de familia con más de un hijo no
necesita que le den demasiadas lecciones sobre este tema:
sin duda lo ha vivido en su propia carne.

De hecho los profesionales del marketing saben que muchos
modelos de gestión del marketing se basan en la guerra. Estrategias de ataque, de flanqueo, minar el campo, etc... son
expresiones corrientes en el mundo del marketing y en la enseñanza de tal disciplina. El hecho no tendría más importancia
si no fuera porque el nivel de intromisión de las acciones de
marketing en las vidas de los ciudadanos acaba generando
violencia y tensiones. Nos referiremos con amplitud a este
tema en las páginas posteriores cuando analizamos la institución publicitaria y sus formas de persuasión.

---

117 Sicard, M.C. (2005). *Les Ressorts Cachées du Désir. Trois Issues à la Crise des Marques.*
Village Mondial Pearson Education, Paris.

La recarga simbólica del objeto

Abordamos aquí uno (quizás "el") aspecto fundamental de la creación del carácter consumista. El fenómeno de la recarga simbólica del objeto es el equivalente en términos de mercado y consumo al fetichismo de la mercancía descrito por Marx. Es por ello que el análisis de este factor fundamental tiene aires de denuncia cuando los filósofos describen como el simbolismo de las creencias se transmuta en el simbolismo de los objetos. Los ideólogos de la nueva izquierda lo describen agriamente como el "demonio capitalista": *"el capitalismo es lo que queda cuando las creencias se han desintegrado a nivel de la elaboración ritual y simbólica, y todo lo que queda es el espectador-consumidor, arrastrándose entre las ruinas y las reliquias"*[118].

El tono de la declaración es un clásico de la izquierda "perdida", perdida ante falta de alternativa, desesperada ante la sumisión del socialismo al mercado –de manera especial en los países anglosajones– y la acritud de quienes no conciben cómo evolucionar el sistema, a los que queda el abismo y la catástrofe, con Zizek de abanderado.

Si bien no compartimos esta crítica social tan agria y catastrofista, sí que vemos más en el contenido que en el tono el elemento clave de la alineación consumista: la recarga simbólica del objeto, que es doble, recarga en el producto y recarga en la marca. En el marketing moderno, el fetichismo de la mercadería se ha convertido en la recarga simbólica del objeto a través de dos mecanismos: la investidura de sentido de la categoría de los objetos, lo que llamamos la categoría de producto, y su potenciación exponencial: la recarga simbólica del objeto entre los objetos (es decir, las estrategias de branding, que están basadas en la diferenciación, en dar al objeto entre los objetos un significado diferente).

---

118 Fisher, M. (2008). *Capitalist Realism. Is there no Alternative?*. O Books, John Hunt Publishers.

Este fenómeno se observa claramente en la mayoría de los mercados, si bien está presente de manera muy evidente el mercado de la vestimenta, dominado por el fenómeno de la moda. Como decía una señora en una dinámica de grupo cuando el autor investigaba el significado de la moda, "la moda es ir igual que todas pero diferente". Apuntaba dos de las claves de la socialización: el "ser como" y el "ser uno", la integración y la distinción. Lo que realmente es significativo en su afirmación *es que ambos aspectos se negociaban socialmente a través del consumo*, específicamente a través del consumo de productos para el vestir y por la posesión y uso de ciertas marcas. El lugar del "entre social" está ocupado por los productos y las marcas. El lugar del "entre yo" y mi "yo ideal" también. Como bien analizaban Thompson y Hayko[119], con réplica confirmatoria de Murray[120]: *"La pluralidad de estilos de moda resulta en una combinación de posiciones interpretativas, que permite a los consumidores encontrar sentidos a través de la oposición de valores y creencias opuestas. Estos significados contrapuestos son utilizados por los consumidores en sus vidas diarias para mediar entre las tensiones que salen sus esfuerzos para desarrollar un sentido de distinción y propósito, y percepciones de integración y convivencia social".*

El rol mediador que se atribuye a los objetos y marcas como significantes del auto-concepto se desarrolla a través de la valoración subjetiva pero generalmente predeterminadas por la oferta que hacen los consumidores de sus propias posesiones y sus propios consumos. El discurso de la sociedad de consumo alimenta estas percepciones con un mensaje bien claro: "eres lo que tienes", "eres lo que consumes", y de forma simétrica, "no serás si no tienes, no serás si no consumes". Lave-

---

119 Thompson, C.J., & Haytko, D.L. (1997). Speaking of Fashion: Consumers' uses of fashion discourses and the appropriation of countervailing cultural meanings. *Journal of Consumer Research*, 24(1), 15-42.

120 Murray, J.B. (2002). The Politics of Consumption: A Re-inquiry on Thompson and Haytko's (1997) Speaking of Fashion. *Journal of Consumer Research*, 29(3), 427-440.

rie, Kleine III y Kleine[121] en un magnífico artículo, desarrollan estas conclusiones.

En definitiva, el individuo acaba creyendo en lo que valora. Y si valora lo que el sistema consumista le hace valorar, el consumo, uno acaba creyendo que construye una identidad libre a través de la elección de marcas y productos, pero es una elección controlada, acotada, siempre dentro del sistema. Es la falsa ilusión de la libertad consumista que donde se observa más claramente es en los productos de equipamiento personal sujetos a la moda, y especialmente en los adolescentes en el proceso de construcción de su identidad.

El delirio hiperrealista basado en la recarga constante de la simbología del objeto ha llegado muy lejos hasta, por ejemplo, justificar el consumismo en términos de su supuesta utilidad para evitar la violencia. El historiador del consumismo Stearns explica en su libro que un periodista americano, Thomas Friedman[122] en su libro "The Lexus and the Olive Tree", que fue un best-seller en los Estados Unidos, cantaba las bondades de la sociedad de consumo por cuanto una sociedad consumista era menos propensa a utilizar la violencia y la guerra. Prueba de ello es –según el autor– la impopularidad del servicio militar en los países más consumistas. Cuando uno lee tales argumentos no puede dejar de pensar que Baudrillard y Lipovetsky se quedan cortos cuando exponen su concepción de la hiperrealidad alienadora.

De nuevo Arendt, en sus estudios sobre política y libertad, nos ayuda a entender el rol de la expresión del simbolismo social, y como la traslación del simbolismo social de lo común a los hombres (la política) al objeto de consumo es el fenómeno fundamental en la transición de una sociedad política a una

---

121 Laverie, D.A., Kleine III, R.E., & Kleine, S.S. (2002). Re-examination and extension of Kleine, Kleine and Kernan's social identity model of mundane consumption: The mediating role of the appraisal process. *Journal of Consumer Research*, 28(4), 659-669.

122 Stearns, P.N. (2006). *Consumerism in World History (2nd Ed.)* Routledge.

sociedad consumista. Según Arendt[123] no hay nada "esencialmente" político en el individuo. La política nace como relación entre los diferentes iguales, de forma que ocupa este lugar que ella define como el "entre". Analizando el sentido de la política –la libertad– a partir de su génesis en la polis griega, en la que el "libre" por oposición al "esclavo sujeto a servidumbre" era alguien que podía desapegarse de su ámbito privado, asumiendo un riesgo en nombre de la colectividad, Arendt añade: *"La valentía es la primera de todas las virtudes políticas y todavía forma parte de las pocas virtudes cardinales de la política, ya que únicamente podemos acceder al mundo público común a todos nosotros, que es el espacio propiamente político, si nos alejamos de nuestra existencia privada y de la pertenencia a la familia a la que nuestra vida está unida".*

La valentía del político, del que deja sus seguridades por intentar mejorar la comunidad, del que se dedica cuerpo y alma, día y noche a la polis, no es precisamente lo que nuestra sociedad valora. Más bien valora al político como un arribista, un aprovechado, alguien que vive de "no hacer nada productivo en la sociedad, cuando no de aprovecharse de la política para enriquecerse y consumir productos de lujo". Al político, hay que castigarle con sueldos ridículos, hay que perseguirle pensando que es alguien que en este trabajo de gestión del "entre" solo persigue intereses parciales e ilegítimos. E*n la sociedad consumista, el "entre" se reduce al consumo a través de la decodificación social del valor simbólico de los objetos y su inserción en el yo ideal.* Este es el valor más preciado, como parece deducirse de las palabras de Bush después del 11-S. Estamos frente a la alienación más radical y frente al reduccionismo más brutal de todos, la cosificación más radical del hombre, la destrucción de la esencia de la convivencia humana. O bien estamos fuera de la realidad, en una hiperrealidad equivalente al LSD, que impide ver las consecuencias socia-

---

123 Arendt, H. (1997). *¿Que es la política?*. Ediciones Paidós. Barcelona.

les de tal carácter. Es la posición que comparten Eco y Lipo-vetsky, entre otros.

La recuperación del "entre-que-no-es-consumo" es el primer paso de recuperación de la política. Sacamos del "entre" el consumo y ponemos el "bienestar social". ¡Eso es política de verdad! Este paso requiere alejar de la política la influencia del mercado y de sus intereses económicos. Supone limitar el peso de la economía y en especial de las corporaciones con poder para imponer significados culturales en las decisiones políticas. De ello hablaremos extensamente más adelante.

Algunos señales apuntan a cambios en esta dirección, aunque solo se observan en países muy desarrollados (y en personas de renta relativamente alta y de capital cultural alto). Stolle y Micheletti (2009), dos especialistas suecos en el tema, con-cluyen refiriéndose al "nuevo" consumidor sueco, que utiliza el consumo como arma de expresión política: *"Resumiendo, los consumidores políticos suecos piensan más allá de los inter-eses propios y económicos cuando eligen los productos. Mi-ran más allá de la calidad material de los productos y se fijan en cómo y bajo qué condiciones los productos están fabrica-dos. Incluyen los valores de comunidad entre las considera-ciones de compra. Y lo hacen porque creen que cada consu-midor debe tomar una responsabilidad personal y comprar productos con consideraciones éticas, políticas y medioam-bientales".*[124]

Pero como veremos más adelante, estas señales solo apare-cen en ciertos contextos sociales, y en personas que nunca calificaríamos de meros consumidores sino más bien de ciu-dadanos más o menos comprometidos.

---

124 Stolle, D., & Micheletti, M. (2005). What motivates political consumers? The Underestimate Consumer Power. Prospects for the New Consumer Movement. In *Forschungjournal Neue Soziale Bewegungen* , 4.

Labor y consumo: traslación de la dominación

En la introducción hacíamos referencia a la visión premonitoria de Arendt sobre el rol del trabajo en la sociedad actual y su relación con el consumo. Recordemos la labor (el trabajo para la supervivencia) es esencial para asegurar que los agentes del sistema (personas y familias) dispongan a la vez de los recursos necesarios para consumir y ser productores de los productos que después van a comprar y consumir. Este enfoque de la condición humana es esencial para comprender la relación "trabajo-consumo" y da pistas sobre posibles salidas de un sistema que parece cerrado a cualquier evolución. La condición humana es esencialmente un estado básico de vulnerabilidad ante la escasez que conlleva la necesidad de luchar por la supervivencia.

Marx y otros muchos pensadores sitúan la lucha por la vida – la supervivencia– como el fenómeno nuclear de la existencia humana. Ello da lugar a diferentes formas de interacción con el medio natural para obtener de éste las posibilidades de sobrevivir y reproducirse. Se genera así actividad, economía, que puede categorizarse en tres niveles: la labor (lo que hacemos para sobrevivir), el trabajo (lo que creamos con intención de permanencia, a contraste de lo que producimos para consumir), y finalmente la acción, aquello que ni producimos para consumir ni creamos para permanecer, aquello que hacemos para los demás, para el bien común. En la civilización griega, la acción en la polis, la política, que aspiraba a que los ciudadanos mejoraran su condición, era lo legítimo y a los que no se ocupaban de la cosa pública se les denominaba "idiotas".

En nuestra sociedad se produce un fenómeno de priorización indiscutida (e indiscutible) de la necesidad de proveer a todo ciudadano con un trabajo remunerado (labor). El incremento de la población activa y la reducción de la tasa de desempleo cuando hay crisis son objetivos que a nadie se le ocurre poner en duda. Sin una tasa de actividad y empleo satisfactoria no hay crecimiento del consumo, y sin crecimiento del consumo es difícil hacer crecer la economía. Los países emergentes o emergidos en los que tasas de empleo y crecimiento de la renta no conllevan a crecimientos paralelos en el consumo son criticados por los países que financian su consumo con el dinero de otros. Son tachados de insolidarios, aunque, como en Japón, el consumo privado represente más del 60% del PIB. Está claro que el sistema se estabiliza cuando se cumple la ecuación "+empleo, +renta, +consumo", y se desestabiliza cuando algunos de estos "mases" no se cumple. Por lo tanto la acción política se orienta a crear una sociedad de laborantes que consuman de una manera proporcional a la renta que generan.

Los que "trabajan", más allá de la labor, son aquellos afortunados que reciben la más alta consideración en la sociedad actual. Son los que crean para la eternidad y además se ganan su pan con ello. Aquellos afortunados que pueden salirse de lo efímero, del ciclo labor-consumo, para entrar en el círculo de aquellos para quienes su labor es trabajo, y su trabajo les permite expresar su creatividad a través de las diversas formas de la transformación de la naturaleza en cultura, en forma de permanencia. A este nivel podemos preguntarnos si el sistema consumista genera "trabajo" de la misma forma que genera –debe generar– labor para su supervivencia. Nos preguntamos cuál es la legitimación del "trabajo" en este sistema, que es equivalente a preguntarse cuál es la legitimación de la "cultura" en nuestra sociedad actual, entendiendo la cultura como la producción de aquello que es "artificial", que no entra en el ciclo vital marcado por la dinámica labor-consumo, y que queda en último término como único patrimonio final de la mundanidad[125].

---

125 Esta definición de "cultura" nos es útil para nuestros análisis. Probablemente no será compartida por otros enfoques más globales y sociológicos del concepto. Por ejemplo, Freud en "El malestar de la cultura", defiende la cultura como la "suma de producciones e instituciones distancian nuestra vida de nuestros antecesores animales y que sirven a dos fines: proteger al hombre contra la naturaleza y regular las relaciones de los hombres entre sí." Es un concepto más amplio de la palabra cultura.

El fomento de la cultura siempre choca con dos enemigos: el enemigo político, el estado prepotente que teme la "cultura" porque desestabiliza a sus ciudadanos, y el enemigo económico, es decir, las grandes compañías que siguiendo su lógica estrictamente económica ven a la sociedad como mercado, y al mercado como una masa que como más uniforme más fácil y más barata de persuadir. También el trabajo autónomo, aquel que está más cerca del concepto de genuino trabajo, es castigado en nuestra sociedad con menos protección jurídica y económica, menores jubilaciones y mayores trabas administrativas y fiscales. El sistema de control que representa el Estado prefiere –le es más barato y sencillo– recaudar en los trabajadores hipercontrolados de grandes compañías que en estos incómodos autónomos que tienen más mecanismos para escapar de su control. No es esta una realidad que describe solamente nuestro mercado laboral: es un fenómeno antiguo, sistémico y recurrente en el capitalismo.

La cultura solo encuentra amigos de verdad en la economía cuando le hace ganar dinero. En este sentido una sociedad consumista es una sociedad que tiende a la desculturalización, a la imposición sistemática y sostenida de la labor y el consumo por encima del trabajo y la cultura, y a la que solo le interesa la creación cuando puede convertirse en una innovación capaz de ser producida y reincorporada masivamente en el sistema del consumo. Los récords de audiencia, celebrados como grandes fiestas de la supuesta cultura actual, entre ellas el pegajoso fútbol que invade nuestras vidas hasta la saciedad y el aburrimiento, no son más que oportunidades de persuasión. Quien pone el anuncio del año es el poderoso, quien compra el anuncio en el descanso de la Superbowl es quien gana. Lo minoritario, que es lo propio de la cultura y la creación, queda fuera de la lógica del mercado y solo contados medios públicos le dan relevancia y notoriedad.

No es por casualidad que en tal sociedad se den repetidamente fenómenos como la dependencia de la creación de las subvenciones del estado, que se reparten como limosna cuando sobra el dinero, y la necesidad de los creadores de "vender" sus capacidades a la industria, de la misma manera que Miguel Ángel las vendía a papas y reyes, y el lavado del sentimiento de culpa de algunas corporaciones poderosas a través de la promoción o compra de fondos de arte. Pero no nos engañemos: la protección de la cultura, cuando industria y cultura no coinciden en la generación de beneficios, lo que por definición es habitual –de lo contrario no es cultura sino labor– es vista por la industria como una imposición injustificable que hay que soportar para obtener otras compensaciones. Sólo queremos apuntar que, viendo los últimos rescates de la crisis del 2008, el volumen de subvenciones públicas que recibe la industria y la banca es monstruosamente más elevado que el que recibe o recibirá nunca la cultura. Y probablemente tener más escuelas de arte y pensamiento y menos pisos vacíos sería una buena cosa para la felicidad y el bienestar de todos. ¿Cuánta gente tiene como sueño vital vivir –aunque sea modestamente– de su trabajo-cultura y acaba por ser un laborante con permiso para consumir?.

Otro de los síntomas que denotan una cierta respuesta o por lo menos una mala consciencia social ante la imposición sistémica de la labor es la necesidad y voluntad de relegitimar y proteger al artesano. El artesano, aquel que trabaja con la cabeza y a mano sobre lo matérico, que transforma con sus habilidades, que aprende lentamente el oficio y lo transmite, se ve en nuestra sociedad como un residuo del pasado, alguien que transita un camino que no es paralelo a la autopista del sistema de consumo. Alguien que va a otro ritmo, alguien al que hay que proteger y que representa la antítesis de la vida "patchwork": un herrero lo es toda la vida, un carpintero también. Un ejecutivo, directivo de empresa o un operador de call center no tiene oficio, solo salario, y en algunos casos excepcionales algo de beneficio. Sennett[126] en el Artesano, de nue-

---

126 Sennett, R. (2008). *El Artesano*. Anagrama. Barcelona.

vo intenta –sin mucho éxito, pero con voluntad– rescatar al "animal laborans" de Arendt...

La pasión por la calidad, por el trabajo bien hecho, la lucha contra la dictadura de la labor, la satisfacción y orgullo por el bien material perfecto son las características del trabajo artesano. Pero el sistema capitalista las absorbe, las convierte en gran organización, las globaliza y las publicita como fetiches de la mercancía, especialmente en el mercado del lujo, para ponerlas en valor, en contraposición al sistema de producción masivo (consumo/obsolescencia), y cobrar por ello buenos réditos. Algunos analistas de los mercados del lujo llegan a proponer que la "actitud" del auténtico lujo es una vía de promoción del consumo sostenible[127] por cuanto promociona una actitud de permanencia en lo bello, lo raro, lo hecho a mano, lo que se transmite de generación en generación, posición completamente opuesta a la destrucción sistémica del ciclo consumista y de lujo de multinacional que por cierto paga salarios de miseria y reparte beneficios astronómicos como ha demostrado recientemente un grupo como Louis Vuitton.

Curiosamente, la descripción –completamente actual– de la oposición del sistema capitalista y consumista contra el artesano y el autónomo se encuentra ya en los escritos del historiador Toynbee, que en un discurso en la Harvard Business School, al que nos referiremos más delante de nuevo, declaraba[128]: *"El artesano/autónomo (self-employed en inglés, artisan en francés) se ha convertido en una rareza, incluso en algo parecido a un escándalo...esta penalización del autónomo es el precio de una anomalía. El trabajador "normal" es el empleado, y su empleador es requerido por el gobierno a prestar una contribución en su seguro. Si uno escoge ser algo tan raro como un autónomo, uno debe esperar sufrir financieramente por haber elegido tal excentricidad...".*

---

127 Kapferer, J.N. (2010). All that glitters is not Green. The challenge of sustainable luxury *The European Business Review*, November-December.

128 Toynbee, A.J. (1958). Thinking Ahead. *Harvard Business Review*, September October.

Finalmente queremos referirnos al rol que juega la tercera categoría, la acción, que en términos arendtianos es la actitud de ocuparse de los demás, de lo social, de lo de todos. Es la política, el ocuparse de los problemas de los ciudadanos, de los asuntos públicos. En contraposición a lo político, los griegos llamaban a los intereses privados "idiotikós", intereses que corresponderían a los ciudadanos privados, los "idotes", término que derivaría siglo más tarde a nuestra palabra actual "idiota". Cuando la política efectivamente sirve para defender intereses privados se adentra en la idiotez, en el sentido etimológico de la palabra y también en el actual, además de caer en la corrupción de su rol social. Precisamente uno de los factores que contribuyen decisivamente a la consolidación de la sociedad del consumo es la deslegitimación de la política. Y ello por dos motivos: la política débil permite que la economía y sus intereses prevalezcan ante el interés público. Cuando la política se retira, la economía toma su campo.

La reaparición de la legitimidad y prestigio social de la política es una de las tendencias del futuro que parece que observan en la sociedad, no en forma de actitud participativa hacia las instituciones actuales y actitud positiva hacia los políticos, sino en formas nuevas, en nuevos sistemas y demandas de profundización de la participación democrática en la cosa pública. Y como veremos, uno de los campos de juego es el consumerismo político.

Es en el ámbito de la empresa donde la dualidad labor-consumo provoca una sensación subjetiva de alienación que solo puede ser escondida o reprimida a través de la aceptación incondicional del sistema, aquello de que "las cosas son así". El sistema requiere de individuos que no se hagan demasiadas preguntas como aquella alumna que después de su MBA nos decía cuando entró a trabajar en una multinacional del lujo: "¿y todo este esfuerzo para este trabajo?". Desde la perspectiva de la propia experiencia vital he observado como aquellos que realizan carreras brillantes en multinacionales y bancas son aquellos que soportan mejor el sistema a través del mecanismo de la aceptación incondicional, bien porque no se hacen más preguntas, bien porque las entierran bajo una losa de hormigón psíquica, bien porque han tenido suerte o tesón para ser recubiertos de dólares. Pero con el tiempo, el agua acaba saliendo por alguna parte. Como decía mi amigo Samuel Husseman, profesor de Psicologia en ESADE, que en paz descanse: *"para dirigir una empresa lo único que hace falta es ser muy resistente"*.

La resistencia y la capacidad de trabajo son pues las características que el sistema requiere para progresar. No creo que en esto se difiera mucho de sociedades anteriores, pero sí que en el contexto de la sociedad de consumo, tal relación con el mundo del trabajo crea un carácter específico: el carácter consumista tiene su otra cara −su yin si el consumo es el yang− en el carácter laborante, que ha sido objeto de análisis por parte de los sociólogos del trabajo. Entre ellos, uno de los más finos observadores es Richard Sennett, que en sus trabajos nos confronta con lo que él describe como la corrosión del carácter que se produce en el capitalismo. La tesis de Sennett es que en la medida en que el sistema requiere individuos que se adapten a la empresa contemporánea, el individuo solo puede adaptarse si acepta la flexibilidad total, la prescindibilidad como principio, la precariedad como sistema y la inestabilidad en la red social como condición de progreso. Por otro lado, el sistema le pide la máxima implicación y el máximo esfuerzo, y se le adoctrina en la empresa para ello. Tal contradicción solo puede ser vivida con una alteración de carácter que permite vivir y aceptar una vida sin principio ni fin, sin relato coherente, sin hilo conductor y sin un sentido pleno derivado de la labor y el trabajo. La respuesta adaptativa es lo que Sennett llama la corrosión del carácter, es decir, una aceptación necesaria para permanecer dentro del sistema, que se caracteriza por considerar el vínculo de dependencia social como algo vergonzoso, por un cinismo total delante de la posibilidad de emprender acciones de mejora colectiva y un sentimiento de total prescindibilidad y con el consumo por compensación siempre insuficiente.

Es la otra cara de la moneda del individuo postmoderno, que en su faceta de consumidor también se encuentra también descentrado y fragmentado. Es un patchwork de identidades adquiridas a través del consumo (productos y marcas), y del trabajo (empresas y posiciones simbólicas).

Firat y Venkatesh, desde la óptica del marketing y de la simbología de las marcas, señalan que *"...la fragmentación es una respuesta de emancipación a la lógica totalitaria del mercado, un intento de recomponer una identidad maltrecha por la pérdida de centralidad"*.

Y con una visión optimista del consumo, lo conceptualizan con una emancipación *"...la fragmentación y el descentrado son movimientos hacia la emancipación..."*.

Consecuencias de la alienación, diría yo... y no estoy solo en esta consideración: en los términos menos optimistas de Holt esta forma de "resistencia" a la aculturación consumista no es más que *"...una forma de experimentación cultural sancionada por el mercado a través de la cual el mismo mercado se rejuvenece"*.

Tales reflexiones nos recuerdan la famosa frase de Maslow, que definía a alguien feliz como aquel que es capaz de entregar toda su energía en algo que considera importante, derivada post-freudiana del "trabajar y amar" como fundamento de la madurez equilibrada. Difícil ser feliz en este panorama labor-consumo... La compensación a una vida "patchwork", a un cosido de retales sin pasado ni futuro, es el sueño, la evasión, y es ahí donde el carácter consumista encuentra otro de sus motores de anclaje y propulsión. Saint Exupéry, en el capítulo XII del Principito[129], lo describe magistralmente:

---

129 De Saint-Exupéry, A. (2000). *El Principito*. Salamandra, Barcelona.

"El siguiente planeta estaba habitado por un borracho. Esa visita fue muy corta, pero sumergió al principito en una gran melancolía:

–¿Qué haces ahí? – le dijo al borracho, que encontró instalado en silencio ante una colección de botellas vacías y una colección de botellas llenas.

–Bebo – respondió el borracho, con aire lúgubre.

–¿Por qué bebes? – le preguntó el principito.

–Para olvidar - respondió el borracho.

–¿Para olvidar qué? –inquirió el principito, que ya lo compadecía.

–Para olvidar que tengo vergüenza – confesó el borracho bajando la cabeza.

–¿Vergüenza de qué? – se informó el principito, que deseaba socorrerlo.

–¡Vergüenza de beber! – concluyó el borracho que se encerró definitivamente en el silencio.

Y el principito se fue, perplejo.

Las personas mayores son decididamente muy pero muy raras, se decía a sí mismo durante el viaje".

¿Por qué consumes? Para olvidar, para relajarme, responde el entrevistado. ¿Para relajarte de qué? Del trabajo, responde. Y no siente vergüenza: consumir es bueno: ¡hasta los socialistas lo defienden! ¿Cuántas veces hemos observado el ir de compras como aquello que relaja, que nos permite un escapismo socialmente bien visto, que nos relaja y distrae? Lo hemos observado innumerables veces en los estudios de mercado, y básicamente como compensación al trabajo laborante o también –hay que reflejarlo todo– al estrés de la vida familiar, que por cierto tiene en parte su origen en asegurar un nivel de consumo a menudo absurdo y alienador, que aparece en las situaciones de crisis en las que hay que recortar gastos sí o sí.

Referencias

Akerlof, G.A., & Shiller, R.J. (2009). *Animal Spirits. Como influye la psicología humana en la economía.* Gestión 2000, Barcelona.

Arendt, H. (1997). *¿Que es la política?.* Paidós. Barcelona.

Barrón, I. El País 13/03/2011.

Baudrillard, J. (1972). *Crítica a la Economía Política de Signo.* Gallimard, Paris. Trad. Española Siglo XIX Editores. Madrid, Febrero 2010.

Baudrillard, J. (2007). *La sociedad de Consumo.* Siglo XXI Editores. Madrid.

Baugman, Z. (2007). *Vida de Consumo.* Polity Press. Londres.

Belk, R.W. (1985). Materialism: Trait Aspects of living in the material World. *Journal of Consumer Research,* 12(3), 265-280.

Belk, R.W., Ger, G., & Askegaard, S. (2003). The Fire of Desire: A Multisited Inquiry into Consumer Passion. *Journal of Consumer Research,* 30(3), 326-351.

Blackwel, R., Miniard, P.W., & Engel, J.F. (2000). *Consumer Behavior* (9th Ed.). South-Western. Thompson Learning. New York.

Comte-Spontville, A. (2004). *El capitalismo ¿és moral?.* Paidós Contextos. Barcelona.

De Saint-Exupéry, A. (2000). *El Principito.* Salamandra. Barcelona.

European Environment Agency (2006). *Measuring Progress Towards a More Sustainable Europe.* Bruselas.

Fisher, M. (2008). *Capitalist Realism. Is there no Alternative?.* O Books, John Hunt Publishers.

Fluat Firat, A., & Venkatesh, A. (1995). Liberatory Postmodernism and the Reenchantment of Consumption. *Journal of Consumer Research,* 22(3), 239-267.

Frankl, V.E. (1999). *El Hombre en busca del sentido último.* Paidós, Barcelona.

Fromm, E. (1991). *Del tener al Ser. Caminos y extravíos de la conciencia.* Obra póstuma. Paidós, Barcelona.

Galbraith, J.K. (2004). *La economía del fraude inocente. La Verdad de nuestro tiempo.* Crítica, Barcelona.

Gobierno de España (2010). *Estrategia para la economía sostenible y proyecto de ley de economía sostenible.* Disponible en la web http://www.e-conomiasostenible.gob.es/

Grönroos, C. (1990). Marketing Redefined. *Management Decision*, 28(8).

Kapferer, J.N. (2010). All that glitters is not green. The challenge of sustainable luxury. *The European Business Review,* November-December.

Kasser, T. (2002). *The High Price of Materialism.* Bradford, The MIT Press. Cambridge Masachussets.

Kilbourne, W., McDonagh, P., & Portero, A. (1997). Sustainable Consumption and the Quality of Life: A Macromarketing Challenge to the Dominant Social Paradigm. *Journal of Macromarketing,* 17(1), 4-24.

Kotler, P., & Dubois, B. (1988). *Marketing Management.* Publi Union, Paris.

Lastovicka, J., Bettencourt, L.A., Hughner, R.S., & Kuntze, R.J. (1999). Lifestyle of the Tight and Frugal. Journal of Consumer Research, 26(1), 8598.

Latouche, S. (2007). *Petit traité de la décroissance sereine.* Mille et une nuits. Paris.

Laverie, D.A., Kleine III, R.E., & Kleine, S.S. (2002). Re-examination and extensión of Kleine, Kleine and Kernan's social identity model of mundane consumption: The mediating role of the appraisal process. *Journal of Consumer Research*, 28(4), 659-669.

Lipovetsky, G. (2006). *Los tiempos hipermodernos.* Anagrama. Barcelona.

Marcuse, He. (1965). *El hombre Unidimensional.* Ariel, Barcelona

Maslow, A. (1954). *Motivation and Personality.* Trad. Española Ediciones Díaz de Santos, Barcelona, 1991.

Maslow, A. (1968). *El hombre autorrealizado.* Kairós. Barcelona.

Meadows, D., Randers, J., & Meadows, D. (2006). *Los límites del crecimiento 30 años después.* Galaxia Gutenberg. Círculo de Lectores.

Murray, J.B. (2002). The Politics of Consumption: A Re-inquiry on Thompson and Haytko's (1997). Speaking of Fashion. *Journal of Consumer Research,* 29(3), 427-440.

Richins, M.L. (2004). The Material Values scale: Measurement Properties and Development of a Short Form. *Journal of Consumer Research,* 31(1), 209-219.

Richins, M.L., & Dawson, S. (1992). A Consumer Values Orientation for materialism and its measurement: Scale development and validation. *Journal of Consumer Research,* 19(3), 303-316.

Ridoux, N. (2010). *Menos es Más. Introducción a la filosofía del decrecimiento.* Los libros del Lince. Barcelona.

Santesmases Mestre, M. (1991). *Marketing: Conceptos y Estrategias.* Pirámide, Madrid.

Schudson, M. (1984). *Advertising, the Uneasy Persuasion.* New York, Basic Books.

Sennett, R. (2008). *El Artesano.* Anagrama, Barcelona.

Sicard, M.C. (2005). *Les Ressorts Cachées du Désir. Trois Issues à la Crise des Marques.* Village Mondial, Pearson Education, Paris.

Stearns, P.N. (2006). *Consumerism in World History* (2nd Ed.). Routledge.

Stolle, D., & Micheletti, M. (2005). What motivates political consumers? The Underestimate Consumer Power. Prospects for the New Consumer Movement. *Forschungjournal Neue Soziale Bewegungen,* 4.

Thompson, C.J., & Haytko, D.L. (1997). Speaking of Fashion: Consumers' uses of fashion discourses and the appropriation of countervailing cultural meanings. *Journal of Consumer Research,* 24(1), 15-42.

Touraine, A. (2009). *La Mirada Social.* Paidós. Barcelona.

Toynbee, A.J. (1958). *Thinking Ahead.* Harvard Business Review, September October.

World Economic Forum (2011). *The Consumption Dilemma. Leverage Points for Accelerating Sustainable Growth.* Davos.

Yiannis, G., Lang, T. (1995). *The Unmanageable Consumer.* Sage Publications Ltd., Londres.

Capítulo 2

La consolidación del sistema consumista

Las instituciones del sistema consumista condicionan al ciudadano a través de todos los factores que tienen influencia sobre la conducta. Se han ido consolidando de forma que el sistema de consumo se ha sofisticado y se ha convertido en una eficaz herramienta de creación de conductas. La publicidad nos llena de sugerencias de compra que invaden el hogar, las calles, las salidas de los parkings, con llamadas telefónicas constantes. Nos recuerda e incide en la creación de actitudes repitiendo hasta la saciedad lo que el sistema considera relevante, y obviando por omisión aquello que no considera que lo sea. Se complementa perfectamente con lo personal, lo afectivo y lo social a través de la visualización constante de la mimesis del consumir del otro. En lo que se refiere al condicionamiento de conductas, el paisaje consumista nos invade hasta el aburrimiento a través del comercio omnipresente en calles y aeropuertos. Es una sociedad – como dirían los psicólogos de la Gestalt[130] – en la que el consumo se dibuja claramente sobre un fondo difuminado; la figura que destaca es siempre la compra y el consumo.

Además, el sistema se ha creado de forma casi natural, sin estridencias. No es un proyecto de nadie, es una consolidación y cuadratura sistémica, que ha ido ganando terreno paulatinamente pero de forma permanente, y cuyo objetivo actual

---

130 "Gestalt" (forma en alemán) es una corriente de la psicología que estudia la percepción como fenómeno integral no subsumible a la suma de las partes percibidas. Entre los principios de percepción que encuentran está el de fondo y figura en el que afirma que de todo fondo percibimos la emergencia de un elemento clave, la Figura.

es el dominio de internet, que probablemente acabará siendo (tiempo al tiempo) otro inmenso centro comercial virtual.

El sistema del estímulo permanente: empresa y medios de comunicación

Cuando el sistema es capaz de producir más de lo que puede vender, la acción conjunta de las empresas crea un sistema de estímulo permanente al consumo necesario para su supervivencia. Galbraith[131] decía que *"el hombre sólo llegó a ser objeto de la ciencia para el hombre cuando se hizo más difícil vender automóviles que fabricarlos"*.

El sistema consumista necesita para perpetuarse el estímulo permanente a consumir. Este estímulo permanente se fundamenta en tres estrategias empresariales básicas: la obsolescencia programada, la innovación y mejora constante de los productos y la incitación a la compra y consumo de los mismos. El sistema tiene en los medios de comunicación su mejor aliado y proveedor, y los medios tienen en las empresas productoras sus mejores clientes. En este juego los ciudadanos y los consumidores no tienen ningún rol relevante más que el de ser agrupados en clases (los famosos segmentos del marketing), ser elevados al concepto de audiencia, para ser posteriormente vendidos a los medios y ser convencidos para realizar comportamientos de compra y de consumo. Son simplemente el objeto, tanto de los medios como de las empresas productoras. La función y dinámica de los medios de comunicación es por lo tanto una de las bases del sistema de creación del carácter consumista como reconocen Firat y Venkatesh[132]: *"la construcción de la sociedad de consumo ha sido provocada por la interacción de un discurso público y las iniciativas de los medios..."*.

Esta creación no es nada más que la transmisión a través de los medios de una forma de estilo de vida que interesa al sistema capitalista y que además tiene la capacidad de incorpo-

---

131 Baudrillard, J. (2007). *La sociedad de Consumo*. Siglo XXI Editores. Madrid.

132 Fluat Firat, A., & Venkatesh, A. (1995). Liberatory Postmodernism and the Reenchantment of Consumption. *Journal of Consumer Research*, 22(3), 239-267.

rar las transiciones culturales en el simbolismo de los productos y marcas. Thomphson[133] en un excelente trabajo analiza cómo se da este proceso de transmisión, y concluye que *"cuando los anuncios convierten en mitos los productos y las marcas que promueven, están construyendo un estilo de vida ideal. En este sentido están promulgando un discurso del poder, es decir, un discurso que canaliza las identidades y los formas de vida en una dirección concreta marcada por la ideología capitalista".*

La visión cuantitativa de los recursos que el sistema dedica a la persuasión consumista no deja lugar a duda. En los Estados Unidos se dedica más del 2% del PIB a estimular el con sumo. En Gran Bretaña el 1,7%.

Table 6 Advertising's Share of the Economy (ad spending as % of GDP)	Year			
Location/Type	1925	1938	1952	1998
UK				
Press	1.2%	1.0%	0.7%	0.9%
Radio & television	0.0%	0.0%	0.0%	0.5%
Other	0.5%	0.5%	0.3%	0.3%
Total	1.7%	1.5%	1.0%	1.7%
US				
Press	1.5%	1.2%	1.0%	0.7%
Radio & television	0.0%	0.2%	0.3%	0.7%
Other	1.0%	0.9%	0.7%	0.9%
Total	2.6%	2.2%	2.0%	2.4%

Tabla 1. Inversión publicitaria en porcentaje del PIB.

(www.galbithink.org)

Está claro que lo que cuesta es vender. Hay que crear conducta de compra que facilite la venta, y a ello el sistema desti-

---

133 Craigh, J.T. (2004). Marketplace mythology and discourses of power. *Journal of Consumer Research*, 31(1), 162-180.

na enormes recursos: en términos coloquiales es aquello de que "los Estados Unidos va bien cuando va bien la General Motors". El último rescate de esta empresa (que por cierto costó 39.000 millones de dólares al contribuyente americano) da fe lo acertado del dicho.

En el análisis del impacto de la presión publicitaria hay que tener en cuenta las magnitudes agregadas. Los registros de inversión publicitaria en USA se remontan a 1919, y curiosamente, el porcentaje de gasto publicitario sobre el PIB americano ha oscilado siempre (menos en la década 1941-1951) entre el 2 y el 2,5% del PIB, lo que representa, dado el crecimiento del PIB en estos 88 años, pasar de 1.930 millones de dólares a 279.612 millones de dólares anuales[134] en 2009. En términos de PIB equivalente (2005)[135], el PIB real en EEUU se ha multiplicado por 18,8 entre 1919 y 2007, y la inversión publicitaria también. La población es este periodo se ha multiplicado por 3, de 100 a 300 millones de personas, y la renta per cápita ha pasado de 6.607 dólares a 43.842 dólares, multiplicándose por 6,6. Los datos muestran que en dólares equivalentes, cada norteamericano recibía en 1919 un impacto equivalente a 245,8 dólares del 2009 y en 2009 recibía 932,04 dólares de impacto, con lo que la inversión publicitaria por ciudadano en términos reales se multiplica por 3,8 en menos de un siglo. Parece como si el sistema se auto inmunizara ante la presión publicitaria, y necesitara cada vez más recursos para mantener el nivel de consumo. De hecho, la creación de "resistencias" ante la presión publicitaria es unos de los aspectos que preocupan más a la industria de la persuasión. El que escribe estas páginas se encuentra constantemente en su vida profesional como los institutos de investigación, los académicos y las grandes empresas dedican enormes esfuerzos en entender cómo funciona la persuasión publicitaria y como se

---

134 Ver www.galbithink.org

135 Johnston, L., & Williamson, S.H. www.measuringworth.com/usgdp

pueden optimizar los enormes recursos que a ella se dedican, sujetos a la ley de rendimientos decrecientes.

Pero el resultado final, a pesar de saturaciones y leyes de rendimiento decreciente es que la presión publicitaria agregada expande la demanda, además de provocar cambios en las preferencias de mercado, y lleva a los ciudadanos a trabajar más para acceder al consumo de bienes y servicios, como muestran las investigaciones recientes en el campo de la macroeconomía que debemos a Molinari y Turino (2011)[136]: *"a causa de la publicidad, la gente trabaja más para ser capaz de sostener un mayor consumo, y la percepción de la necesidad de un consumo más alto se debe a las señales publicitarias que reciben. A través de este mecanismo, la publicidad no solo incrementa la demanda de bienes de consumo sino que afecta a la actividad económica global".*

"Opera a través del mecanismo de trabajar y gastar" concluyen Molinari y Turino. No les suena a Arendt esta afirmación? Porqué trabajan tantas horas en los Estados Unidos? En otra investigación, Molinari y Turino[137] concluyen: *"Entre otras cosas, nuestras conclusiones sugieren que la variabilidad entre países en referencia al sector de la publicidad contribuye a explicar las grandes diferencias que se observan entre los Estados unidos y Europa en las horas trabajadas".* ¡Y hay quien sigue sosteniendo hoy que la publicidad es neutra en la demanda agregada y solo afecta a la elección de marca o alternativa!

En términos de números de impactos, el fenómeno más importante ha sido que la TV posibilitara llevar al centro del hogar en el momento de reunión familiar la posibilidad de estimular el consumo. El impacto cualitativo de este hecho es sin duda enorme y convierte el consumo en un fenómeno central

136 Molinari, B., & Turino, F. (2011). Advertising, Aggregate Consumption and Business Cycle Fluctuations. *Working Paper*.

137 Molinari, B., & Turino, F. (2009). Advertising, Labor Supply and the Aggregate Economy. A Long Run Analysis. *Working Paper*, November.

en la socialización familiar y educación del carácter de los niños.

La saturación publicitaria y su relación con la efectividad de la publicidad es un tema que ha recibido abundante atención por parte de los investigadores. Los resultados apuntan a un hecho innegable: cuanta más saturación menos memorización para una marca concreta. Y a más saturación, mayor rapidez en el proceso de desmemorización. En palabras de Armand Morgensztern[138]: *"en la publicidad, como en la física, la naturaleza tiene horror del vacío: una marca ausente es inmediatamente remplazada por otra, y esta es la razón de que hay que recordarla sin cesar y sin poder parar para que sea recordada por el consumidor".*

Además de este efecto, que justifica un incremento contante de la inversión publicitaria per cápita, la saturación publicitaria tiene otros efectos bien documentados en la investigación. Uno de ellos es la "irritación" que provoca en el ciudadano, especialmente en los medios en los que el ciudadano está "cautivo" y no puede desconectar fácilmente (TV, cine, radio). Este fenómeno de "irritación" se da actualmente en Internet donde es fácil dejar un sitio web saturado de publicidad. Los ratios de abandono directo de páginas web con saturación publicitaria ronda el 30%, lo que abre un debate sobre cómo, dónde y de qué manera anunciarse en Internet. Otro de los efectos asociados a la saturación publicitaria es la consideración de baja calidad del contenido editorial de los medios saturados. A más saturación publicitaria, menor calidad se le asigna al medio[139]. Este efecto conlleva menor impacto publicitario debido a los motivos: la disminución de la calidad y la implicación con el medio y la disminución de su circulación[140].

---

138 Morgensztern, A. (1983). Une synthèse des travaux sur les memorisaton des messages publicitaires, en *La Publicité, nerf de la communication.* Les Editions d'Organisation. Paris.

139 Ha, L., & McCann, K. (2008). Integrated model of advertising clutter in offline and online media. *International Journal of Advertising,* 27(4), 569-592.

140 Ha, L., & Litman, B.R. (2006). Does advertising clutter have diminishing and negative returns?. *Journal of Advertising,* 26(1), 31-42.

Por lo tanto, vistas las conclusiones anteriores, parecería que el sistema encontraría un "punto de saturación" en el cual la presión y saturación publicitaria se estabilizaría, puesto que existiría un "óptimo" de saturación que no podría ser traspasado. Esta conclusión no se sostiene como bien han mostrado Brown y Rothschild[141]. Si tomamos como medida de la eficacia publicitaria las marcas recordadas ("recall"), es cierto que el número de marcas recordadas es el mismo independientemente de la saturación del medio. Pero si atendemos a las marcas reconocidas ("recognition") indicador que en muchos sectores es suficiente como marcador de eficacia, los autores muestran experimentalmente que la saturación del medio no impide que se incremente el número de marcas recordadas y reconocidas. Este hecho ocurre en el caso de que se utilice el "recuerdo asistido" que es una medida a medio camino entre el recuerdo espontáneo y el reconocimiento, y que consiste en preguntarle al consumidor si recuerda algún anuncio en una categoría específica de producto que el entrevistador le recuerda (situación que la que se acerca más a la situación real de mercado).

Así pues, parece que existe un incentivo real a proseguir con la inversión publicitaria y a saturar los medios. De hecho, esto es lo que se observa en el mercado y lo que ha llevado al legislador a marcar un límite de saturación publicitaria que impida que, sujetos a esta dinámica, los medios acaben siendo un panfleto publicitario más que un instrumento de comunicación social. Dejando a su mecánica interna, el sistema lleva a niveles cada vez más altos de saturación. De hecho, los medios intentan por todos los medios saltarse la norma y presionar para su flexibilización. En países avanzados, como en Suecia, la regulación sobre la publicidad es mucho más estricta llegando a prohibir a los medios suecos que publiciten sitios de apuestas por Internet por motivos de "interés público", o bien

---

141 Brown, T.J., & Rothschild, M.L. (1993). Reassessing the impact of television advertising clutter. *Journal of Consumer Research*, 20(1), 138-146.

prohibiendo la publicidad dirigida a los niños de menos de 12 años en televisión.

En el 2006 en España era el tercer país del mundo en saturación publicitaria[142]. Se calcula que un adulto ve a la semana 642 anuncios de televisión (92 al día), solo superado por Indonesia (728) y USA (789). Esta enorme saturación es el resultado final de un proceso que parece que lleva inevitablemente a países en desarrollo a sufrir incrementos enormes de saturación publicitaria. Países como Bulgaria y Polonia han sufrido incrementos de saturación del 112% y 57% respectivamente entre el año 2000 y el año 2006. Actualmente (2010) en España se ha aprobado la nueva Ley General Audiovisual (LGCA)[143] que impone condiciones mucho más restrictivas. Define por ejemplo el derecho de los ciudadanos a que *"la comunicación comercial esté claramente diferenciada del resto de los contenidos audiovisuales…"*. Se establecen normas de protección reforzada a menores de 13 años.

"Las comunicaciones comerciales no deberán producir perjuicio moral o físico a los menores. En consecuencia tendrán las siguientes limitaciones:

a) No deben incitar directamente a los menores a la compra o arrendamiento de productos o servicios aprovechando su inexperiencia o credulidad.

b) No deben animar directamente a los menores a que persuadan a sus padres o terceros para que compren bienes o servicios publicitados.

c) No deben explotar la especial relación de confianza que los menores depositan en sus padres, profesores, u otras personas.

142http://marketingdirecto.com/actualidad/publicidad/la-saturacion-publicitaria-global-aumenta-un-16-en-television-en-los-ultimos-cuatro-anos/

143http://invicturs.wordpress.com/2010/11/21/como-nos-afecta-la-nueva-ley-general-de-la-publicidad/

d) No deben mostrar, sin motivos justificados, a menores en situaciones peligrosas.

e) No deben incitar conductas que favorezcan la desigualdad entre hombres y mujeres.

f) Las comunicaciones comerciales sobre productos especialmente dirigidos a menores, como los juguetes, no deberán inducir a error sobre las características de los mismos, ni sobre su seguridad, ni tampoco sobre la capacidad y aptitudes necesarias en el menor para utilizarlas sin producir daño para sí o a terceros".

Además la ley reduce de 27 a 12 minutos el tiempo computable de publicidad por hora y regula con mayor dureza el "product placement" y los anuncios en sectores como las bebidas alcohólicas, el juego o las clínicas de estética.

La ley prohíbe taxativamente:

"Está prohibida toda comunicación comercial que vulnere la dignidad humana o fomente la discriminación por razón de sexo, raza u origen étnico, nacionalidad, religión o creencia, discapacidad, edad u orientación sexual. Igualmente está prohibida toda publicidad que utilice la imagen de la mujer con carácter vejatorio o discriminatorio.

Está prohibida la comunicación comercial encubierta y la que utilice técnicas subliminales.

Está prohibida la comunicación comercial que fomente comportamientos nocivos para la salud.

Está prohibida la comunicación comercial que fomente comportamientos nocivos para el medio ambiente.

Está prohibida la comunicación comercial que fomente comportamientos nocivos para la seguridad de las personas.

Está prohibida la comunicación comercial de naturaleza política, salvo en los supuestos previstos por la Ley Orgánica 5/1985, de 19 de junio, de Régimen Electoral General.

La comunicación comercial audiovisual también está sometida a las prohibiciones previstas en el resto de normativa relativa a la publicidad".

La ley parece que pone límites y un poco de orden en un panorama en el que la falta de regulación (y de autorregulación deficiente y probablemente imposible) provocó unos años de "laissez-faire" en los que se dieron casos flagrantes de abusos, y no solo en el segmento infantil. Está por ver cómo se va a aplicar y hasta qué punto el sector es capaz de aplicar una cierta autorregulación que proteja al ciudadano, y especialmente a los niños, de los abusos que hemos observado en los últimos años. Del tema de la ineficacia de la autorregulación y de la necesidad de regulación hablaremos en el final de este trabajo.

En España, la inversión total en publicidad fue en 2009 de 12,69 miles de millones de euros, que sobre el billón y medio corto de euros del PIB español representa el 1,2% del mismo. Es una cantidad ingente de recursos dirigidos a mantener y estimular el nivel de consumo privado puesto que este representa el 55% del PIB. En las economías desarrolladas el consumo es el gran impulsor del crecimiento del PIB. Y si algunos países además ahorran, reciben críticas y varapalos, como los que reciben últimamente los ricos ciudadanos alemanes.

El "estímulo artificial" al consumo, en términos de Galbraith, se vehicula a través de los medios de comunicación. Que no son un canal neutro: su supervivencia depende precisamente del volumen de publicidad que llegan a vehicular. Un análisis de los ingresos de los medios muestra hasta qué punto dependen de la publicidad para subsistir: la publicidad representaba en 2008 el 50% de los ingresos de RTVE y porcentajes similares para las cadenas privadas. Por cierto, la supresión de la publicidad parece haber sentado muy bien a la audiencia de TVE que ha recuperado el liderazgo de *share* en 2010. En Francia, Sarkozy promocionó también la supresión de la publicidad en la televisión pública para "acabar con la tiranía de la audiencia y fomentar la creación" en sus propias palabras. Estas palabras no dejan de tener importancia: suponen por primera vez cambiar de vara de medir y sustituir la estimulación del consumo vía audiencia por objetivos de promoción cultural, que no por indefinidos dejan de ser innovadores, por lo menos en su discurso. Curiosamente, este es el discurso contrario al de la Asociación Española de Anunciantes, que en un documento sin desperdicio, plegado de medias verdades y teñido de ideología consumista[144] dice:

> *"a partir de que TVE no emita publicidad, los anunciantes perderemos 615.946 GRP'S, es decir, 615.946 oportunidades perdidas de que los anunciantes sean vistos...todo ello tendrá una clara incidencia negativa sobre el consumo propiciado por los mismos, y desde luego sobre elementos como el empleo, etc...".*

Sobre la desaparición de la publicidad vía las desconexiones regionales, la AEA extrañamente muestra una preocupación inédita sobre la cultura y su difusión:

> *"¿Cómo se va a fomentar el consumo de productos regionales? ¿Cómo se va a contribuir a difundir en cada Comunidad Autónoma la cultura y el arte? ¿Cómo se van a acercar las instituciones regionales a los ciudadanos?".*

¡Curiosos amigos son las multinacionales y los defensores de la cultura regional!

---

144 Asociación Española de Anunciantes (2008). *Consecuencia de la Estimulación de la publicidad en TV para la AEA y sus colaboradores.* Madrid.

El panorama en la prensa no difiere mucho de la televisión. En el sector de la prensa diaria los ingresos se distribuyen en la siguiente manera[145]:

	2007	2008	2009
Ventas ejemplares	1.300,7	1.245,1	1.176,4
Venta publicidad	1.461,0	1.111,6	861,9
Otros ingresos	219,3	203,1	184,1
Total ingresos	2.980,4	2.559,7	2.222,4
% Publicidad	49.1%	43.4%	38.7%

Tabla 2. Porcentaje de Publicidad en los ingresos totales de la prensa Diaria en España (2007-2009). (AEDE)

La enorme caída de los ingresos publicitarios de la prensa escrita ha conllevado reestructuraciones y reflexiones de toda índole. El presidente de la Asociación de Editores de Diarios Españoles (AEDE) declaraba recientemente: *"Existe una tremenda paradoja de que el mayor descenso de facturación publicitaria de la prensa respecto a los demás medios convencionales se haya producido justo en el momento en que la eficacia publicitaria de los diarios se vuelto mucho mayor que la de cualquier otro medio..."*.

Lo que significa que el sector es consciente de que vivir de la publicidad supone entrar en una contradicción irresoluble para la prensa diaria: o se influye en la sociedad con la calidad del discurso y del análisis, o se vende audiencia para servir al mercado publicitario.

Nuestra sociedad encuentra "normal y "lógico" que los ingresos de los medios provengan de las empresas que se anuncian en ellas. Pero el hecho que esto sea así no deja de tener un impacto que conforma nuestra vida. No es en absoluto un hecho neutro. Schudson[146]describe cómo funcionaban en el pasado las relaciones medios-anunciantes antes de la conversión de los medias en vehículos de publicidad. Los medios

145 Asociación de Editores de Diarios Españoles (2011). *Libro Blanco de la Prensa Diaria*. Madrid.

146 Schudson, M. (1984). *Advertising, The Uneasy Persuasion*. Basic Books, New York.

no vivían esencialmente de la publicidad. Existían unos agentes libres que vendías espacios publicitarios a las empresas para mejorar las ventas. Muchas veces eran ellas mismas las que hacían los anuncios. Más tarde muchos de ellos se convirtieron en mayoristas de espacio publicitario: compraban lotes de espacio y los revendían. Algunos tenían la exclusiva de todo un medio. A finales del siglo XIX en Estados Unidos, las primeras agencias de publicidad se desarrollaron a partir de su capacidad de persuadir a la industria de que valía la pena utilizar la publicidad. Este hecho se observa hasta bien entrados los años treinta.

Más tarde aparece la agencia al servicio del anunciante, lo que permitió sofisticar los mensajes y optimizar los medios. Aparecen las agencias de estudios de mercado que se interesan por la psicología de los consumidores y por cómo persuadirlos. El marketing aparece como "ciencia" y prestigiosos psicólogos (conductistas y post-freudianos), entran a trabajar al servicio de la industria publicitaria[147]. Es la época de Dichter, de los primeros psicoanálisis del comprador, época que en España llegó en la década de los sesenta, cuarenta años más tarde, de la mano del Dr.Guixà. Con el tiempo, las agencias de publicidad se han convertido en un icono del sistema y los grandes creativos de la publicidad sus héroes, mezcla de artistas, empresarios de éxito y pregoneros del sistema. La lectura de los "legados" de estos arquetipos del sistema muestra hasta qué punto su máxima preocupación ética acababa en el mejor de los casos a autolimitarse, por ejemplo, a no anunciar marcas de tabaco. Por lo demás, su rol como auténticos líderes sociales, consejeros de reyes, presidentes y candidatos a serlo, demuestran hasta qué punto representan la cuadratura de un sistema que ellos mismos han contribuido –decisivamente, diría yo– a consolidar y legitimar. Uno de los síntomas

---

147 Schudson cita una famosa frase del eminente psicólogo conductista John Watson que cuando fue despedido de la Universidad John Hopkins trabajó para J. Walter Thompson donde llegó a vicepresidente de la compañía. "Como psicólogo denuncio que todos parezcamos cortados del mismo patrón - que haya tan poca individualidad en el mundo. Pero como publicitario me felicito: mi pan y mantequilla depende de ello". Cinismo crudo: ¿Estará en lo cierto Sennett con su teoría de la corrosión del carácter?.

de cambio es que hoy en día estos personajes arquetípicos han dejado de serlo, substituidos quizá por los jóvenes empresarios que han aprovechado internet para desarrollar productos globales.

Siguiendo con la evolución histórica, la aparición de la TV supone un cambio radical y una "mejora" sustancial de la operatividad del sistema. De hecho parece que sistema consumista y televisión son una unidad difícil de desligar. La TV ha supuesto para el sistema del marketing persuasivo una ocasión de oro que no ha desaprovechado. Supone la oportunidad de entrar sin permiso en los hogares, interrumpir en una situación de visionado sin contestación y hacer llegar un mensaje persuasivo en un formato que no requiere trabajo cognitivo, que llega directo a la percepción más elemental y fácil. Ver y oír. La publicidad en televisión ha sido la estrella del sistema, la culminación de su estructuración y dentro de cincuenta años será un testimonio histórico de primer orden, testigo de la conversión del ciudadano en un consumidor, testigo de cómo la publicidad, amparada por su potente sistema de análisis de respuesta ha ido convirtiéndose en pieza esencial del sistema.

El problema causado por la invasión del espacio público y privado por la publicidad aparece a dos niveles. Un primer nivel hace referencia a la eficiencia en la toma de decisiones y un segundo nivel a su efecto social. El primero aparece cuando un ciudadano quiere informarse de algo para tomar una decisión racional de consumo. Supongamos que compra una revista de automóviles para evaluar un producto. La revista, que vive de la publicidad de las marcas, difícilmente realizará un análisis objetivo del producto, porque pondría en riesgo los ingresos por publicidad de la marca en cuestión. Todas las personas que estamos en el campo del marketing –y las que no también– sabemos que esto ocurre y que las informaciones que dan la gran mayoría de medios están mediatizadas por las relaciones de clientelismo entre medios y fabricantes. Sólo en casos excepcionales se dan evaluaciones objetivas de los productos. El verdadero cliente de la revista son los fabricantes que pagan la publicidad y no los lectores, que se supone que representan el sentido del negocio. En el campo de la moda y del equipamiento femenino, los medios no son otra cosa que soportes publicitarios sin ningún tipo de contenido sustantivo pero el mismo contenido publicitario es tomado como sustantivo (lo que es de tendencia) y contribuye a construir carácter. La compra de una revista de moda femenina no es más que la compra de una serie de anuncios publicitarios y la exposición de productos y marcas que después se encontrarán en las tiendas. Y evidentemente siempre con nuevas tendencias y nuevos estilos que hay que seguir para no "quedar desfasado". La hiperrealidad en el tercer grado. Ya no hay más contenido que el simbolismo de producto y marcas.

La falta de sentido crítico de que hemos hablado y hablaremos en otras secciones de este libro se ve estimulada por la exposición constante a contenidos informativos "neutros", pasados "por agua", sin ninguna fuerza ni potencialidad para desencadenar el pensamiento. Ello contribuye a una consciencia social en la que todo está ni bien ni mal, sino todo lo contrario. Este tipo de expresión acaba generando una actitud de indiferencia que suele acabar en el cinismo puro y duro. Después resulta que en los estudios de clima social los sociólogos encuentran que nadie se cree nada ni confía en nada, especialmente en referencia a los medios.

La repetición en el tiempo de "informaciones" interesadas que sólo tienen una lógica comercial y de persuasión en uno de los elementos clave de formación del carácter consumista y además devalúa los medios condicionándolos como una fuente ni creíble ni no creíble sino en una fuente que acaba de ser percibida con vacuidad e irrelevancia. Lo que es irrelevante no se aprecia, y la falta de aprecio del producto conlleva su uso irracional y poco responsable. Es por esto que lo que lleva publicidad debe ser gratis: no vale nada. Y el consumidor, a lo sumo, lo acepta como mal menor, porque en verdad, el contenido que le financia la publicidad también suele ser irrelevante. Si un objeto es irrelevante, se consume. Si es relevante, se usa, se cuida, e incluso se venera. Como aquel gorro con el que atravesamos el desierto de Atacama y nos protegía del viento, del sol y de la arena...

El debate de las marcas también está totalmente imbuido del problema de la tensión entre la irrelevancia de la novedad y la inutilidad de la permanencia. Se sabe que lo nuevo, aunque sea irrelevante, es lo que llama la atención y lo que lleva a vender. Las estrategias de diferenciación "irrelevante" *(meaningless differentiation)*[148], que consisten en añadir al producto características que no lo hacen más útil sino más visible y frecuentemente más caro, son ampliamente utilizados por los profesionales del marketing, deseosos de diferenciación constante y de encontrar maneras de llamar la atención en un paisaje saturado de ofertas tan diferentes como esencialmente irrelevantes.

---

148 Ver el excelente artículo de: Carpenter, G.S., Glazer, R., & Nakamoto, K. (1994). Meaningful Brands from Meaningless Differentiation: The Dependence on Irrelevant Attributes. *Journal of Marketing Research*, 31(3), 339-350.

El paisaje consumista: el entorno como centro comercial

La evolución del paisaje consumista se puede trazar a partir de la evolución de la distribución, su concentración y su sistema de legitimación. El proceso empezó probablemente en Francia, país por excelencia en la innovación de la distribución. Desde el *Bon Marché*, primer gran almacén en régimen de libre servicio en 1852, hasta la explosión de la gran distribución a partir del primer hipermercado de Carrefour en 1963, la gran distribución, es decir, el oligopolio empresarial que controla el acceso de los consumidores a la inmensa mayoría de los bienes de gran consumo, y que ha convertido el comercio en una maquinaria increíblemente sofisticada de estimulación del consumo, ha permitido poner al alcance de un número enorme de personas una cantidad de bienes inimaginable hace un siglo, a unos precios asequibles. La explosión del consumo corre paralela al desarrollo de las formas de gran distribución, desde los grandes almacenes a las grandes superficies pasando por los centros comerciales. Wallmart es también un ejemplo paradigmático en este proceso.

La incitación constante a la compra por parte de la publicidad se encuentra reforzada por el paisaje que lleva a los ciudadanos a asignar más valor al acto de compra en sí que al objeto que se compra. Se compra ir de compras, y el valor del ir de compras supera el valor de lo comprado. En la mayoría de los estudios de mercado que realizamos se observa hasta qué punto el producto pierde valor a favor del acto de compra, que incluso tiende a ser más valorizado que el acto de consumo. El lector informado podrá argumentar que este no es un fenómeno nuevo: los comerciantes marroquíes que van al mercado de asnos de Asilah en también asignan un valor social muy importante al hecho de asistir al mercado. La gran diferencia con las compras compensatorias que se realizan en los centros comerciales de los países ricos es que el acto central en estas compras hiperreales es el acto de compra y su simbolismo personal y social, no el producto. El entorno juega un rol fundamental en este proceso, puesto que es el teatro donde transcurre la comedia, y la condiciona con sus actos, sus tiempos, sus discursos y sus paisajes. Cuando escribimos estas líneas se inaugura en Barcelona un enorme centro comercial en una antigua plaza de toros, una construcción espectacular realizada por un célebre arquitecto. Es un hecho de un simbolismo innegable: donde la gente se reunía para contemplar y disfrutar del valor de una tradición milenaria –que por cierto, por un lado me repugna y por el otro entiendo que fascine a sus seguidores– se reunirá ahora para comprar en un enorme complejo de ocio y de compras.

Marie-Claude Sicard lo describe como un auténtico acto de violencia[149]: *"... apropiarse un espacio que no es el propio, se llama pura y simplemente una invasión, y es un acto de violencia. El marketing comete estos actos todos los días, y con todos los medios, desde la utilización publicitaria de un azucarillo hasta la maleta gigante de Louis Vuitton que obstaculiza dos aceras en una esquina de los Campos Elíseos".*

La invasión puede llegar a límites insospechados bajo la forma de "facilitación de la compra". Recuerdo la discusión que tuve con los gestores de una cadena de tiendas de ropa de segunda mano de economía social que querían instalar pantallas en los probadores para "sugerir" automáticamente prendas que "combinaran" con la prenda que la clienta se estaba probando. Consideré que tal práctica iba contra de los principios de la organización y estimulaba la compra a través de un mecanismo muy intrusivo.

Una de las consecuencias de vivir en un paisaje urbano dominado por lo comercial, tanto a nivel de los estímulos visuales omnipresentes como de comercios que nos salen al paso en estaciones de tren, aeropuertos, aviones, trenes, parkings, etc... es la dificultad de diferir actos de compra. Deseo y com-

---

149 Sicard, M.C. (2005). *Les ressorts cachés du désir. Trois issues à la crise des marques.* Village Mondial, Pearson Education. Paris.

pra se simultanean. No hay espacio temporal para la reflexión, el espacio físico impone la resolución rápida y no meditada de una tensión no pensada. En los estudios de mercado hemos documentado en repetidas ocasiones una pulsión inconsciente en la que el mero hecho de estar en un entorno comercial provoca una necesidad de compra genérica, que desemboca en una búsqueda no exenta de ansiedad de una categoría de producto en la que realizar el acto de compra[150].

Marie-Claude Sicard[151] hace una llamada a la limitación y a la auto-limitación que ella considera posible: *"¿Cómo salir del problema? - (el sistema del deseo mimético, que provoca una saturación y invasión del marketing en todos los espacios)- Pues fomentando un bucle de retroalimentación negativo. En lugar de multiplicar los carteles publicitarios, reducir su número y reglamentar su colocación, como en Marsella, Montpellier, Brest o Quimper. En lugar de inundar la calle de folletos, poner multas a los que lo hagan, como en Londres".*

La invasión del espacio y su conversión en centro comercial sigue la misma lógica que hemos visto en el negocio de la publicidad. El sistema del marketing "compra" el espacio (físico o mental) a través de transferencias de recursos que no solo "complementan" los ingresos de medios, aeropuertos o estaciones de trenes, sino que sin estos ingresos estos servicios devienen insostenibles y deficitarios. Veamos algunos ejemplos.

No parece descabellado pensar que un gestor de aeropuertos debería vivir de derechos de vuelo y de la prestación de servicios a los pasajeros. AENA, que hace esta función en España, facturó 3.095 millones de euros (2009) y tiene un EBITDA de

---

150 El autor vivió una experiencia inesperada de invasión del espacio púbico por lo comercial en un lugar inesperado. De retorno de Macchu Picchu en el tren, nos vimos obligados a presenciar un desfile de moda (piezas de lana y de alpaca) y artesanías peruanas del que era imposible sustraerse. Tal invasión era posible dado que la línea había sido transferida a la compañía Orient Express, que utilizaba el medio de transporte como centro comercial. La misma tendencia han seguido algunas de las líneas aéreas de *low cost,* que intentan vender de todo de manera totalmente invasiva.

151 Sicard, M.C. (2005). *Les ressorts cachés du désir. Trois issues à la crise des marques.* Village Mondial Pearson Education. Paris.

574 millones (2009). En la memoria del 2006 de la compañía se expresa textualmente:

"Constituye un objetivo fundamental de esa Dirección conseguir que los ingresos comerciales incrementen cada año su proporción respecto al total de ingresos que percibe Aena. En este sentido, en el año 2005 esa proporción fue del 28%, mientras que en 2006 alcanzó la cifra de 31,4%. El negocio aeroportuario no se circunscribe solamente a los pasajeros; se hace también extensivo a todos aquellos aspectos que pueden proporcionar mejores resultados económicos a la Entidad. Cabe resaltar la importancia que la actividad comercial tiene como servicio al resto de usuarios, es decir a los que no son viajeros, e, incluso, a los denominados clientes externos, aquellos que se acercan al aeropuerto sólo para hacer uso de, por ejemplo, bares, cafeterías, estaciones de servicio, restaurantes, etc".

De la misma forma que se encuentra "normal" que los ingresos de AENA dependan de los ingresos de sus centros comerciales, aunque después tengamos las tarifas aéreas más altas de Europa y los controladores cobren 400.000 € anuales trabajando 1.700 horas, de la misma forma encontramos "normal" que la prensa diaria o la televisión pública catalana sea financiada con la publicidad. Estas "normalidades" son las que nos delatan la estructura del sistema, que lleva a imponer a través del paisaje comercial, un estímulo constante e inescapable al consumo. Esta presión está alentada constantemente por los grandes grupos inmobiliarios y de distribución, dos de los lobbies que mejor se entienden y coordinan para presionar a las autoridades sin ningún tipo de rubor. Recuerdo haber visto en Francia al dueño de Leclerc declarado públicamente en la televisión que había sobornado a las Cámaras de Comercio (autoridad competente para autorizar la instalación de centros comerciales). Su legitimación era que los habitantes de aquella zona "tenían derecho" a comprar en los "mosqueteros de la distribución", que supuestamente *"robaba a los ricos para entregar el botín a los pobres"* (y de paso llenarse los bolsillos, destruyendo al comercio de proximidad)

En el debate fabricante/distribuidor, los distribuidores han sabido jugar muy bien la carta del "consumidor abusado por las marcas" para legitimar ante los poderes públicos su obsesión para conseguir nuevas ubicaciones y fagocitar –como así lo ha hecho– el pequeño comercio. Sean distribuidores que fabrican, sean fabricantes que distribuyen, lo que está claro es que son dos agentes que tienen un interés común: tratar al ciudadano como consumidor. Los poderes públicos como suele ser habitual en este país han respondido tarde y mal a este juego de las multinacionales con el Estado, en sus múltiples niveles (central, autonómico y local), en el que fabricantes y distribuidores sacan la tajada del consumo, el ciudadano ve alterado su hábitat y el estado (o sea todos los ciudadanos) corre a cargo de todos los costes – externalidades –o mejor dicho, daños colaterales en forma de dispersión poblacional, transporte y urbanismo "difuso". En términos de Álvarez y Villarejo[152] *"lo que se viene llamando "urbanismo comercial" engloba una serie de regulaciones basadas en un autorización comercial específica para la instalación de los grandes establecimientos comerciales, que poco o nada tienen que ver con la ordenación del territorio y urbanística... Por tanto, el término "urbanismo comercial" no resulta adecuado, puesto que hay mucho de comercial y nada de urbanístico".*

No es necesario recordar que todos los "daños colaterales" que surgen de este modelo de crecimiento comercial acaban siendo pagados por los ciudadanos, bien sea en forma de degradación de centros urbanos o de recursos públicos destinados a su rehabilitación.

Está claro que el debate del modelo comercial condiciona el debate social, y se da solamente en términos de creación de puestos de trabajo y de precios de los productos que pagan

---

152 Álvarez Cantalapiedra, S., & Villarejo Galende, H. (2003). La regulación de los grandes centros comerciales: una aproximación sociológica y jurídica. *Revista de Derecho*, 15, 131155.

los consumidores sin tener en cuenta los costes de reparación de destrozos medioambientales, urbanos y sociales derivados de la presión de los grandes operadores. Las multinacionales de la distribución han encontrado en las instituciones como Idelco[153] en España un excelente camino para presionar en favor de sus intereses. No es el Idelco quien debe decidir el modelo social. Es la política. Precisamente esta es la conclusión a la que llegan los expertos en urbanismo comercial, que piden que sea la ordenación del territorio, la sostenibilidad y el urbanismo quien determine la implementación de los grandes centros comerciales. *"El uso comercial debe configurarse como elemento estructurante de la ordenación urbana y territorial"*[154]. Los que hemos trabajado en planificación urbanística conocemos como ciudades enteras han sufrido una decadencia irreversible cuando se ha dejado en manos del mercado (inmobiliarias y empresas de distribución) la configuración del espacio comercial y ciudadano. Casos como los de Marsella o Vitoria son paradigma de lo que no hay que hacer si se quiere mantener la ciudad como espacio de convivencia y ciudadanía.

En los Estados Unidos, paraíso de los centros comerciales, el debate sobre el urbanismo comercial no tiene la intensidad política que adquiere en Europa. Los centros comerciales son generalmente visto como un fenómeno social y cultural que como dice Farell[155] *"nos dicen mucho sobre América, desvelando estructuras culturales que normalmente no vemos. Son sitios donde ponemos en práctica nuestros valores [...] Los centros comerciales son lugares para las conversaciones americanas [...] los comerciantes cuentan historias sobre la buena vida y sobre América".* Trabajar duro y consumir sin freno, añado. Reconoce sin embargo Farrell que los Centros Comerciales son la punta del Iceberg de un desastre ambiental de

---

153 Instituto oficial que "defiende" el libre comercio en España.

154 Ver www.centroscomercialesabiertos.com

155 Farell, J.J. (2003). *One Nation Under Goods: Malls and the Seduction of American Shopping.* Smithsonian Exposition Books.

dimensiones desconocidas. La construcción de una realidad copiada, de cartón piedra, que mantiene la apariencia y sustituye la esencia por el acto de compra, es otra de las características de los "malls" americanos y sus copias europeas. "Viajes" por entornos como París, Venecia, Milán[156], constituyen una expresión más de la hiperrealidad que describen Baudrillard y Eco. El centro comercial de cartón piedras es la "hiper", la compra y el gasto es la realidad. Y el operador capitalista por excelencia es GAP, empresa que además de empresa de moda[157] es el primer detentor de capital de los centros comerciales americanos, a los que por cierto garantiza el éxito con su presencia. Es la cuadratura del modelo.

---

156 Sen, A.K. (2005). *The Malling of America*. Span, March/April.

157 Kowinski, W. (2002). *The Malling of America*. Xlibris.

La obsolescencia programada

El tema de la obsolescencia programada es complejo y abordarlo de forma simplista da lugar a discursos cargados de emoción, de inexactitudes, de entendimientos a medias cuando no de conclusiones manifiestamente falsas.

Obsolescencia programada reenvía en su aceptación más epidérmica a unos "malos " los fabricantes y sus malévolos ingenieros y diseñadores industriales, que planean de forma consciente productos que se estropean tan rápidamente como lo permite el mercado para provocar nuevas ventas a través de innovaciones poco relevantes cuando no engañosas. Esta visión por cierto no difiere mucho de las prácticas de algunas empresas que quedan bien descritas en los trabajos de Slade[158] y apoya y es apoyada por un cambio cultural alimentado por el sistema de consumo: el usar y tirar.

> *"Al emerger la cultura del usar y tirar, la ética de la durabilidad, del ahorro, o lo que la historiadora del consumo Susan Strasser llama la custodia de los objetos, fue cambiando lentamente. Al principio, la gente solamente tiraba los papeles al fuego. Pero a medida que la cultura del usar y tirar se imponía, parecía culturalmente permisible tirar objetos que no tenían nada que ver con hacer una buena fogata".*

No se trata de discutir quien estaba antes, si el huevo o la gallina. Lo que está claro que las prácticas de la obsolescencia programada son un campo ideal para ver como todos los elementos del sistema se conjuran para dar un resultado que socialmente es un desastre por su insostenibilidad. Los relojes pasan de ser custodiados por generaciones a ser objetos de moda de usar y tirar, y la misma lógica de la productividad hace que sea más barato usar y tirar que custodiar. Por el precio de la reparación de un Omega puedes comprar 10

---

158 Slade, G. (2006). *Made to Break. Technology and Obsolescence in America.* Harvard University Press.

Swatch! Y por cierto, todo el ingreso queda en la misma empresa....

Intentaremos aclarar que se entiende por obsolescencia programada a través de una visión histórica de la problemática. Uno de los primeros, quizá el más célebre documento sobre el tema se debe a la pluma de un agente inmobiliario neoyorquino que en 1932 propuso acabar con la Gran Depresión que siguió al crack del 1929 a través de la implantación a gran escala de un nuevo sistema económico integral para los Estados Unidos. Este sistema, paradójicamente se parecía más al socialismo soviético que al liberalismo económico americano. Bernard London, así se llamaba el agente, proponía:

- Que el Estado, a través de un comité de expertos, determinara la vida útil de todos los bienes, de consumo, mobiliarios e inmobiliarios, finales, intermedios y de producción.

- Que a partir de la finalización de la vida útil legal de estos bienes, sus detentores pagaran un impuesto sobre sus rendimientos de entre e 25% y el 50%, medida que debería fomentar la finalización de su uso.

- Que con estos recursos el Estado tendría un flujo constante de ingresos puesto que controlaría la obsolescencia y el rendimiento de los bienes.

- Que ello posibilitaría la creación de puestos de trabajo estables y que permitirían dar empleo a la bolsa de paro generada por la crisis.

- Que ello evitaría la economía especulativa puesto que el período de rendimiento del bien estaría fijado por el Estado, con lo que los inversores conocerían con exactitud los rendimientos de sus inversiones y al disminuir los riesgos, los tipos de interés bajarían.

- Que ello evitaría la especulación inmobiliaria.

Con estas medidas, la economía sería más estable, más justa y condicionaría un comportamiento más racional de los actores económicos[159]: *"Creo que la riqueza y la responsabilidad deben ir de la mano. Demasiada gente hoy en día ve la riqueza como una licencia para la libertad total, de inmunidad ante las obligaciones frente a los demás. Estos ricos irresponsables son unos gandules que al final nos empobrecen a todos".*

Ni que decir tiene que este sistema no tuvo ninguna transcendencia, ni credibilidad le fue concebida por los políticos de su época. Pero los postulados de London no son precisamente un manifiesto consumista, sino más bien de un manifiesto comunista, un sistema de "nacionalización" de la actividad económica a través de atribuir al Estado una parte esencial del poder del mercado: el valor de las cosas y sus plazos de amortización. London no se esconde en aclarar que *"es necesario aplicar una visión de management"* a los asuntos públicos y que ello *"requiere una planificación mucho más controlada y exhaustiva".*

Siguiendo con nuestra visión histórica, encontramos después de la segunda guerra mundial un planteo de la obsolescencia programada mucho más cercano al concepto actual: el diseño de productos con fecha de caducidad para lograr lo que el célebre diseñador Brooke Stevens proponía en sus conferencias[160]: *"la obsolescencia programada consiste en instalar en el comprador el deseo de poseer algo un poco nuevo, un poco mayor y un poco antes de lo necesario".*

Su éxito como empresario del diseño industrial le ha convertido en un personaje célebre en los Estados Unidos. Su visión de la obsolescencia programada ha marcado toda una época

---

159 London, B. (1932). *Ending the Depression Through Planned Obsolescence.*
http://en.wikipedia.org/wiki/Media:London_(1932)_Ending_the_depression_through_planned_obsolescence.pdf

160 Citado en Annie Leonard (2010). The Story of Stuff (www.storyofstuff.com) Brooks Stevens dejó su legado al Museo de arte Moderno de Milwaukee, legado que ha sido objeto de exposiciones y muestras que reflejan como la sociedad americana valora el diseño del producto como un proceso de cambio y obsolescencia. Una anécdota representativa de sus valores ocurrió cuando al final de su vida le preguntaron si cambiaría algo de su vida: "Demonios! Sí! Todo! Porque todo ha pasado de moda".

en el diseño de productos en los Estados Unidos. Actualmente su empresa, que llevan sus hijos, sigue diseñando para multitud de clientes pero con una filosofía completamente diferente, basada paradójicamente– como probablemente piden sus clientes– en la sostenibilidad del producto[161].

La filosofía de diseño de Brooks fue muy discutida por otros diseñadores industriales, que en una visión más de "ingeniero" que de "comercial" primaban más la calidad intrínseca del producto, su durabilidad y su valor de uso antes que su valor como mercancía sujeta al ciclo de producción-destrucción.

Otro de los hitos del análisis de la obsolescencia programada se lo debemos a Vance Packard, que en su célebre best-seller "The Waste Makers"[162] dedica varios capítulos al tema. Packard distingue entre tres tipos de obsolescencia programada:

- Obsolescencia de función, que se da cuando un producto sustituye a otro por su funcionalidad superior.

- Obsolescencia de calidad, que se da cuando el producto deviene obsoleto por un mal funcionamiento programado.

- Obsolescencia de deseo, que ocurre cuando el producto, aun siendo completamente funcional y no habiendo sustituto mejor, deja de ser deseado porque se considera fuera de estilo, "anticuado", y se le asignan valores simbólicos negativos que disminuyen su deseo y alientan a su sustitución.

En su análisis de la obsolescencia de calidad y estilo, Packard describe con detalle cómo numerosos sectores industriales de los Estados Unidos, especialmente el del automóvil y el equipamiento del hogar, redujeron de manera intencionada, pública y notoria la calidad intrínseca de los productos para provocar más reemplazamiento y generar más gasto en los consumidores. Ante un intento de la Asociación de Ingenieros Indus-

---

161 Ver www.greendrinks.org.

162 Packard, V. (1978). *The Waste Makers*. New York: Longmans.

triales de legitimar esta "nueva ética", se levantó una discusión de primera magnitud en la que personajes como el ingeniero jefe de Remington Rand, en una reunión plenaria de los representantes de los Ingenieros, apuntaba[163]: *"Dudo mucho que ninguno de nosotros, ingenieros, estuviera contento con la aplicación de este principio de obsolescencia planificada a sus propias compras, casas, automóvil, el piano o cualquier bien duradero que suponga un gasto importante. ¿Por qué dar entonces soporte a la aplicación de este "principio" a los demás?.*

El problema ético que plantea este párrafo está en la base de las discusiones que encontrara el lector al final del libro, cuando analicemos el rol de las empresas en un mercado más sostenible. Pero no crea el lector que este rol y esta discusión es nueva: un estudio publicado en 1959 en la Harvard Business Review muestra que entre los hombres de negocios americanos, un 64,2% estaban de acuerdo con la afirmación siguiente[164]:

"Piensa usted que, para el beneficio a largo plazo de los Estados Unidos, una parte demasiado importante de nuestra economía está basada en una obsolescencia superficial de los productos, que inducen a la gente a comprar nuevos modelos antes de que los antiguos estén gastados?".

La lectura del artículo es ilustradora: la mayoría de los hombres de negocios a la vez reconocen que son las empresas las que dominan el mercado y hacen comprar productos deficientes a los consumidores y que no puede ponerse en duda la supremacía del mercado que es el que dicta sentencia al final. Bonito rodeo para seguir con el poder.

Actualmente, en los mercados más desarrollados, aparte de las prácticas inmorales (por ocultas) de algunas empresas

---

163 Citado en Packard, V. (1978). *The Waste Makers*. New York: Longmans.

164 Stewart, J.B. (1959). Planned Obsolescence. *Harvard Business Review*, September-October.

para provocar el reemplazo anticipado de sus productos, el problema de base es que la cultura del usar y tirar, que ha abrazado todas las categorías de productos, se ha convertido en un elemento inconsciente del carácter consumista. El estudio de las conductas de los adolescentes con los teléfonos móviles da fe de ello. Quieren una Blackberry de color blanco, y dejaran la antigua Bold negra de su padre de lado para adquirir la "blanca", que es la que está de moda, la que se ha convertido en un accesorio simbólico de pertenencia a un grupo en un tiempo y un lugar. En Japón, la vida útil media de un Smartphone es de menos de un año. Las consecuencias medioambientales de este despilfarro son tremendas, el lector las puede "saborear" en el libro de Slade que hemos citado anteriormente.

Las instituciones de la educación consumista

En el capítulo introductorio, cuando analizábamos la definición del marketing, hemos desmontado la falacia de las supuestas necesidades universales, autónomas, e indiscutibles. La Universidad, que debería ser un ámbito privilegiado de visión crítica de la sociedad, no hace más que perpetuar y cementar en el inconsciente colectivo la supuesta legitimación automática del marketing. En las escuelas de negocios, la falta de visión crítica es a mi juicio, empobrecedora y alienante. En las facultades de Bellas Artes, de Arquitectura, de Ciencias Sociales, de Economía, siempre hay quien desde dentro, con más menos fuerza, critica y pone en cuestión el pensamiento dominante. En el campo del marketing, la academia funciona como si el marketing fuera una ciencia "natural", sin crítica fundamental. Si bien es relativamente normal que por ejemplo se critique el pensamiento dominante en una facultad de arquitectura, no lo es en el campo de marketing. No es extraño que las mejores reflexiones sobre el marketing no salgan de las escuelas de negocios.

De hecho se enseña el marketing como agregación de conocimientos parcelarios y parcelados, minifundios interesados de ciencia de la conducta, combinados de tal suerte que sirven exactamente para lo que se supone que deben servir: para la aculturación de los directivos, de los consumidores, y para la estimulación de conductas interesadas por parte de las organizaciones. Curiosamente, cuando el ámbito de las ciencias sociales trasciende el individuo y se encuentra en lo colectivo, cuando la psicología se convierte en psicología social y sociología, cuando a sociología recurre a la historia y a la filosofía en su búsqueda de entendimiento social, el marketing desaparece. En las cátedras de marketing, en los cursos, grados, postgrados, formación continuada, y en el ingente volumen de investigación académica que generan los departamentos de marketing de centenares de universidades de todo el mundo, los autores que han abordado el fenómeno del consumo omnipresente y estructurante de la realidad social son una minoría "disidente", y a menudo ignorados. Sólo el *Journal of Consumer Research* (y más recientemente el *Journal of Macromarketing)* han abierto una puerta desde inicios de los 90 a investigaciones sociológicas realizadas por profesores de marketing en el contexto de la crítica social. Baudrillard, Baugman, Senett, Bourdieu, Arendt, Marcuse, Fromm, por citar algunos, son seres de galaxias lejanas a las que no interesa viajar. A lo sumo, existen departamentos de Ciencias Sociales, estos "idealistas voluntarios", vistos como una *rara avis* en las escuelas de negocios (ahora menos, puesto que la ética de empresa vende cursos para directivos).

Pero no nos llevemos al engaño: la universidad es solamente la estación de llegada en el proceso de formación. La estación de salida es la familia, seguida por la escuela primaria y secundaria y el bachillerato. Es en el ámbito familiar donde se gesta una apreciación desmesurada de los objetos materiales que tendrá consecuencias importantes en el desarrollo de los niños. El mecanismo suele ser más automático y autoalimentado de lo que solemos creer. Los padres, que trabajan, suelen pasar poco tiempo con los hijos. Su sentimiento de culpa encuentra en lo material una vía de escape: colman de objetos a sus hijos y les llenan la casa de objetos materiales. El sustituto afectivo de los padres ausentes es el objeto y como más ausentes más objetos. Los niños aprenden inconscientemente que el objeto o su precio es directamente proporcional al cariño de sus padres. No hay mayor castigo que quedarse sin juguetes por Navidad. Se condiciona la conducta valorada al objeto, y más tarde a la compra más que en su disfrute. El premio pasa del "recibir un objeto" al "ir a comprar" un objeto. El primer día del adolescente en el centro comercial tiene el mismo simbolismo como rito iniciático que la posesión del móvil. Móvil + dinero para gastar + centro comercial es la tríada del rito iniciático contemporáneo en el que un niño saturado de objetos deviene adolescente cargado de ganas de comprar.

El condicionamiento que imponen los padres –a los que deberíamos sugerir dejar de utilizar los objetos como elemento de premio o castigo– se alía con la invasión del sistema de consumo en las escuelas. Si bien en nuestro contexto cultural esta invasión no es tan evidente, en los Estados Unidos el grado de presión comercial que se experimenta en todos los niveles de la educación es fuente de una enorme preocupación por parte de la comunidad académica y la sociedad en general.

En la escuela primaria, con la excusa de aportar recursos, siempre necesarios en una escuela[165], las empresas invaden el espacio de aprendizaje de las formas más diversas e invirtiendo miles de millones de dólares. La publicidad directa, la instalación de máquinas expendedoras de productos de fast food, el patrocinio de contenidos pedagógicos a través de medios audiovisuales e incluso a través de cadenas de televisión especializadas en producciones escolares, son herramientas que se utilizan de la misma forma en las escuelas que en cualquier otro contexto ciudadano. Incluso las técnicas más avanzadas de persuasión, la publicidad "integrada" (*embedded*) en contextos en los que no "parece" que sean medios publicitarios, como guiones de series o redes sociales, se utiliza con profusión en el ámbito escolar. Precisamente estas prácticas han sido objeto de uno de los últimos informes[166] del National Education Policy Center de la Universidad de Colorado, que basándose en investigaciones de la psicología social contrastadas en los medios académicos más rigurosos concluye que *"la publicidad indirecta en las escuelas daña psicológicamente a los niños de formas diversas. Hace que los niños quieran más, que coman más, les hace pensar que su*

---

[165] Cuando investigábamos sobre el grado de intervención de las empresas de consumo en los Estados Unidos, Inglaterra e Irlanda quedamos estupefactos de constatar hasta qué punto el sistema esta infiltrado en un espacio que podríamos creer invulnerable a su influencia, las escuelas.

[166] Molnar, A., Boninger, F., Wilkinson, G., Fogarty, J., & Geary, S. (2010). *Effectively Embedded: Schools and The Machinery Of Modern Marketing – The Thirteenth Report on Schoolhouse Commercializing Trends· 2009-2010*. National Education Policy Center, Boulder, Colorado. Retrieved March 2011 from http://nepc.colorado.edu/publication/Schoolhouse-commercialism-2010

propio valor puede y debe provenir de los productos comercia-les. Les hace más inseguros, distorsiona su socialización de género, y desplaza el desarrollo de valores y actividades relacionados con aspectos que no sean el consumo".

En el proceso de socialización consumista de los niños del que hablaremos en el apartado siguiente, veremos como el factor fundamental de la capacidad de defensa cognitiva de los niños ante la persuasión publicitaria aparece cuando son capaces de distinguir el contenido publicitario del contenido no publicitario en el estímulo que están percibiendo. En la escuela, la publicidad encuentra ventajas muy importantes respecto al medio abierto: el niño se encuentra en un entorno controlado, en el que no se compite libremente sino que solo están en el los que han pagado por estar. No hay competencia. No hay posibilidad de comparación. No hay referencia. No hay –además– saturación. Es el cielo del publicitario. No hay crítica, los maestros no tienen ningún incentivo para criticar a quienes les financian. Solo hay persuasión. Y además con la colaboración "desinteresada" de todos aquellos cuyo pan depende en parte del dinero de las multinacionales de consumo que invaden su espacio, su oficio y su legitimidad. Michael J. Sandle, filósofo y profesor de la Universidad de Harvard lo describe con crudeza: *"En lugar de levantar los fondos públicos necesarios para pagar el coste de la educación de nuestros hijos, hemos escogido vender su tiempo y alquilar sus mentes a Burger King o a Mountain Dew".*[167]

El mismo problema se da en todos los países anglosajones. En Irlanda la agrupación de directores de escuelas primarias ha pedido al gobierno que regule de manera estricta la entrada de las empresas en el ámbito escolar.

El caso de *Channel One* en los Estados Unidos merece una mención específica, como símbolo y bandera de la invasión del medio escolar por parte de las empresas. Según los datos que presenta un estudio de la Universidad de Arizona esta ca-

---

167 Sandle, M. (en: www.herinst.org/Busines/Managed Democracy/education/commercialism/index.htm)

dena ha conseguido que 350.000 aulas de los Estados Unidos estén equipadas con una televisión exclusiva que llega a 8 millones de escolares cada día. Los espacios publicitarios de *Channel One* se venden a razón de 300.000 dólares los 30 segundos. La cadena paga todos los gastos de instalación y se asegura la presencia en un mercado cautivo en el que realiza un marketing que complementa en casa con la web, que de forma más o menos disimulada inserta de estímulos que incitan a la compra y a visualizar la publicidad de las marcas. Vale la pena echar un vistazo a la web para ver hasta qué punto se ha sofisticado el marketing de esta cadena. En Canadá hubo un intento de reproducción del mismo modelo de negocio, el *Youth News Network*, que cesó su actividad en 2001 a causa de la oposición pública que generó, lo que llevó a su prohibición en seis provincias canadienses[168].

En el marco de Internet, la confusión es mucho más fácil y la diferenciación mucho más difícil. Juegos, vídeos, creaciones incentivadas por las marcas en YouTube, cortes y contenidos simultaneados, concursos, juegos esponsorizados o creados por las marcas, todo ello hace que contenido publicitario y contenido no publicitario se mezcle en un continuo persuasivo en el que probablemente no tenga sentido incluso hablar de diferenciación contexto-publicidad.

Burch[169] lo describe con precisión: *"Hoy en día, la mayoría de escuelas no están produciendo ciudadanos reflexivos y responsables: están más ocupados por la producción en masa de la idiotez. Uso esta palabra con toda la precisión: en el griego antiguo el idiota es la persona "puramente privada", una persona que podría participar pero no participa en la ciudad como ciudadano"*.

---

168 El lector puede encontrar la historia completa en Shaker, E. (1999). Youth News Network and the Commercial Carpet-Bombing of the Classroom. *Education Limited,* 5 (October).

169 Citado en Norris, T. (2004). Hannah Arendt and Jean Baudrillard: pedagogy in consumer Society. *The Encyclopedia of Informal Education.*

Como en tantos aspectos mencionados en este libro, las recomendaciones de las Naciones Unidas van en el sentido opuesto de lo que se observa en las escuelas de los Estados Unidos y de otros países anglosajones. Entre las acciones propuestas por la ONU[170] en la Década de la Educación para un Futuro Sostenible, se encuentran específicamente la promoción del consumo responsable. El desarrollo de las acciones relacionadas con esta iniciativa en el contexto iberoamericano, desarrollados por la Organización de Estados Iberoamericanos con el apoyo de la Agencia Española de Cooperación muestran que todos los recursos destinados a la promoción de una educación en el consumo responsable quedan en iniciativas voluntarias, de corto alcance, nunca generales, ni asumidas por los poderes públicos de forma explícita en sus programas. Es una línea paralela y voluntaria, no asumida por el poder central y legislativo. Tiene un impacto muy limitado en la consecución del objetivo de que toda la población infantil de un país tome consciencia de la necesidad de regular el consumo más allá de las famosas tres R's (Reducir, Reciclar, Reutilizar), que también dudamos que formen parte del acervo común de los conocimientos escolares en nuestro país.

Cuando pasamos a la educación universitaria el tema se vuelve más complejo y las resistencias son aún mayores. Efectivamente, es en esta fase de la formación donde se sedimentan las actitudes cognitivas que van a marcar de forma prácticamente indeleble las carreras profesionales de los alumnos, sus proyectos personales y la forma como se enfrentan a la vida adulta en el campo de la economía, como empresarios, directivos o trabajadores, y como ciudadanos, con sus actos diarios de consumo y ahorro. Curiosamente es en este ámbito donde observamos que la permeabilidad del sistema universitario a la educación responsable en el consumo es tanto o más reducida que en la enseñanza primaria y secundaria. En

---

170 Asamblea General de las Naciones Unidas (2002). Proclamación de la Década de las Naciones Unidas de la Educación para el Desarrollo Sostenible. Resolución 57/254 aprobada por la Asamblea General de las Naciones Unidas el 20 de Diciembre de 2002.

las escuelas de gestión y de negocios, que la mayoría de las universidades públicas y privadas apoyan como factor fundamental de su estrategia de relación con el mundo económico, los mensajes de la sostenibilidad no han penetrado en el discurso de la enseñanza de la economía y de la gestión, y de forma más acusada, en la enseñanza de las técnicas de comercialización y marketing.

Esta realidad es mucho más cruda en los países anglosajones que en los países nórdicos, donde se ha constatado una notable permeabilidad a este mensaje. En España – a pesar de los esfuerzos de quien escribe- no conocemos ninguna escuela de negocios que incluya en sus programas formativos una visión integral del consumo desde la perspectiva de la sostenibilidad. Los esfuerzos para desarrollar un modelo de empresa socialmente responsable se encuentran bloqueados en el ámbito de la gestión comercial diaria en los mercados, que en definitiva es lo más estratégico en la actividad de la empresa. Como nos confesaba "sotto vocce" un ex decano de una conocida escuela de negocios, "*solo sirve para intentar lavar la cara y sacarse la mala consciencia*".

Este hecho puede abordarse desde la óptica del "enfado" y la reacción emocional o desde una perspectiva más realista que contemple la contradicción fundamental que existe entre el consumo sostenible y el imperativo de crecimiento que es inherente a la esencia del sistema de libre mercado. La solución conceptual, ideológica o política a tal contradicción no existe ni existirá por más que intentemos buscarla. Los intentos de Latouche y los seguidores de la filosofía del decrecimiento se dan de bruces con la realidad del mundo y de su evolución y no tienen el mínimo factor de anclaje con la realidad actual. No permitan alumbrar una esperanza de resolución de la disyuntiva, o de síntesis de la dialéctica. Nuestra visión, que intentamos justificar y desarrollar en este trabajo, es que solo puede resolverse el dilema quitando la legitimidad al consumidor y devolviéndosela al ciudadano, liberándolo de su alienación de trabajador consumidor y que ejerciendo su responsabilidad política en los actos diarios en la economía, la compra, el consumo y el ahorro, y en concierto con la regulación de sus representantes políticos sobre los mercados, ponga limite las prácticas insostenibles, las penalice con sus reglas y ejemplo, y conduzca por mimetismo a la sociedad hacia los caminos de la sostenibilidad.

La introducción de este tipo de mensaje en la formación universitaria es a nuestro entender fundamental. Es fundamental dejar de hablar del consumidor. Dejar de pensar en la relación empresa-cliente como base del bienestar y sustituirla por la relación empresa-ciudadano. Debemos transmitir a nuestros alumnos el mensaje de que no es bueno para la humanidad que sean las empresas y no la política como expresión de la ciudadanía quien regule nuestra vida social. Y hemos de hacer entender a los futuros dirigentes que solo construyendo una política global –en un mundo en el que lo único que se ha globalizado es la economía– evitaremos el barranco profundo de la crisis de sostenibilidad.

Cuando vemos hasta qué punto las instituciones formativas, que deberían estar en la punta de lanza del cambio social, están alejadas de este mensaje, y son un apéndice proveedor del sistema de mercado, no podemos más que estar de acuerdo con Zizek cuando dice que la gran crisis sistémica, provocada entre otros factores por la crisis de sostenibilidad, es inevitable[171]. La estrategia del avestruz que la humanidad está siguiendo de forma inconsciente, su incapacidad de afrontar globalmente el problema, es en parte el resultado de la debilitación de la universidad como lugar de pensamiento libre y su consciente y programada incardinación en el sistema capitalista de mercado en el que la legitimidad se obtiene por el porcentaje de colocación de los alumnos en el mercado laboral y sus sueldos medios.

---

171 Zizek, S. (2010). *Living in the End Times.* Londres, New York: Verso.

Uno de los pioneros en el trabajo de introducir la sostenibilidad en la universidad ha sido Anthony Cortese[172], que a través de la Fundación Second Nature realiza un trabajo encomiable en la promoción de la ética sostenible en el sistema universitario. Su análisis muestra que desgraciadamente nuestra crítica parece acertada, como hemos avanzado que en la mayoría de los centros universitarios los estudios se basan sobre premisas destructivas para la humanidad:

- *"Los humanos somos una especie dominante, y diferente del resto de la naturaleza.*

- *Los recursos son gratis e ilimitados.*

- *Los ecosistemas de la tierra pueden absorber cualquier impacto humano.*

- *Las necesidades humanas pueden satisfacerse por medios materiales.*

- *El crecimiento individual es independiente de la salud y el bienestar de las comunidades, culturas y del entorno natural".*

Son asunciones inconscientes, que probablemente nos harán vivir muy felices, como dentro de una macroburbuja que incluye todas las burbujas....

---

172 Cortese, A.D. (2003). The Critical Role of Higher Education in Creating a Sustainable Future. *Planning for Higher Education*, March-May, 15-22.

La familia consumista: de padres a proveedores

Es en el ámbito familiar donde aparece con más claridad cómo se construye el arquetipo consumista. Parece que es en este ámbito donde se confirman todas las afirmaciones de Jung sobre los factores hereditarios de carácter social inconsciente.

Uno puede acercarse a esta problemática desde la óptica de un padre preocupado o de un maestro barbudo y gruñón con ganas de cambiar el mundo. Ambas ópticas son muy legítimas, y veremos que las dos han dado lugar a intentos de comprensión del fenómeno de la familia, la socialización de niños, adolescentes y jóvenes en el fenómeno del consumo. Intentos a menudo más bienintencionados que sólidamente anclados en la psicología social y la psicología evolutiva.

Afortunadamente contamos con un flujo importante de investigaciones sobre en el tema que se han vehiculado mayoritariamente a través de algunas revistas académicas, la más importante de las cuales es el *Journal of Consumer Research*, que ha estimulado la investigación sobre el consumo desde una óptica pluridisciplinar y con un rigor encomiable. Es desde las conclusiones derivadas de esta línea de investigación que podemos dimensionar hasta qué punto el proceso de educación consumista se perpetúa en y con la familia.

Para analizar este fenómeno nos es útil el modelo de análisis de la identidad familiar y el consumo que desarrollan Epp y Price[173], que se compone de tres factores que interactúan entre ellos:

- La identidad de la familia, compuesta por tres factores en interacción continuada: el ideal familiar, las relaciones entre los miembros y las identidades individuales.

- Las formas de comunicación, que incluyen las narrativas, los ritos familiares, las respuestas a los comportamientos

---

173 Epp, A.M., & Price, L.L. (2008). Family Identity: A Framework of Identity Interplay in Consumption Practices. *Journal of Consumer Research,* 35(1), 50-70.

desviados, las interacciones derivadas de las rutinas diarias y las transferencias entre generaciones.

- El mercado, como centro de recursos significantes: marcas, objetos y actividades, servicios.

Las relaciones entre estos polos se encuentran moderadas por una serie de variables que catalizan o frenan su interacción.

El siguiente esquema nos permite analizar de una forma sistémica la unidad familiar como una estructura en la que se da la socialización en el consumo. Vemos como el consumo es parte esencial de las narrativas familiares: las temporalidades del discurso se marcan en función de la posesión de objetos como casas, barcos, automóviles; las historias familiares son las historias de las posesiones, de los viajes asequibles a Port Aventura, a Eurodisney o menos asequibles a Disneyworld; los rituales consisten en la celebración de transiciones personales que el sistema convierte en excelentes oportunidades de consumo, como las comuniones, las fiestas de cumpleaños en el chiquipark o los objetos que hay que regalar por San Valentín a riesgo de quedar como un marido poco enamorado. Otros rituales de transición, como tener un teléfono móvil y vagar por un centro comercial son, como hemos descrito, signos de entrada en la adolescencia.

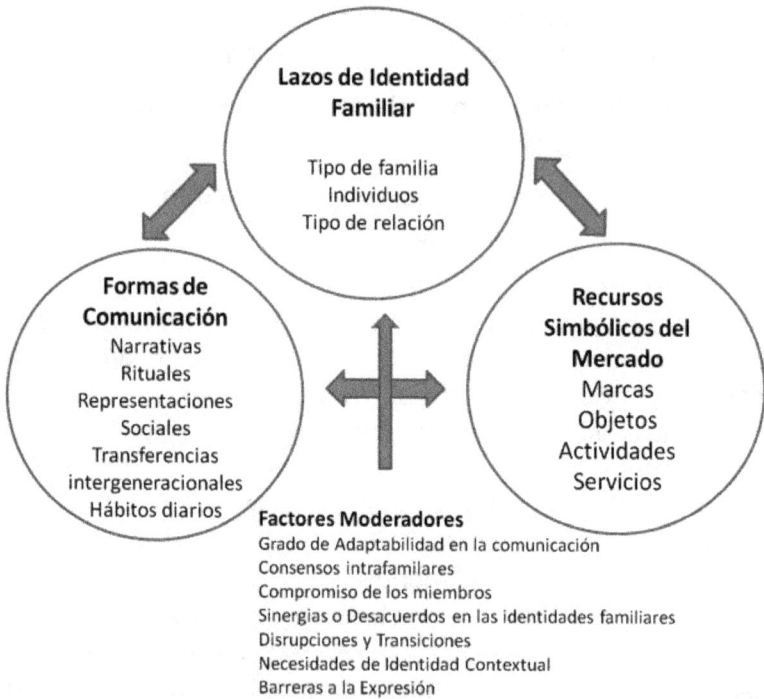

Figura 1. Modelo de Formación de la Identidad Consumista a través de la Familia. Epp, Amber M., Linda L. Price (2008). Family Identity: A Framework of Identity Interplay in Consumption Practices. Journal of Consumer Research, 35(1), 50-70.

Schouten (1991) fue pionero en estudiar como las actividades de consumo son una herramienta fundamental de la construcción y consolidación de un auto concepto harmónico y estable. Basándose en análisis etnográfico sobre los procesos de cirugía estética, el autor muestra como en las etapas "liminales", en las que se deja atrás una identidad para intentar reconstruir otra, se intenta reconstruir la identidad con la incorporación de objetos externos o atributos deseables en el caso de la cirugía estética: *"Las transiciones, de la misma forma, suelen implicar dudas acerca la propia identidad con respecto a la sexualidad y el amor y dirigen la necesidad de transformación de algunas personas hacia el consumo. Estos sentimientos probablemente surgen de las imágenes corporales que no coinciden con los ideales creados por la cultura de masas, que prescribe el tamaño, forma, peso, color y textura del cuerpo sexualmente atractivo, y promueve sin cesar la forma en que estos atributos pueden ser obtenidos"*[174].

Los conflictos derivados de la desviación de las conductas legitimadas por el ideal familiar consisten también en consumos, en actos por los cuales hay que pagar, como fumar marihuana o consumir alcohol de forma descontrolada, como el famoso botellón tan de moda en España. Las transferencias intergeneracionales son objeto de escrutinio de los expertos de marketing para desencadenar consumo del caldo de pollo "que es como el de la abuela" (imposible, por cierto), de cosméticos y perfumes, de fabada asturiana y la retahíla de productos de la "bonne maman" o de la querida abuelita.

En las sociedades pre consumistas, la mayoría de estos actos simbólicos constitutivos de la identidad familiar no se llevaban a cabo comprando ni consumiendo productos. Se era mayor cuando se era capaz de montar un caballo, sacrificar una gallina o ir a cuidar el ganado. No había demasiado tiempo para el delirio adolescente: se entraba en la juventud a través de experiencias sexuales más o menos escondidas y de fiestas y festejos comunitarios. Como recalcan Epp y Price[175], *"Las interacciones normales y corrientes entre los miembros de una familia quedan integradas con el consumo de objetos y actividades. En algunos casos, el consumo de objetos y actividades es el puntal y el sitio de encuentro que desencadena la interacción familiar".*

Ver la televisión es probablemente la actividad familiar conjunta por excelencia en la mayoría de los hogares del mundo. Es una actividad completamente dominada por el emisor, en la

---

174 Schouten, J.W. (1991). Selves in Transition: Symbolic Consumption in Personal Rites of Passage and Identity Reconstruction. *Journal of Consumer Research*, 17(4), 412-425.

175 Epp, A.M., & Price, L.L. (2008). Family Identity: A Framework of Identity Interplay in Consumption Practices. *Journal of Consumer Research*, 35(1), 50-70.

que la familia receptora solo es objeto de transacción entre empresas y medios con el fin de lograr una parte de su dinero. Esta es la explotación del sistema consumista: una alianza más o menos explícita en la que los detentores del capital y los medios de persuasión intentan hacerse con el dinero de las familias y los individuos. El "share of wallet", que dicen sin escrúpulos los expertos del marketing.

La construcción de una identidad familiar requiere grandes cantidades de un bien escaso, el tiempo, que es escaso precisamente por el hecho de que los padres trabajan duro para permitirse un buen nivel de consumo. Cuando el tiempo es escaso, se compensa el tiempo con una sobreabundancia de objetos materiales que abruman a los niños y les hacen perder el sentido de lo que un objeto vale y de lo que cuesta. La presión social hacia los padres que provoca la repetición mimética de estas conductas es enorme: se multiplican las demandas de forma exponencial.

No todas las familias muestran la misma forma de socialización en el consumo. El impacto del tipo de educación es importante, aunque no es el único en la adopción de actitudes y patrones de compra y consumo. Un excelente trabajo de Carlson y Grossbart (1988)[176] muestra como en los hogares con estilos de educación diferentes se dan fenómenos muy contrastados en cuanto a orientaciones que van a marcar la conducta de consumo de los hijos, como la capacidad de restringir y diferir recompensas, la actitud hacia la televisión, la práctica de ver la televisión conjuntamente y explicar a los niños la intención de la publicidad y el grado de materialismo. Las diferencies son muy notables: un par de ejemplos nos ayudaran a ilustrarlas:

> *"..los padres que educan "con autoridad" (no autoritarios, en el sentido dictatorial del término), establecen más los objetivos de consumo, son más activos en co-*

---

176 Carlson, L., & Grossbart, S. (1988). Parental Style and Consumer Socialization of Children. *Journal of Consumer Research*, 15(1), 77-94.

municaciones referentes a consumo, comentan lo que se dice en los media y son menos positivos respecto a la publicidad [...] los padres permisivos se autodefinen como un "recurso": quieren que los hijos se expongan al mundo con la mínima interferencia, y son menos aptos a proveer dirección y control que los que educan en base a la autoridad".

De ahí que, en un entorno de mala calidad de la educación los padres sustituyan su rol de educadores por el de proveedores/seductores, mimetizan a la vez el anuncio publicitario y el acto de compra en una especie de Santa Claus permanente que los aleja de su rol fundamental que es el de educadores. Cuando los padres –como dicen Carlson y Grossbart–, se convierten en un recurso para sus hijos, dejan de ser padres y se convierten proveedores, rol que en la búsqueda incesante de aumentar su consumo y de trabajar y ganar más se realimenta con el sentimiento de culpa asociado a la consciencia íntima de no estar educando a la prole. El sistema consumista agota doblemente a los padres: los agota en el trabajo y los agota en su capacidad educadora, que sustituyen, como manda el sistema, comprando y consumiendo con y para sus hijos.

Los niños suelen tomar como base de valoración de la calidad de los regalos de sus padres el número de ítems que reciben. Comentan entre ellos que "a fulanito o a menganito le han regalado seis o trece cosas, y a mí solo tres". Independientemente de la naturaleza de los objetos. Los padres ejercen también la justicia a través del número de regalos, a menudo de forma independiente de lo que cuesten. Parece que hay que ocultar lo que cuestan las cosas, no sea que los hijos se pongan a contar, calculen la diferencia y reclamen lo debido.

El rol de los padres tiene aspectos de inconsciente colectivo que encontramos analizados en un excelente trabajo de Gary

Gross[177]. El autor se sorprende de hasta qué punto la investigación sobre el consumo y los niños se debate entre la comprensión interesada de sus mecanismos de percepción, la comprensión de la persuasión comercial y el sentimiento de culpa derivado de la percepción del abuso que se practica de forma generalizada utilizando los niños como mercado al que hay que estimular y como futuros consumidores adultos a los que hay que adoctrinar. En su opinión, *"detrás del placer de los adultos al regalar a los niños hay muchos factores, y uno de ellos es el intento de revivir el sentimiento perdido durante tantos encontronazos con los productos, sentimiento que se revive viendo las caras de pura felicidad de los niños [...] los padres se liberan temporalmente del aburrimiento y frustración que suelen experimentar"*.

En su visión, el materialismo como actitud vital nace en la infancia a través de un juego complejo de interacciones entre padres, niños y estímulos del mercado, juego en el que los padres son cada vez más un elemento condicionado por el mercado, que define los límites de la "normalidad". Y ante estos límites, algunos padres intentan marcar fronteras que impidan el paso a las fantasías desestructurantes.

Asimismo, el crecimiento del materialismo como valor dominante acaba de completar la mezcla, como nos recuerda Deborah Roedder John[178].

Curiosamente los trabajos de investigación muestran pocas diferencias en este proceso entre clases sociales y otras variables sociodemográficas, lo que sugiere que el proceso es ampliamente compartido por todas las clases de la sociedad. Es un proceso generalizado, sistémico.

---

177 Gross, G. (2002). Valves of Desire: A Historian's Perspective on Parents, Children and Marketing. *Journal of Consumer Research*, 29(3), 441-447.

178 Roedder J.D. (1999). Consumer Socialization of Children: A Retrospective Look at Twenty-Five Years of Research. *Journal of Consumer Research*, 26(3), 183-213.

Kasser[179], en su trabajo sobre el materialismo que ya hemos citado anteriormente, observa un nivel de materialismo más alto en los siguientes perfiles:

- En niños, cuando pertenecen a una familia donde las necesidades primarias, en particular de seguridad, no están cubiertas. Los niños de estas familias tienden a ser más materialistas.

- En adolescentes, en los que se encuentran en un entorno familiar poco nutriente y que se ocupa poco de sus emociones,-muy castigador y punitivo.

- En hijos de padres divorciados.

- En familias con rentas bajas que no llegan a satisfacer de manera socialmente normal sus necesidades básicas.

Los cambios que se observan en la estructura familiar también han recibido una atención especial de los investigadores. Entre ellos, el más importante es el derivado de las rupturas familiares y el aumento sostenido de los hogares monoparentales. Los resultados de las investigaciones muestra de forma repetida que los hijos adolescentes y jóvenes de familias que han sufrido una ruptura familiar muestran un grado de materialismo consistentemente superior al de las familias que no han sufrido tal proceso. Rindfleisch, Burroughs y Denton(1997)[1] muestran claramente en sus trabajos que los jóvenes que han sido educados en familias rotas son más materialistas y muestran unos niveles de compra compulsiva superiores a los jóvenes educados en familias no rotas. Entre las explicaciones que encuentran a este hecho, explican: *"si los padres divorciados compiten por el afecto hacia sus hijos a través de dar regalos, este hecho: provoca la asociación en los niños de los bienes materiales con el sentirse querido, constituyendo así una base temprana de materialismo [...] además los niños de familias*

---

179 Kasser, T. (2002). *The High Price of Materialism*. A Bradford Book.

180 Rindfleisch, A., Burroughs, J.E., & Denton, F. (1997). Family Structure, Materialism, and Compulsive Consumption. *Journal of Consumer Research*, 23(4), 312-325.

rotas no tienen a menudo la guía parental imprescindible que les enseña los beneficios de la gratificación diferida".

Roberts, Manolis y Tanner (2006)[181] han intentado entender por qué y a través de qué proceso el divorcio afecta el grado de materialismo y de compra compulsiva de los hijos. Sus conclusiones son claras: *"El uso del materialismo como medio de encontrar felicidad y manejar el estrés asociado al divorcio de los padres se convierte en una parte central de la vida cuando el hijo de padres divorciados entra en la adolescencia".*

El rol de la publicidad como instrumento de socialización del niño consumista ha recibido también una atención particular. En un excelente artículo Deborah Roedder John (1999)[182] nos recuerda que en 1978 la Comisión Federal de Comercio de los Estados Unidos propuso prohibir completamente la publicidad dirigida a niños de menos de 8 años: *"Un agrio debate sucedió a esta proposición y aun cuando fue finalmente descartada, la preocupación sobre lo que los niños conocen de la publicidad y sobre si la publicidad juega con una ventaja desproporcionada en la persuasión de los niños continua hasta hoy".*

Recordemos que en algunos países nórdicos la publicidad dirigida a niños esta simplemente prohibida, y como hemos visto la legislación sobre publicidad en España acaba de ser modificada con la intención de reforzar las medidas de protección a la infancia.

Lo que la investigación muestra de manera continuada es que si bien los niños a los 4/5 años distinguen la publicidad de la programación, hasta los 7/8 años no entienden la intención persuasiva de la publicidad. A los 8/9 años empiezan a enten-

---

181 Roberts, J.A., Manolis, C., & Tanner, J.F. Jr. (2006). Adolescent Autonomy and the Impact of Family Structure on Materialism and Compulsive Buying. *Journal of Marketing Theory and Practice*, 14(4), 310-314.

182 Roedder, J.D. (1999). Consumer Socialization of Children: A Retrospective Look at Twenty-Five Years of Research. *Journal of Consumer Research*, 26(3), 183-213.

der que la publicidad es una información comercial intrínsecamente sesgada, y a menudo poco de fiar. Se encuentran resistencias a aceptar este hecho porque tal reconocimiento les suele crear incomodidad, puesto que les aleja del mundo simple de la ilusión y les fuerza a la crítica. Además, como demuestran numerosos estudios, la crítica sólo se da cuando el niño conoce el sistema de persuasión publicitario, y muchas veces esta información no les es explicitada por los adultos, por pereza o por aquello de "no decirles la verdad, no sea que les demos un disgusto". La percepción y detección de los "trucos" publicitarios empieza a tomar forma más tarde, cuando los niños ya son adolescentes. La percepción de la utilización del humor, del sexo, del mimetismo como caminos persuasivos requiere una madurez social que solo se da en adolescentes ya consolidados.

El factor fundamental de la capacidad de defensa cognitiva de los niños ante la persuasión publicitaria aparece cuando son capaces de distinguir el contenido publicitario del contenido no publicitario en el estímulo que están percibiendo. En el marco de Internet, la confusión es mucho más fácil y la diferenciación mucho más difícil. Juegos, vídeos, creaciones incentivadas por las marcas en YouTube, cortes y contenidos simultaneados, concursos, juegos esponsorizados o creados por las marcas, todo ello hace que contenido publicitario y contenido no publicitario se mezcle en un continuo persuasivo en el que probablemente no tenga sentido incluso hablar de diferenciación contexto-publicidad.

Precisamente es en esta confusión, que más que una confusión es una auténtica fusión, lo que eclosiona como resultado de la interacción de los nuevos canales de comunicación, la red y la cultura de relación que permite, establece y promociona. El efecto de la influencia de la red en la "adultización" prematura de los niños, y los problemas que les crea para digerir emocionalmente un mundo transparente, sin filtros de ningún tipo, hace más necesaria la intervención compensatoria de los padres en la educación en general y en la educación en el consumo lo que como hemos visto en las investigaciones anteriores, es precisamente lo que va de baja. Este es un factor fundamental de realimentación del carácter consumista. Cada generación tiende a serlo más, puesto que los factores que pueden compensar este carácter tienden a debilitarse por efecto mismo del sistema: los progenitores trabajan, compensan con productos la falta de tiempo con los hijos, los divorcios aumentan, lo que como hemos visto agrava el materialismo de los hijos, y además el contexto informativo virtual provee a los niños un mundo completamente transparente y plano, en el que todo es igual, nadie jerarquiza y nadie valora. La publicidad desaparece como tal, inmersa e indistinguible ("embedded" como dicen los técnicos) en el discurso corriente que gira alrededor de las marcas, productos y experiencias de compra.

Referencias

Álvarez Cantalapiedra, S., & Villarejo Galende, H. (2003). La regulación de los grandes centros comerciales: una aproximación sociológica y jurídica. *Revista de Derecho*, XV, 131-155.

Asamblea General de las Naciones Unidas (2002). Proclamación de la Década de las Naciones Unidas de la Educación para el Desarrollo Sostenible. Resolución 57/254 aprobada por la Asamblea General de las Naciones Unidas el 20 de Diciembre de 2002.

Asociación de Editores de Diarios Españoles (2011). *Libro Blanco de la Prensa Diaria*. Madrid.

Asociación Española de Anunciantes. (2008). Consecuencia de la estimulación de la publicidad en TV para la AEA y sus colaboradores. Madrid.

Baudrillard, J. (2007). *La sociedad de consumo*. Madrid: Siglo XXI Editores.

Brown, T.J., Rothschild, M.L. (1993). Reassessing the impact of television advertising clutter. *Journal of Consumer Research*, 20(1), 138-146.

Carlson, L., & Grossbart, S. (1988). Parental Style and Consumer Socialization of Children. *Journal of Consumer Research*, 15(1), 77-94.

Carpenter, G.S., Glazer, R., & Nakamoto, K. (1994). Meaningful Brands from Meaningless Differentiation: The Dependence on Irrelevant Attributes. *Journal of Marketing Research*, 31(3), 339-350.

Cortese, A.D. (2003). The Critical Role of Higher Education in Creating a Sustainable Future. *Planning for Higher Education*, March- May.

Epp, A.M., & Price, L.L. (2008). Family Identity: A Framework of Identity Interplay in Consumption Practices. *Journal of Consumer Research,* 35(1), 50-70.

Farell, J.J. (2003). *One Nation Under Goods: Malls and the Seduction of American Shopping.* Smithsonian Exposition Books.

Fluat Firat, A., & Venkatesh, A. (1995). Liberatory Postmodernism and the Reenchantment of Consumption. *Journal of Consumer Research*, 22(3), 239267.

Gross, G. (2002). Valves of Desire: A Historian's Perspective on Parents, Children and Marketing. *Journal of Consumer Research*, 29(3), 441-447.

Ha, L., Litman, B.R. (2006). Does advertising clutter have diminishing and negative returns?. *Journal of Advertising*, 26(1), 31-42.

Ha, L., McCann, K. (2008). Integrated model of advertising clutter in offline and online media. International *Journal of Advertising*, 27(4), 569-592

http://marketingdirecto.com/actualidad/publicidad/la-saturacion-publicitaria-global-aumenta-un-16-en-television-en-los-ultimos-cuatro-anos/

http://nepc.colorado.edu/publication/Schoolhouse-commercialism-2010

Johnston, L., Williamson, S.H. (2009). www.measuringworth.com/usgdp

Kasser, T. (2002). *The High Price of Materialism.* A Bradford Book.

Kowinski, W. (2002). *The Malling of America.* Xlibris.

London, B. (1932). *Ending the depression through planned obsolence.* Disponible en: http://en.wikipedia.org/wiki/Media:London_(1932)_Ending_the_depression_through_planned_obsolescence.pdf

Molinari, B., & Turino, F. (2009). *Advertising, Labor Supply and the Aggregate Economy. A Long Run Analysis.* Working Paper, November.

Molinari, B., & Turino, F. (2011). *Advertising, Aggregate Consumption and Business Cycle Fluctuations.* Working Paper, Julio.

Molnar, A., Boninger, F., Wilkinson, G., Fogarty, J., & Geary, S. (2010). *Effectively Embedded: Schools and The Machinery Of Modern Marketing – The Thirteenth Report on Schoolhouse Commercializing Trends: 2009-2010.* National Education Policy Center, Boulder, Colorado. Retrieved March, 2011 from:
http://nepc.colorado.edu/publication/Schoolhouse-commercialism-2010

Morgensztern, A. (1983) *Une synthèse des travaux sur les memorisaton des messages publicitaires.* En La Publicité, nerf de la communication, les Editions d'Organisation, Paris.

Norris, T. (2004). *Hannah Arend and Jean Baudrillard: pedagogy in consumer Society.* The Encyclopedia of Informal Education.

Packard, V. (1978). *The Waste Makers.* Longmans, New York

Rindfleisch, A., Burroughs, J.E., & Denton, F. (1997). Family Structure, Materialism, and Compulsive Consumption. *Journal of Consumer Research,* 23(4), 312-325.

Roberts, J.A, Manolis, C., & Tanner, J.F. Jr. (2006). Adolescent Autonomy and the Impact of Family Structure on Materialism and Compulsive Buying. *Journal of Marketing Theory and Practice,* 14(4), 310-314.

Roedder John, D. (1999). Consumer Socialization of Children: A Retrospective Look at Twenty-Five Years of Research. *Journal of Consumer Research,* 15(1), 77-94.

Schouten, J.W. (1991). Selves in Transition: Symbolic Consumption in Personal Rites of Passage and Identity Reconstruction. *Journal of Consumer Research,* 17(4), 412-425.

Schudson, M. (1984). Advertising, The Uneasy Persuasion. Basic Books, New York.

Sen, A.K. (2005). *The Malling of America.* Span, March/April.

Shaker, E. (1999). Youth News Network and the Commercial Carpet-Bombing of the Classroom. *Education Limited,* 5 (October).

Sicard, M.C. (2005). *Les ressorts cachés du désir. Trois issues à la crise des marques.* Village Mondial Pearson Education, Paris, France.

Slad, G. (2006). *Made to Break. Technology and Obsolescence in America.* Harvard University Press.

Stewart, J.B. (1959). *Planned Obsolescence.* Harvard Business Review, September-October.

Thompson, C.J. (2004). Marketplace Mythology and Discourses of Power. *Journal of Consumer Research,* 31(1), 162-180.

www.galbithink.org

www.greendrinks.org

Zizek, S. (2010). *Living in the End Times*. Verso. Londres, New York.

Capítulo 3

Consecuencias del carácter consumista

En la vida cotidiana, el carácter consumista actúa de placebo y estabiliza la sociedad, impidiendo la toma de consciencia de la propia realidad y de forma más específica dificultando la percepción de la desigualdad social. La paz social se facilita con la promesa de consumo a las masas, de la misma forma que ocurría en Roma con el célebre "panes et circenses". Esta afirmación, que suena algo fuerte, es compartida por prestigiosos economistas poco sospechosos de veleidades revolucionarias, simplemente buenos analistas de la sociedad, como Rajan[183]. En su análisis de la decadencia económica y social americana, Rajan señala que los análisis de movilidad social muestran que el "sueño americano" ha pasado de discutible realidad a sueño real del que poco a poco irá despertando. Y que a forma de mantener anestesiada a una clase media cada vez más pobre en una sociedad más desigual ha sido la promesa de consumo, inmobiliario, mobiliario y derivado. No hace falta decir que el sobrante de liquidez mundial en manos de bancos americanos ha facilitado que este "sueño" se convierta en realidad hasta que el sistema ha colapsado y se ha despertado de forma violenta.

El rol del sistema consumista en la aparente suavización de las diferencias sociales se ve desenmascarado temporalmente en las épocas de crisis. De la misma manera que los norteamericanos empiezan a no creer o a despertarse del "sueño

---

183 Rajan, R.G. (2010). *Fault Lines*. Princeton, University Press. New York.

americano", los españoles ya no se creen la canción post desarrollista de la clase media mayoritaria. Investigaciones realizadas por el autor para la Fundación Creafutur[184] muestran que en 2011 muchos ciudadanos de los que se clasificaban como clase media pasan a utilizar el término clase trabajadora para definirse, significando con ello que solo acceden al consumo básico de "ciudadanía mínima": un alquiler o hipoteca, mantenimiento mínimo del hogar, alimentación y poco más. Es durante la crisis cuando la clase trabajadora que se creía clase media se da cuenta de las enormes desigualdades que ha generado especialmente durante los 30 últimos años el liberalismo que ha presidido el desarrollo económico. Rajan explica que en 1976 el 1% de la población en Estados Unidos disponía del 8,9% de la renta, y este porcentaje ha llegado al 23,5% en 2007. El diferencial 90/10, que refleja la diferencia de rentas entre el 10% que gana más y el 10% que gana menos, se ha casi doblado entre 1975 y el 2005. El crecimiento se concentra en lo alto de la pirámide. En Europa Occidental el proceso ha sido similar, aunque no tan virulento. En un entorno en el que las diferencias de renta generan diferencias en oportunidades educativas que realimentan las diferencias de renta, el mantenimiento de la ilusión consumista es esencial para mantener la paz social.

Parece que efectivamente la "democratización" de consumo es un estabilizador social de primer orden. Y llega un momento en que incluso el mundo de objetos "menos comercial", el mundo del lujo, se apunta al negocio del placebo social de la clase media y se "democratiza", y se crea así la penúltima ilusión consumista de los países desarrollados, en los que los no-ricos pensaban que el sistema les permitía consumir como ricos a base de crédito fácil, hasta que la enorme crisis de deuda actual ha tirado por los suelos, con gran estrépito, entre otros el mercado de los "excursionistas del lujo", que han sido

---

184 La Fundación Creafutur es un Centro de Estudios de Prospectiva compartido entre ESADE (Escuela Superior de Administración y dirección de Empresas) y la Generalitat de Catalunya.

sustituidos por lo que se ha venido a llamar los "pequeños lu-jos" al alcance de muchos[185].

185 Baudrillard ya hablaba en 1972 del doble engaño: la ilusión de la espiral creciente de consu-mo y la ilusión de "democratización" y de desaparición de la contradicción social.

Consumo, bienestar y felicidad

En páginas anteriores hemos analizado el materialismo como parte indisociable del carácter consumista. Veremos ahora cuales son las consecuencias de este rasgo sobre el bienestar de los individuos y su grado de felicidad. Sobre este particular existen diferentes enfoques de análisis. Académicos del marketing y estudiosos de la conducta del consumidor se han ocupado del materialismo y han intentado analizar cuáles son sus consecuencias. Lo hemos sintetizado en páginas anteriores. De forma general aparece claramente en los resultados que las personas que valoran de forma más importante la búsqueda de la riqueza y de las posesiones reportan sistemáticamente un estado de bienestar psicológico más bajo que los que están menos comprometidos con esta búsqueda. Lo que parece claro – vistos los resultados de la investigación – es que el materialismo lleva al individualismo vía reducción de disonancia, al ser incompatible con los valores colectivos; y que a la inversa, el individualismo en la sociedad actual tiene su expresión cultural más prevalente en el materialismo y el consumo de productos, aunque probablemente puede tomar otras formas de expresión menos aparentes y menos insostenibles.

Es interesante ver cuál es la prevalencia del materialismo en sociedades en vías de crecimiento. Trabajos recientes[1] muestran –usando las escalas de Richins– como la sociedad china va aumentando su grado de materialismo, y de manera general se observa en ella una relación negativa entre el grado de materialismo y la prevalencia de los valores colectivos. En este mismo sentido, Burroughs y Rindfleisch[187] han mostrado, basándose en las escalas de valores de Schwartz, que el

---

186 Watchravesringkan, K., Brown McCabe, D., & Yurchisin, J. (2008). An exploratory investigation of Materialism, Horizontal vs. Vertical Individualism-Collectivism and their relationships. A Study of four countries. *Working Paper,* University of North Carolina.

187 Burroughs, J.E., & Rindfleisch, A. (2002). Materialism and Well Being: A Conflicting Values Perspective. *Journal of Consumer Research*, 29(3).

materialismo y la orientación a los valores colectivos crea una tensión interna que hace menos felices a los individuos.

Pero es el nivel de análisis social el que nos interesa más en nuestro discurso. Podríamos pensar que el materialismo consumista hace a los individuos felices y, tales conductas no constituyen ningún impedimento para su sensación de libertad y felicidad. Los economistas y sociólogos que han estudiado el tema hacen proposiciones generales basadas en encuestas que miden de manera constante el grado de bienestar personal y felicidad en una sociedad. Llegan a conclusiones contradictorias sobre el impacto del consumo en el bienestar. En lo que están de acuerdo es que un incremento de la renta y del consumo no disminuye el bienestar subjetivo. En lo que difieren los analistas es en considerar hasta qué punto la famosa Paradoja de Easterlin (la paradoja propone que llega un momento en que a más renta y consumo no se corresponde mayor felicidad) se ajusta a los resultados empíricos de las mediciones longitudinales en todos los países. Parece que la balanza va inclinándose hacia la conclusión de que a partir de cierto nivel de saciedad, más consumo no significa más sensación de bienestar. Sin embargo esta paradoja, que curiosamente se observa de forma clara en los Estados Unidos y en el Reino Unido, no se cumple en otros países, como en Italia como muestran los trabajos de Veenhoven[188].

Aunque sus conclusiones apuntan a que la paradoja de Easterlin es un fenómeno bastante general, su validez no se puede generalizar en todos las sociedades. Existen otros factores, entre ellos los culturales y de coyuntura política y social que en buena teoría deben mediar también en la relación. Dos investigadores de la Universidad de Pensylvannia[189] no encuentran este pretendido punto de saturación: *"establecemos una*

---

188 Veenhoven, R. (2004). Sustainable Consumption and Happiness. *Paper presented at the international workshop "Driving forces and barriers to sustainable consumption"* University of Leeds, UK, March 5-6.

189 Stevenson, B., & Wolfers, J. (2008). *Economic Growth and Subjective Well-Being: Reassessing the Easterlin Paradox.* Brookings Papers on Economic Activity, Spring.

clara y positiva relación entre los niveles medios de satisfacción subjetiva y el PIB per cápita en un gran número de países, y no encontramos indicios de un supuesto un punto de saturación en el cual los países más ricos no tengan incrementos subjetivos de bienestar".

Sin embargo los defensores de la paradoja de Easterlin vuelven a la carga con nuevas investigaciones en 2006 y 2010, que vuelven a poner sobre la mesa resultados que parecen confirmarla. Amitava Krishna Dutt[190] concluye que: *"incrementos en el nivel de consumo no llevan a incrementos significativos en felicidad, y de hecho, llevan a una pérdida de felicidad según un buen número de indicadores y por razones diferentes, entre las cuales una muy importante es que consumimos más porque los demás consumen más".*

El mismo Easterlin (2010)[191] insiste en la validez de su paradoja: *"la nula relación entre renta y felicidad también se da en algunos países en desarrollo, como los países del Este de Europa que están en transición entre el socialismo y el capitalismo".*

De cara a nuestro discurso, lo que está claro es que *nadie va a dejar de consumir por miedo a que consumir le haga infeliz.* Y no creemos que consigamos grandes resultados en la reducción del consumo o en el camino del consumo responsable avisando a los ciudadanos que más consumen de los países que más consuman que mayor consumo adicional no reporta más felicidad... a largo plazo... Creo que por aquí ni existen vías de acción ni está nada claro que puedan existir.

---

190 Krishna Dutt, A. (2006). Consumption and happiness: alternative approaches. Department of Economics and Policy Studies. University of Notre Dame. *Rough draft prepared for the conference on New Directions in the Study of Happiness*, University of Notre Dame, Indiana.

191 Easterlin, R.A., Angelescu McVey, L., Switek, M., Sawangfa, O., & Smith, J. (2010). *The happiness–income paradox revisited.* Department of Economics, University of Southern California, Los Angeles.

Los sociólogos, menos empíricos y habitualmente más radicales, como Baugman[192], argumentan que, contra lo que parece prometer, la sociedad de consumidores no solo no causa más felicidad en sus miembros sino que promueve a desafección:

"A medida que el juicio avanza, se van acumulando las pruebas [...] que sugieren que una economía orientada al consumo promueve activamente la desafección, socava la confianza y profundiza la sensación de inseguridad, hasta convertirse ella misma en una fuente de este miedo ambiental que prometía curar o ahuyentar, este miedo que sutura la vida liquida moderna y es la causa principal del tipo de infelicidad propio de la época".

Ante estas evidencias y opiniones tan cualificadas nos preguntamos por qué un alto grado de consumo podría no incrementar la felicidad y en cambio provocar sensaciones de alienación. En nuestra tarea de investigadores de mercados nos encontramos de bruces con las sensaciones primarias y espontáneas que nos declaran los ciudadanos en los procesos de investigación de mercados. Nos dicen que se sienten atrapados. Que tienen la sensación de haber tomado malas decisiones derivadas de la presión conjunta del sistema de marketing y de la imitación de las decisiones de otros. Que les cuesta mucho renunciar a un nivel de consumo establecido como "norma" y "hábito". Que tienen una sensación ambivalente de pérdida y de liberación cuando renuncian a ciertos consumos. Y que les invade cuando consumen una sensación de infinitud que crea ansiedad. Una compulsión angustiosa de estar a la última, de tener el último modelo de, de no querer quedarse atrás. Vamos a intentar ver qué encontramos en las ciencias sociales, básicamente en la psicología social, que nos ayude a entender estas sensaciones.

---

192 Baugman, Z. (2007). *Consuming Life*. Polity Press. Trad. al español Vida de Consumo Fondo de Cultura Económica. Madrid.

Empecemos por la sensación de infinitud. Recurrimos de nuevo a la economía conductual. Ariely[193] nos recuerda que tendemos a tomar las decisiones en base a la comparación de alternativas que no decidimos nosotros sino que nos vienen impuestas por el sistema de la oferta y su marketing. De alguna manera no nos fijamos en el marco en el que se dan las alternativas sino que quedamos atrapados en este marco sin ser habitualmente conscientes de ello. La técnica de marketing más usada para ello es el efecto anzuelo, que como bien dice su nombre, supone incluir en el conjunto de alternativas a elegir una que es el "anzuelo", que probablemente no será la elegida y que determinara que por comparación el consumidor elija una alternativa interesante para el oferente y quizá no tanto por el demandante, que evaluara por comparación con lo disponible y no de forma objetiva.

Ariely lo describe muy bien en su trabajo: *"Hong* (un amigo suyo) *sabe muy bien cómo hacer más estrechos y no más grandes los círculos con los que se compara. Empezó vendiéndose su Porsche Boxter, y en su lugar de se compró un Toyota Prius".* Es la lección que deberíamos aprender: cuanto más tenemos, más queremos. Y la única curación es romper el círculo de la relatividad, concluye Ariely.

A otro nivel, vemos como las comparaciones provocan situaciones de lo más inesperadas. Rajan[194], en su explicación de los determinantes de la crisis financiera, nos explica como al dar transparencia a los sueldos de los ejecutivos bancarios se desencadenó una escalada salarial imprevista: nadie quería cobrar menos que los demás. Leyendo a Rajan entendí porque los salarios suelen ser un tema completamente opaco en las corporaciones: nadie sabe fehacientemente cuánto cobra el vecino, aunque se lo imagina. Si lo supiera, se desencadenaría un proceso de transparencia total al alza, con un coste probablemente enorme para las empresas. A nivel empresarial

---

193 Ariely, D. (2008). *Predictabily Irrational.* Harper Collins. New York.

194 Rajan, R.G. (2010). *Fault lines.* Princetown, University Press.

nos ha sorprendido siempre ver cómo los mecanismos de control del gasto o de la inversión no suelen tener ninguna relación con el importe de lo que se gasta, sino con las reglas relativas de comparación interna que depende de la categoría de productos en las que se gasta. Por ejemplo, gastar 300.000 euros de más en publicidad en un presupuesto de 10 millones se aprueba sin apenas discusión, cuando una desviación de 30.000 euros en una inversión informática puede provocar un proceso de decisión de lo más incómodo. En el gasto de las administraciones públicas es flagrante la falta de control absoluto de las magnitudes globales de gasto: parece que el valor absoluto no cuenta, solo cuenta lo relativo, el incremento o la disminución.

Una variante de este efecto anzuelo es incluso más sofisticada: consiste en encerrar al consumidor en un proceso de decisión a base de darle una oferta que parece de extremo valor pero cuyo rol no es otro que llamar la atención y provocar un proceso de decisión en la categoría, independientemente de si esta categoría le es de utilidad o no. Es por esto que todas las marcas están contentas cuando alguien en el sector hace ruido y se publicita: se trata de hacer entrar gente en el mercado, de lo contrario las posibilidades de ser elegido son menores.

La sensación ansiógena de infinitud tiene su simétrico en la sensación ansiógena también de "precariedad" y de "que si no compro ahora después no encontraré el producto". Este efecto de valor supuestamente efímero es explotado hasta la saciedad por parte del marketing, que intenta que el valor del producto sea función de una sensación subjetiva creada por la oferta: la sensación de que el producto es efímero, que nunca más estará disponible y que su única posibilidad de disfrute es la compra inmediata. La tensión que comporta lleva a los consumidores a realizar conductas que se observan de forma frecuente en el sector textil y moda: esperar que el producto no se venda en temporada y correr en rebajas a ver si se encuentra aquella pieza a mitad de precio o bien tirar de la tarjeta de crédito y adquirir aquella pieza "única".

La actividad de marketing crea excitación, cuando no ansiedad. Y no es difícil de imaginar cómo en ciertos niveles, la excitación, "arousal" en términos psicológicos, produce una sensación efímera de bienestar. Pero desvanecida la excitación del presente queda el ruido de fondo, la acción ansiógena del sistema de persuasión que invade nuestros días desde que nos levantamos por la mañana hasta que cerramos los ojos para descansar.

Simplificación del lenguaje y debilitación del pensamiento crítico

El análisis de las consecuencias del carácter consumista sobre el pensamiento vía la configuración de un lenguaje único es uno de los temas más complejos, de más calado, que da lugar a reacciones más apasionadas, y que delatan la profundidad del sentimiento de alienación.

Recuerdo que en mi juventud se solía decir en el ámbito de la función directiva, que "tal persona es un tío de tantos kilos". La primera vez que lo escuché quedé bien sorprendido, sabía que no se hablaba de peso, sino de dinero: un "kilo" era un millón de pesetas antiguas, 6.000 de los actuales euros. Inmediatamente me apunté al lenguaje y lo integré en mi vocabulario, como buen aprendiz de ejecutivo de multinacional que era. Más tarde me percaté de lo que suponía valorar a una persona por el dinero que podía exigir a un empleador o a un head-hunter. Y me percaté de hasta qué punto el sistema económico crea su lenguaje y nos encierra en él, a través de la construcción de un mundo de significados que marca los límites de nuestro pensamiento. El lenguaje, las palabras del sistema crean un campo limitado de significados posibles que parece ilimitado, en el que navegan las ideas sin encontrar la salida. Un compañero de ESADE nos divirtió en una ocasión combinando de manera aleatoria las palabras strategic / social / outsourcing / process / reenginering / business /management / cost / reduction / value/chain, y mostrando cómo podíamos inventar productos y servicios de consultoría con combinaciones aleatorias de todas ellas. Pero ninguno de ellas permitía imaginar algo que supusiera una ruptura estratégica del negocio: el campo de pensamiento está bien acotado. Todo consiste al fin y al cabo en rebajar costes para ganar más dinero, sin más consideraciones.

Dentro de este proceso juegan un papel fundamental los medios de comunicación. Los medios de comunicación no son medios de comunicación, de la misma manera que internet no es una red interna. Los medios de comunicación son a la vez el soporte y la fábrica de contenidos de los significados del entorno económico, social y cultural en el que pasamos nuestras vidas. El rol del medio de comunicación no es el "estar entre", no es un canal de transmisión. Crea el soporte, el producto, el mensaje, el significado del mismo y el grado en que este mensaje es compartido por los miembros de la sociedad. Dibujan el paisaje a través de dos mecanismos: la consideración o no de un tema, y el mimetismo, lo que les es a la vez factor de supervivencia colectiva y piedra en el zapato en sus intentos de diferenciación. Una problemática esquizofrénica por antonomasia. Poca gente discute de lo que no hablan los medios. Ellos fijan la agenda, y si la agenda no les conviene, el tema quedará en el terreno de lo particular, de lo "idiota", y no en el debate público, o se desvanecerá en el ciclo de vida corto de los contenidos mediáticos. El mimetismo es el segundo actor fundamental en los medios de comunicación. Recuerdo que en un proceso de asesoría a un periódico me percaté que el Director tenía una obsesión: ver con que abrían los periódicos de la competencia...no para ver si había conseguido diferenciarse sino todo lo contrario: si había acertado en lo que los demás iban a decir. El juego social de los medios parece un juego de adivinación de la media, en el que todos quieren prever lo que todos dirán, y juegan a acertarlo. Si están cerca de la media ganan, y si están lejos pierden. Y ya se sabe cómo acaban estos juegos: con la victoria de la banalidad y del lugar común. La igualación por la media baja. No es diferente del sistema de funcionamiento psicológico de la moda: ser como los demás pero diferente.

En los medios de comunicación hay una palabra clave: la audiencia. La consideración de la audiencia como factor clave del rendimiento de un medio asegura el llenado del depósito de combustible del mimetismo social. Se persiguen las audiencias máximas para evidentemente venderlas a los anunciantes...Y aquí es donde el carácter consumista encuentra no sólo un factor de impulso sino una fuente inagotable de variación sin transformación real que lo mantiene siempre vivo y actual, creando una cultura, un lenguaje y una manera de hablar, de la misma manera que los teléfonos móviles han creado un lenguaje simplificado para los mensajes de SMS. La dictadura de la audiencia es a nuestro parecer la garantía de que siga ocurriendo aquello que hemos señalado en las citas que están al inicio del libro, y que cantaban los Pink Floyd en los años 90[195]: *"got thirty channels of shit in the TV to choose from"*

"Los índices de audiencia significan la sanción del mercado, de la economía, es decir, de una legalidad externa y puramente comercial, y el sometimiento a estos instrumentos de marketing es el equivalente exacto en materia de cultura de lo que es la demagogia orientada por los sondeos de opinión en política"[1] declara Pierre Bourdieu, en su ensayo sobre la televisión. Denuncia además como el medio nos impone, no solo las palabras, sino los formatos con los que podemos razonar. ¿Se puede decir algo inteligente con 59 segundos? Probablemente sí. ¿Se puede contestar una pregunta compleja en 59 segundos? Probablemente no. ¿Se puede formular una pregunta inteligente para que sea contestada en 59 segundos? Tampoco. El medio domina la pregunta, el formato de respuesta, y se arroga el poder de retirarte la palabra o el micro. Como dice Bourdieu, el discurso más complejo –intelectualmente hablando– que se oye en los medios es el de los tertulianos que son, *"los especialistas del pensamiento desechable. Los periodistas los llaman los buenos clientes. Son personas a las que se puede convidar, se sabe que serán maleables, que no crearán dificultades y pondrán en apuros, y además hablan por los codos, sin problemas".*

Que los medios son propiedad de los grandes grupos financieros e industriales no es ninguna novedad. Que Berlusconi domina la RAI a través del Gobierno, y Mediaset y dos cade-

---

195 "Tengo treinta canales de "porquería" en la televisión para escoger..."

196 Bourdieu, P. (1997.) *Sobre La Televisión*. Anagrama, Barcelona.

nas españolas a través de su bolsillo. La ABC es de Disney, y la CBS de Westinghouse, por cierto, empresa que provee al 50% de las centrales nucleares del mundo y participa la Northrop, que no se dedica precisamente a vender aviones de turismo, sino aviones de guerra. Cuando uno ve que TF1 en Francia es propiedad del mayor grupo constructor del país, Bouyges, que por cierto, también construye centrales nucleares, uno empieza a recordar aquellos viejos tiempos de la dictadura en los que TVE manipulaba descaradamente pero por lo menos se sabía quién te manipulaba y en qué sentido. Y podías por lo menos poner en marcha alguna defensa cognitiva.

La integración de los medios con la industria es uno de los fenómenos relativamente recientes en Europa. Nuestra generación recuerda aún una excelente televisión pública francesa, incluso española, y más recientemente, catalana, que solo han adquirido esta calificación a través de la comparación con el "fenómeno" cultural a nuestro juicio alienador que ha supuesto la irrupción de la telebasura, con Tele5 y las "mamachicho" por bandera. Más allá de reacciones estomacales, la aceptación masiva y la protesta minoritaria ante este fenómeno es un síntoma claro de la deriva del sistema. En este sentido, Italia es el país más "evolucionado" de Europa, un país en el que el ciudadano más rico y que domina de los medios ejerce el poder político, democráticamente y con el beneplácito mayoritario de los ciudadanos. Como dice Zizek[197], con su particular agudeza, en el caso de Italia la telebasura acaba generando política basura: *"El 4 de Septiembre del 2009, Niccolo Ghedini, el abogado de Berlusconi, dijo que "Berlusconi estaba preparado para ir a juicio a explicar que no solamente no es un gran lascivo sino que tampoco es un impotente", llevando la obscenidad un grado más allá".*

Berlusconi representa la penúltima etapa del sistema, en la que el mercado ha logrado que la sociedad apruebe y legitime

---

197 Zizek, S. (2010). *Living in the End Times*. New Republic. London, New York.

su propia entronización. Representa la entronización del capitalismo consumista a través del asalto al poder político por la vía de los medios de comunicación. Hay síntomas del mismo proceso en otros países. En este contexto, no es extraño que sea cada vez más difícil hacer oír las voces críticas que ponen de relieve como los intereses que acaba defendiendo el Estado no son los de todos, sino los de unos pocos...y ello provoca una crisis de moral colectiva que en este momento, en España y en los Estados Unidos hemos podido seguir a través de estudios globales sobre tendencias del consumo. Hemos hecho una valoración a través discusiones de grupo de la situación que atraviesan los países y nos hay sorprendido el nivel de resignación, conformismo y desilusión que se ha instalado en la sociedad, como hemos comentado que observamos en el estudio realizado para la Fundación Creafutur. Los ciudadanos se sienten como aquél a quien han enseñado un idioma para que se exprese y después le han tapado la boca, le han quitado la palabra. Los jóvenes de Los Ángeles declaran "que se acabó el sueño americano", y los españoles *"que la política es un sistema corrupto que solo beneficia a los poderosos"*. Sus defensas cognitivas son nulas, no pueden pensar en ninguna respuesta ideológica, social e incluso ecologista para dar su salida a su rabia y su protesta. Sólo hablan de pisos, de hipotecas, de productos, de marcas y de aquellos consumos a los que no quieren renunciar. El sistema, además de entronarse a él mismo, y quizás por ello, se ha infiltrado en sus mentes, construyendo un lenguaje y un modo de respuesta. Un modo en el que el pensamiento crítico está ausente, o solo presente en algunas elites culturales e ideológicas, como veremos más tarde en la descripción del consumerismo político.

El lenguaje publicitario y su prevalencia tienen un papel importante en este proceso de debilitación del pensamiento. Invade nuestras vidas de una forma omnipresente. Tenemos publicidad en la radio, en la televisión, en Internet, el paisaje, en los parkings, en los centros comerciales... el negocio de los soportes publicitarios parece ilimitado (aunque no lo es) y tiende a buscar todos los resquicios por donde filtrar sus mensajes persuasivos. Conocemos bien que la publicidad es una forma de comunicación que asigna al emisor, al receptor y al medio un rol bien definido. El emisor es por definición alguien interesado en la persuasión, en vender algo, para ser claros. En cualquier comunicación, la credibilidad del emisor se resume en tres dimensiones básicas: experiencia, objetividad y confianza. En la comunicación no publicitaria tendemos a dar más crédito a las fuentes más expertas, más objetivas y más confiables. En la comunicación publicitaria la fuente no es objetiva, no es confiable (tiene un interés manifiesto) y normalmente no es experta. Los publicitarios, sabiendo que tal comunicación anda "tocada" de origen, intentan compensar la cojera utilizando fuentes percibidas como expertas. No hay ninguna duda de que existen en el mercado multitud de personas dispuestas a vender su credibilidad a la industria publicitaria a cambio de dinero, naturalmente.

Veamos el medio publicitario: estos banners intrusivos, este anuncio que se "cuela" sin avisar, esta valla que invade y afea el paisaje. La publicidad comercial, que raramente es un producto buscado, intenta captar la atención puesto que intrínsecamente es un mensaje prescindible. Un mensaje al que no se atribuiría ninguna atención sino estuviera entrometido en un contenido de alta atención. El principio de simplicidad es esencial en el mensaje masivo, y más en el publicitario. En situaciones de recepción sin atención, es esencial que los mensajes publicitarios sean simples, cortos, no matizados, absolutos. Los buenos mensajes publicitarios son aquellos que van directos a lo emocional, que no requieren demasiado trabajo cognitivo para ser comprendidos, de lo contrario caen en la desatención. Como describe magistralmente Marcuse[198]: *"Esta forma lingüística impide todo desarrollo de sentido".*

---

[198] Marcus, H. (1965). *El Hombre Unidimensional. Ensayo sobre la ideología de la sociedad Industrial Avanzada.* Ariel, Barcelona.

La prevalencia enorme de estos mensajes no puede dejar de tener un impacto que va más allá de sus posibilidades de incitar a la compra con más o menos éxito. La publicidad es hoy en día una institución con un poder enorme en la sociedad. Los primeros análisis del impacto del lenguaje comercial y la publicidad se los debemos a Fromm[199]: *"este tipo de bienestar, el de la superestructura productiva que descansa sobre la base desgraciada de la sociedad, impregna a los mass media que constituyen la mediación entre los amos y sus servidores. Sus agentes de publicidad configuran el mundo de la comunicación en el que la conducta unidimensional se expresa".*

Fromm[200] va más allá de lo analítico, y juzga el impacto de la publicidad, que considera "la gran mentira": *"Quizá el obstáculo más difícil para aprender el arte de vivir sea lo que llamaré la "gran mentira"....estos productos que se fabrican para durar poco, sobrevalorados, o realmente inútiles sino perjudiciales, para el comprador; esa publicidad que mezcla un poco de verdad con mucha falsedad...".*

Baudrillard señala además, acompañando el pensamiento que encontramos también en Marie-Claude Sicart, la forma social, la triangulación mimética, la presencia del otro como desencadenante del deseo y motor de la motivación[201]: *"La publicidad nunca se dirige al hombre solo, lo aborda en su relación diferencial y, aun cuando parezca dirigirse a sus motivaciones profundas, lo hace siempre de manera "espectacular", es decir, que siempre convoca al prójimo, al grupo, a la sociedad en su conjunto jerarquizada en el proceso de lectura e interpretación, en el proceso de hacerse valer que instaura".*

En definitiva el lenguaje publicitario se caracteriza por su simplicidad, su repetitividad, su incitación emocional y la utiliza-

---

199 Fromm, E. (2005). *El hombre Unidimensional. El cierre del universo del discurso.* Ariel, Barcelona.

200 Fromm, E. (2005). *El hombre Unidimensional. El cierre del universo del discurso.* Ariel, Barcelona.

201 Baudrillard, J. (2007). *La sociedad de Consumo,* Siglo XXI Editores, Madrid.

ción mimética del otro como mediador de la intención de conducta. Pero más allá de todo ello, y quizás como consecuencia de todo ello, el lenguaje comercial crea su propio receptor. Este hecho es bien conocido por los gestores de marketing. Uno de los principios de la construcción de una identidad de marca es aprovechar una realidad inescapable en el mundo de la comunicación: la comunicación también crea un tipo de receptor. De la misma forma que tratando a un niño de inteligente o estúpido este niño acaba siendo más inteligente o más estúpido, la comunicación publicitaria intenta enfatizar en su receptor el aspecto de la identidad de marca que maximiza el lazo afectivo entre la marca y el consumidor. Una marca esnob intenta apelar y poner en primer plano lo más esnob de sus potenciales clientes. Una marca creativa intentara potenciar lo más creativo de su *target*. Y cuando una marca está en una categoría madura, sin nada que explicar ni innovación posible, ni interés en el que anclar el afecto, sucumbirá a cualquier tentación publicitaria antes de caer en la indiferencia, como aquella marca de jabón que incitaba a las madres a enseñar a sus hijos a ensuciarse para venderles después el detergente.

Desgraciadamente existen pocos trabajos sobre los efectos agregados de la comunicación publicitaria sobre la sociedad, (será que es difícil encontrar financiación para ellos). En un excelente trabajo, Schudson[202] analiza la institución publicitaria con una perspectiva de dos siglos, aparece claramente explicado que lo que actualmente es y representa la publicidad como pieza fundamental del sistema consumista no puede desligarse del desarrollo de las capacidades productivas masivas y de la distribución masiva, en definitiva, del nacimiento de las grandes corporaciones capaces de fabricar y distribuir masivamente bienes y servicios. La publicidad solo se convierte en un instrumento de culturización consumista de forma derivada, como resultado de un proceso de desarrollo econó-

---

202 Schudson, M. (1984). *Advertising, the uneasy persuasion*. Basic Books. New York.

mico marcado por la aparición de las grandes, enormes empresas que pueden vender en todos los rincones del mundo, con la Coca-Cola como "flag-ship" de esta realidad. El poder de transformación cultural de la publicidad llega a su máximo en el sistema del carácter consumista donde adquiere un rol de modelación social. Pero una vez esta infraestructura de consumo está establecida, el lenguaje publicitario tiene un efecto en la sociedad comparable al realismo comunista, es decir, a la forma en la que el sistema comunista presenta una representación de la realidad coherente con sus fines ideológicos[203]:

"La similitud entre la publicidad y el realismo socialista es que ambas formas lo subordinan todo a un mensaje que idealiza el presente o el potencial del presente. De la misma manera que la estética visual del realismo socialista es diseñada para dignificar la simplicidad del trabajo humano a favor del Estado, la estética del realismo capitalista –sin un plan predeterminado– glorifica los placeres y la libertad de elección de los consumidores en defensa de las virtudes de la vida privada y las ambiciones materiales".

Es fundamental aquí la expresión "sin un plan determinado": la diferencia entre ambos sistemas es que en el sistema comunista, que es a lo que se refiere Hudson con el término socialista, la estética esta impuesta por la política, mientras que en el sistema capitalista esta generada por el mismo sistema de producción y consumo.

Esta estética del realismo capitalista se basa como hemos visto a la apelación constante al "tu". "Tú eres la marca". "Tú podrás ser feliz consumiendo tal o cual", "date un placer, compénsate, se indulgente contigo mismo". La publicidad apela exactamente a lo que Frankl diría que es menos propio del ser humano: *"Tanto la auto-trascendencia como el desapego de uno mismo constituyen fenómenos humanos irreductibles y se*

---

203 Schudson, M. (1984). *Advertising, The Uneasy Persuasion.* Basic Books. New York.

encuentran únicamente disponibles en la dimensión humana[204].

¿Se imaginan una publicidad que apele a la auto-trascendencia y al desapego? Inconcebible. Creo que la forma de comunicación publicitaria queda exactamente caracterizada como el lenguaje que nos hace menos genuinamente humanos. Probablemente –y esta es una más de las paradojas de la vida– sólo mejora a algunos de los que la crean, que por cierto, suelen mostrar lo mejor de la capacidad creativa y cuyas creaciones pasaran a la historia del ingenio y la creación humana como una forma cultural que ha caracterizado el siglo XX y que esperemos que no caracterice el XXI.

204 Frankl, V.E. (1999). *El Hombre en busca del sentido último.* Paidós, Barcelona.

El imperio de la emoción primaria

De la misma manera que los sociólogos encuentran una relación clara entre la ideología derivada de la moral protestante y el desarrollo del capitalismo, los historiadores del consumismo encuentran en el Romanticismo el inicio del proceso que conduciría a dejar lentamente de lado la moral calvinista de la acumulación y del postergar recompensas en favor de la moral de la exaltación del ahora y aquí y la gratificación emocional inmediata. Stearns[205] en su historia del consumo nos explica como el Romanticismo se encuentra en el inicio de los valores que conducirán más tarde al imperio de la emoción:

> *"Los escritores románticos valoraban la emoción y el individualismo. Hablaban de la importancia del amor y del dolor. Alababan a la belleza física y moral, especialmente de la mujer [...] la gente vio en el consumo una manera de expresar su esencia individual, y posiblemente una manera de estimular el amor [...] Los objetos materiales, el imperio de las emociones y un sentimiento nuevo del yo se entrelazaron, y los escritores románticos pusieron las bases."*

No hay duda de que las emociones siguen estando de moda. Para triunfar hay que ser "emocionalmente" inteligente. Para dirigir empresas también. Los cursos de inteligencia emocional se venden como rosquillas, así como los libros y las conferencias que complementan la categoría. Nos preguntamos si todo ello no va parejo a una sobrevaloración de la emoción, de la conducta no pensada, a la exaltación de la respuesta inmediata, a la omnipresencia de conductas previsibles y a la escasez de conductas innovadoras e imprevisibles. Si así fuera, la sobrevaloración de la emoción delataría una baja valorización del pensamiento crítico, y probablemente a su infrautilización en el campo de las decisiones de consumo. Uno de los indicadores de que este hecho bien puede ser cierto es

---

205 Stearns, P.N. (2006). *Consumerism in World History. The Global Transformation of Desire.* Second Edition, Routledge, New York.

que en los últimos estudios de tendencias en el consumo se "redescubre" la "inteligencia", la "racionalidad" y la conducta "pensada" como uno de los cambios que va a marcar a los consumidores en la post-crisis del 2008.

Vayamos por pasos. Un hecho que no deja de sorprender y que provoca la reflexión es la "moda" de la inteligencia emocional. El análisis sociológico de la difusión de esta moda nos hace concluir que es el producto de la interacción entre factores de entorno social y de desarrollo científico. El padre de la inteligencia emocional es el aburrimiento y la saturación de los paradigmas cognitivistas en las ciencias sociales. Su madre es una sociedad rica, previsible, de conductas inconscientes repertoriadas por la dinámica de consumo, sin ideales colectivos y neuróticamente obsesionada por el auto-desarrollo y el intento de buscar la felicidad.

Pero no nos vayamos por las ramas. La ciencia nos dice que la inteligencia emocional, de este hijo de padre aburrido-por-racional y de madre-neurótica-del-auto-desarrollo, este hijo que ha hecho fortuna en el mercado es un engendro poco sólido y probablemente de vida efímera. Uno de los trabajos más extensos sobre la inteligencia emocional, que revisa toda la literatura sobre el tema (conceptos, sistemas de medida, validez teórica, poder predictivo, poder taxonómico), concluye que[206]:

"De manera general, nuestras conclusiones sobre la posibilidad de que exista un corpus coherente de conocimiento sobre inteligencia emocional son pesimistas; tanto en lo que se refiere a los enfoques relacionados con las habilidades personales como en los enfoques basados en las clasificaciones de las personas. No encontramos ninguna progresión clara en lo que se refiere a las competencias emocionales en el funcionamiento del cerebro, en los procesos básicos de procesamiento de

---

206 Matthews, G., Zeidner, M., & Robert, R.D. (2002). *Emotional Intelligence,* Science&Math. Bradford Book, MIT, Boston.

*información, en las funciones cognitivas más sofistica-
das derivadas de la interacción de la persona con su
entorno o incluso en la reconceptualización de los tipos
de personalidad".*

En una actualización reciente, los autores remarcan[207]:

*"Sin embargo existen varios obstáculos para aprovechar
los beneficios de estudiar la inteligencia emocional. Pri-
meramente, no existe una definición intersubjetivamente
aceptada de concepto. En segundo lugar, es incierto
como se mide la inteligencia emocional. En tercer lugar,
la utilidad real de los test de Inteligencia emocional está
limitada por estas deficiencias conceptuales y psicométricas. No hay suficiente prueba de validez de los test
como para usarlos con confianza en las decisiones
reales, como los diagnósticos clínicos o como test para
admisiones académicas. Además, a los programas de
intervención que persiguen incrementar la Inteligencia
Emocional les falta una base teórica sólida, y son normalmente un saco de técnicas distintas cuyos efectos
son inciertos".*

La racionalidad no está de moda. Es aburrida. Nuestra sociedad de consumo está condenada a valorar lo nuevo, aunque
sea viejo, lo diferente, aunque sea lo mismo, lo que destaca,
el rojo del gratis falso y la estrella de la promoción ineludible.
De nada sirven los consejos de las asociaciones de consumidores invitando a pensar primero y comprar después. La presión de la publicidad, la invasión del comercio en estaciones
de trenes, aeropuertos, las prácticas de marketing invasivas
en situaciones donde la persona está "secuestrada" por el
medio se conjuran para lograr esta compra irracional, impulsi-
va e innecesaria cuya aportación a nuestro bienestar se consumirá horas después de hecha, cuando dejemos el poncho

---

207 Zeidner, M., Matthews, G., & Roberts, R.D. (2009). *What We Know About Emotional Intelligence. How It Affects Learning, Work, Relationships, and Our Mental Health.* A Bradford Book, The
MIT Press. Cambridge, Massachusetts.

en la silla de la habitación de hotel y no sepamos qué hacer con él.

Estimular la emoción y el carácter primario son los mejores garantes de la acción no razonada. El sistema de consumo las estimula constantemente a sabiendas que da resultado. Esta sobrevaloración de la emoción quizá desvela que en nuestra sociedad postmoderna probablemente reprime la emoción y nos impone una racionalidad de la que intentamos escapar a través de su sobrevaloración. Y probablemente una de las vías concretas y socialmente inocuas de escape es el consumo de lo emocional y la emoción del consumo, lo que por cierto conviene perfectamente al sistema para seguir alimentando la máquina de la rotación y de la obsolescencia programada. Existen referentes en la sociología y en la psicología para pensar que esto puede ser así. Norbert Elias[208], por ejemplo, nos hace caer en la cuenta de que el nivel de civilización de una sociedad está directamente correlacionado con la capacidad de control emocional de los individuos de la misma, con lo cual nuestra sociedad seria estructuralmente represiva en la expresión emocional:

"Cuanto más densa es la red de interdependencias en que esta imbricado el individuo con el aumento en la división de funciones, cuando más extensos son los ámbitos humanos sobre los que se extiende esta red y más constituyen estos una unidad funcional o institucional con dicha red, tanto más amenazado socialmente está quien cede a sus emociones y pasiones espontáneas, mayor ventaja social tiene quien consigue dominar sus afectos y tanto más intensamente se educa a los individuos desde pequeños para que reflexionen sobre el resultado de sus acciones o de las acciones ajenas".

La visión sociogenética de Elías se complementa con la visión psicogenética de Marcuse, quien en la introducción de Eros y

---

208 Elias, N. (2010). *El proceso de la Civilización*. Fondo de Cultura Económica, Madrid.

Civilización[209], bebiendo en fuentes freudianas, describe magistralmente como el proceso civilizatorio no solo tiene consecuencias intrapsíquicas de represión del ello sino que se basa esencialmente en esta represión:

> *"El concepto del hombre que surge de la teoría freudiana es la acusación más irrefutable contra la civilización occidental –y al mismo tiempo, es la más firme defensa de esta civilización–. De acuerdo con Freud, la historia del hombre es la historia de su represión. La cultura restringe no solo su existencia social, sino también la biológica, no solo partes del ser humano, sino la estructura instintiva en sí misma. Sin embargo tal restricción es la precondición esencial del progreso [...] La civilización empieza cuando el objetivo primario –o sea la satisfacción integral de las necesidades– es efectivamente abandonado".*

Parece que nuestra hipótesis sobre el consumo como compensación a la represión de la emoción intrínseca a cualquier sociedad compleja tiene bases en las que sostenerse. A ello podríamos añadir que la acusación que se hace al sistema del marketing como creador de necesidades nos llevaría a calificar este sistema en términos marcusianos, de "descivilizatorio", incluso de "bárbaro" y de retrógrado. Parece que en este sentido la sociedad consumista es una sociedad retrógrada, por cuanto como describe Fisher, *"la moralidad ha sido substituida por el sentimiento. En el imperio del "yo" todos "sentimos" lo mismo, sin poder escapar nunca del solipsismo"*[210].

Es el imperio del "me gusta". Tengo 1243 "me gusta". O siete millones de amigos. Todos iguales, pulgar arriba, pulgar abajo, como los emperadores romanos en el teatro. Millón arriba, millón abajo.

---

209 Marcuse, H. (1953). *Eros y Civilización*. Trad. española Ed. Sarpe. Barcelona.

210 Fisher, M. (2008). *Capitalist Realism. Is there no Alternative?*. O Books, John Hunt Publishers.

Baudrillard insiste[211]: *"esto es la fun-morality, el imperativo de divertirse, de explotar a fondo todas las posibilidades de vivir, de gozar, o gratificarse".* Y Lipovetsky remata[212]: *"el individuo desinstitucionalizado, volátil e hiperconsumidor es el que sueña con parecerse a un ave fénix emocional".*

Es una quimera que describe bien Frankl[213]: *"... el placer –o en este caso la felicidad– es el efecto secundario de vivir fuera de la auto-trascendencia propia de la existencia. Una vez la persona halla una causa o empieza a amar a otra persona, la felicidad llega por sí misma. Sin embargo el deseo de placer contradice la cualidad auto-trascendente de la realidad humana. Y resulta contraproducente".*

Basta la enumeración de algunos de los títulos que se venden en las librerías para ver hasta qué punto la dinámica del mercado editorial[214] refleja una constelación de valores que –siguiendo a Frankl– sólo debe conducir a más frustración y más ansiedad, lo que por cierto no le va mal al sistema para seguir vendiendo libros, entre otros productos, al igual que tratamientos contra la ansiedad, el estrés, la obesidad, la frigidez, la eyaculación precoz, los alargamientos de pene y los pechos de silicona: *"No consigo adelgazar"; "5 días para aprender inglés"; "el método Dukan ilustrado: como adelgazar rápidamente"; "el dolor de espalda y las emociones: como conocerse para curarse"; "secretos del larguero: cuando fuimos campeones"; "El secreto",* que promete que con El Secreto, *"descubrirás cómo puedes tener, ser o hacer todo lo que quieras. Sabrás quién eres realmente. Conocerás el verdadero esplendor que te espera, tal como sabían algunos de los personajes más destacados de la historia: Platón, Galileo, Beethoven, Edison, Carnegie, Einstein".*

---

211 Baudrillard, J. (1970). *La Sociedad de Consumo.* Siglo XXI de España.

212 Lipovetsky, G. (2005). *Los tiempos hipermodernos.* Anagrama, Barcelona.

213 Frankl, V.E. (1999). *El Hombre en busca del sentido último.* Paidós, Barcelona.

214 Miralles, F. (2008). *L'autoajuda al descobert.* Ara Llibres, Barcelona.

¡Esto sí que es una promesa! ¡Por descontado todos estos genios sabían del esplendor que les esperaba! Hay miles de personas comprando estos libros, y de la misma forma que Cervantes –que sin duda alguna había leído "El Secreto" – se reía de los libros de caballerías...

> *"Con estas y semejantes razones perdía el pobre caballero el juicio, y desvelábase por entenderlas, y desentrañarles el sentido, que no se lo sacara, ni las entendiera el mismo Aristóteles, si resucitara para sólo ello"*[215].

No podemos más que pensar que probablemente una parte de los que los compran estos libros los leen, algunos llegan entenderlos y con suerte unos pocos intentaran aplicar sus recetas de éxito, ¡que sin duda serán la causa de los mayores niveles de felicidad colectiva y bienestar personal que son tan evidentes en la sociedad de consumidores! Lo único que correlaciona con comprar uno de estos libros es comprarse otro, "a ver si me va mejor". Objetivo cumplido por el sistema, y sus representantes en el ramo: las editoriales, y algunos escritores o vendedores de jarabes y crecepelos.

Los creadores de la publicidad y los analistas de los mercados saben bien que la incitación emocional es básica para desencadenar la compra y el consumo. No es objeto de este trabajo repasar cómo los publicitarios, que suelen ser finos observadores de la realidad social, han utilizado los resortes emocionales en sus estrategias de creación de anuncios. No nos podemos resistir a citar a uno de los pioneros en análisis de los comerciales de TV, Martin Velilla[216], que nos recuerda como en los comerciales de televisión es imprescindible apelar a la emoción:

> *"La participación emocional existe siempre. Mientras se está viendo, oyendo o leyendo se fomenta un estado*

---

215 Cervantes, M. (1605). *El Ingenioso Hidalgo Don Quijote de la Mancha.*

216 Velilla, M. (1970). *Psicoanálisis del comercial de Televisión.* Editorial Hispano Europea, Barcelona.

anímico que sigue la línea de lo que se percibe. La preocupación del anunciante y del publicitario es convertir el mensaje de TV, que es el visual más auditivo, en una línea de conducta interior emocional. Generalmente la conducta intelectual no activa a comprar, salvo que este mezclada con los motores emocionales, que son los que movilizan a la persona".

Las investigaciones sobre los procesos de compra muestran que el proceso de decisión de compra, como cualquier proceso de evaluación, puede seguir dos rutas o caminos[217]: la ruta central, en la que el consumidor sospesa con un cierto esfuerzo cognitivo las alternativas disponibles, sus atributos y las valoraciones que se les asignan. La segunda es la ruta periférica, en la que el consumidor no realiza un gran esfuerzo cognitivo sino que decide en función de los factores externos al mismo (en inglés, "external cues")[218]. El efecto de halo de la marca, la percepción de escasez, el precio, la atracción del *merchandising* o la presión social son factores externos que pueden decidir la elección substituyendo el proceso cognitivo "central". Los gestores de marketing saben por experiencia que suele ser mucho más eficaz utilizar las técnicas de persuasión que llevan a la ruta periférica que las que llevan a la ruta central: la complicidad social a través de la presencia del otro[219], provocar la emoción en el punto de venta, suelen ser eficaces elementos para desencadenar la acción. *"En realidad –dice Sicard resumiendo el pensamiento de René Girard– durante toda nuestra vida, no dejamos nunca de desear lo que otro u otros han considerado que es deseable. Este otro, el mediador, puede tomar cualquier tipo de identidad".*

---

217 Petty, R., & Caccioppo, J. (1986). *Comunication and Persuasion*. Central and Peripherical Routes to Attitude Change. Springer Verlag.

218 Los célebres rankings de las Escuelas de Negocios son un ejemplo clásico de "peripherical cue".

219 Marie Claude Sicard (2005) analiza con detalle esta estrategia en su trabajo citado *Les Ressorts Cachées du Désir Trois issues à la crise des marques*. Village Mondial Pearson Education, Paris.

Los gestores de marketing saben que incitar a la acción es venta segura mientras que incitar al pensamiento no lo es. Toda buena estrategia de marketing debe tener elementos que inciten a la acción, sea vía condicionamiento conductual, sea vía reacción afectiva y toma de decisión inmediata: lo importante es que el consumidor no se lo piense demasiado. Y en tiempos de crisis aún más.

La utilización de estrategias de mediación o imitación es una de las técnicas favoritas del marketing en categorías de producto donde se puede explotar el valor simbólico del producto, que normalmente va asociado a la categoría y a la marca. Más allá de la utilización primaria y poco elaborada de personas famosas en la comercialización, sacando provecho de su notoriedad y de la transferencia de afecto que genera hacia la marca, se utilizan personas como arquetipos con los cuales los consumidores se identifican de forma consciente o inconsciente. La mujer que siempre había querido ser artista plástica, el hombre que seguro que hubiera sido un gran piloto de F1, son ejemplos de cómo el arquetipo permite la triangulación del deseo a través de la mediación. El arquetipo es una utilización del tercero más sofisticada que la clásica estrategia de "Keeping up with the Joneses", demasiado evidente para no ser visible, más propia del marketing joven y poco sofisticado.

La estimulación del mimetismo nos muestra como en el carácter consumista y en la sociedad del marketing la persona asume el rol de objeto, de medio, en términos de psicología evolutiva, de objeto transicional[220]. La persona se convierte en objeto transicional en la medida en que es utilizada por otras personas, a través del estímulo del marketing –a la vez como objeto significante y como medio de comunicación para desencadenar conductas de compra. El individuo no es solamen-

---

220 Debemos el origen de este concepto a Donald Woods Winicott, pediatra y psicoanalista que vio cómo los objetos ocupan una zona intermedia de experiencia y permiten hacer una transición entre la identificación madre-hijo a la disociación niño-mundo.

te consumidor, es consumidor y estímulo, es medio y fin, estrategia y resultado, actor y espectador.

Más allá de la estimulación cognitiva de la emoción, el marketing ha desarrollado un gran número de técnicas que incitan a la emoción de forma no cognitiva. Estas técnicas derivan de la psicología conductista, que nos enseña que podemos condicionar las conductas de las personas a través de la disposición de ciertos estímulos del entorno en el que se encuentra esta persona. La eficacia de los mecanismos de estimulación conductista los conoce bien quien escribe estas líneas, que ha comprobado en repetidas ocasiones como variaciones aparentemente inocuas en la colocación de los productos en las tiendas, en la ambientación y en la gestión del entorno de los comercios provoca alteraciones muy significativas de la conducta. La utilización sofisticada del *merchandising* reacciona perfectamente con el presentismo y la incapacidad psicológica de diferir recompensas. Todo ello estimula los actos de compra.

Baugman[221] describe cómo funcionaba el mecanismo que soportaba la sociedad de productores: diferir recompensas y pensar en el futuro: *"Esa forma que tenía la sociedad de productores de anudar los 'prerrequisitos sistémicos' a los motivos individuales exigía una devaluación del 'ahora', de la gratificación inmediata en particular y del goce en general. El 'presente' debe ser degradado al rol de segundo violín en beneficio del 'futuro'"*. Este mecanismo es el que ha sido substituido en la sociedad postmoderna per el hedonismo más inmediato. Pero no es una sustitución total: Baudrillard[222] nos explica cómo esta sociedad se debate entre el hedonismo más primario y los residuos de la ideología burguesa del sacrificio y la acumulación: *"el consumo se enfrenta a una contradicción: la contradicción entre la pasividad que implica este nuevo sistema de valores y las normas de una moral social que, esen-*

---

221 Baugman, Z. (2007). *Vida de Consumo*. Fondo de Cultura Económica, Madrid.

222 Baudrillard, J. (2007). *La sociedad de Consumo*. Siglo XXI Editores. Madrid.

cialmente continua siendo la de la voluntad, de la acción; de la eficiencia y del sacrificio. De ahí la intensa culpa que conlleva este nuevo estilo de conducta hedonista y de urgencia, claramente definida por los estrategas del deseo, de desculpabilizar la pasividad".

La sociedad de consumidores gana a la sociedad de productores, consolidando un carácter bien descrito por Fromm[223], un carácter conformista y sin voluntad que requiere el cumplimiento inmediato de sus deseos; un carácter infantil y como tal, bárbaro y voluble: *"Podemos establecer una ley psicológica general: cuanto mayores sean la sensación de debilidad y la falta de voluntad auténtica, tanto más aumentará el sometimiento, o el deseo obsesivo de satisfacer los caprichos y defender lo espontáneo".*

El enorme desarrollo de las técnicas de *merchandising* al que nos hemos referido anteriormente nos dan fe de hasta qué punto una sociedad de carácter consumista está receptiva a responder con sus conductas a las demandas y los estímulos percibidos, en formas más o menos conscientes, por consumidores poco racionales. En el ámbito publicitario, las palabras "sueño", "fantasía", "cumplimiento", "realización", etc. son utilizadas con profusión y encuentran en este carácter un terreno abonado para desencadenar actos de compra.

Algunos síntomas derivados del "fin" del sueño consumista muestran un claro retorno no sabemos si coyuntural o permanente hacia la racionalidad en la toma de decisiones. Hemos apuntado anteriormente que en un estudio reciente el autor pudo comprobar como los jóvenes declaraban que se sentían "tristes" porque entendían que el "sueño americano" había pasado a la historia. Este mito, que probablemente se soportaba con hechos contrastables hace 50 años, ha sido alimentado como patrimonio irrenunciable por todos los presidentes de los Estados Unidos independientemente de su orientación políti-

---

223 Fromm, E. (1989). *Del tener al Ser.* Caminos y extravíos de la conciencia. Obra póstuma. Paidós, Barcelona.

ca. Rajan[224] cita en su libro "Fault Lines" un discurso de Bush que deja claro hasta qué punto la política utiliza el sueño consumista para tapar el malestar de las clases que no llegan a fin de mes:

> *"Pero yo creo que poseer algo es también una parte del sueño americano. Yo creo que cuando alguien posee su propia casa, está comprendiendo el Sueño Americano [...] Y lo vimos ayer en Atlanta, cuando fuimos a los hogares de los nuevos propietarios. Y vi con orgullo y de primera mano, como me decían: bienvenido a mi casa. No decían bienvenido a las viviendas del gobierno, no decían bienvenido a la casa de mi vecino: decían bienvenido a mi casa [...] Era un hombre lleno de orgullo [...] Y quiero que este orgullo se extienda a través de todo el país...".*

Lo que pasó después es conocido por todos. Y las víctimas, en España, aquellos con menos recursos cognitivos y capacidad de valorar objetivamente en que se estaban embarcando. Más de 118.000 ejecuciones hipotecarias en 2010, la mayoría entre personas con bajo nivel cultural, especialmente inmigrantes engañados. Los beneficiarios, bancos, agentes, notarios, valoradores, promotores, constructores, un conjunto de personas que como decía Galbraith probablemente no tienen ningún sentimiento de haber hecho nada "malo".

La racionalidad en la toma de decisiones de consumo tiene una relación directa con la satisfacción posterior en la compra. Esta afirmación no es gratuita, existe un cuerpo de investigación que no es enorme pero que es sólido. Kourilsky y Murray (1981) analizan la racionalidad en la toma de decisiones en el ámbito familiar[225].

---

224 Rajan, R.G. (2010). *Fault Lines*. Princeton, University Press.

225 Kourilsky, M., & Murray, T. (1981). The Use of Economic Reasoning to Increase Satisfaction with Family Decision Making. *Journal of Consumer Research*, 8, September.

Consideran "racionalidad" en la toma de decisiones:

- La incorporación de la consciencia en escasez de recursos.

- la consideración de alternativas en la asignación de estos recursos escasos.

- Y finalmente el coste de oportunidad asociado a el gasto, es decir, lo que se dejará de ganar con la alternativa no escogida.

Sus conclusiones confirman las hipótesis de que la incorporación de la racionalidad incrementa la satisfacción en todos los miembros de la familia y destacan como el proceso racional crea en sí mismo satisfacción:

Más adelante, al hablar del rol del consumidor en el consumo sostenible, desarrollaremos con detalle este tema. Pero creemos que la única posibilidad de impedir los ciclos desmesuradamente expansivos de consumo es introducir más racionalidad en las decisiones de los agentes, y de manera fundamental los consumidores: que sean menos consumidores y más ciudadanos racionales. Toda la ciencia de la economía está basada formalmente sobre el consumidor racional, y los esfuerzos de muchos economistas parecen destinados a explicar las desviaciones sobre estos modelos. Quizá sería más práctico basar el estudio de la economía sobre los "espíritus animales", como les llamaba Keynes[226] (la no racionalidad) y trabajar para que las decisiones económicas fueran algo más racionales.

---

226 Akerlof, G.A., & Shiller, R.J. (2009). *Animal Spirits. Como influye la psicología humana en la economía*. Gestión 2000. Barcelona.

El sentido del trabajo en el carácter consumista

Es quizá una obviedad decir que el trabajo es un elemento fundamental en la construcción de una vida con sentido. Ya hemos citado la vida activa de Arendt como concepto esencial que nos permite acercarnos al sentido del trabajo en nuestra sociedad contemporánea. También compartimos con la visión de que consumo y labor son las dos caras de la misma moneda, y que entre trabajar y consumir se nos pasa la vida "volando", con una sensación de "completitud" que aunque falsa, da seguridad, mientras el sistema cree suficiente trabajo como para que la gente consuma y la economía vaya creciendo.

El trabajo es un factor fundamental en el bienestar. Maslow solía decir que las únicas personas felices que había encontrado eran aquellas que destinaban toda su energía a hacer algo que ellos consideraban importante. Dedicación de energía y consideración de la relevancia del propio esfuerzo. Esta consideración de "relevancia", en términos de Frankl es el deseo de significado, precisamente lo que es fundamental en su apreciación de la condición humana[227]: "El deseo de significado es realmente una necesidad específica, no reducible a otras necesidades, y está presente en mayor o menor grado en todos los seres humanos".

El trabajo en el sistema capitalista, lo que quiere decir de forma prevalente en las grandes empresas capitalistas, donde no se conoce ni el dueño, ni el sentido de la empresa –más allá de la generación de beneficios que alguien se repartirá en una bolsa o en un fondo de inversión– está basado en una alienación estructural solo compensada en mayor o menor medida (en función del nivel de autoconsciencia de la alienación) por el consumo que se obtiene o la promesa del mismo. El autor se formó en una escuela de negocios, enseña en una escuela de negocios y ha podido seguir la trayectoria de centenares de alumnos, compañeros de promoción y amigos que traba-

---

227 Frankl, V.E. (1999). *El Hombre en busca del sentido último*. Paidós, Barcelona.

jan, han trabajado o han dejado de trabajar en la gran empresa capitalista. La sensación y posterior constatación de que la promesa de trabajo y de carrera en una gran organización no es más que una forma de venta de un "paquete de vida", ha sido uno de los factores que desencadenaron la coincidencia con los postulados de algunos sociólogos del trabajo que creen que el trabajo en la gran empresa del sistema capitalista es estructuralmente alienador.

Las reflexiones alrededor de la alienación por el trabajo y el consumo pueden abordarse desde distintas ópticas. Un primer enfoque de raíz psicoanalítica describe la psicodinámica del grupo en el que se trabaja, que no es nada más ni nada menos que la materialización humana de la empresa para el individuo. Dentro de la psicodinámica que estructura la relación del individuo con la empresa, el fenómeno de implicación/retirada es clave. Estoy y no estoy. Si estoy a todas, corro el riesgo de que la organización no me recompense como merezco –lo que es más que probable– y me sentiré herido. Si estoy a medias, por lo menos cuando no me recompense me sentiré menos herido, en un mejor equilibrio emocional con la organización. Pero si no estoy "a fondo" seguramente la organización no me recompensará, porque siempre recompensa a los que están "a fondo", lo cual entra dentro de la lógica del funcionamiento del sistema. Pero en palabras de Senett[228], difícilmente discutibles, *"las organizaciones suelen estar tan a menudo en un estado de flujo interno que es inútil intentar tomar decisiones racionales sobre el futuro personal basándose en la estructura de la empresa".*

Por lo tanto la única salida a este dilema, un típico doble vínculo, es intentar tomar el control de la ansiedad que genera la ambivalencia mediante la valoración positiva compensatoria (y probable sobrevaloración) del nivel de consumo que el tra-

---

228 Sennett , R. (2004). *La corrosión del carácter.* Anagrama, Barcelona.

bajo permite[229]. Existe también la alternativa de la asunción total de los objetivos de la empresa como objetivo vital, lo que supone intentar no pensar demasiado en que se va a generar un enorme valor para la empresa del que el individuo solo percibirá una mínima fracción. Cuando esta realidad afecta a los equipos directivos de las grandes corporaciones, en las que tienen un poder casi ilimitado, ocurre un proceso de defensa corporativa y de protesta colectiva que lleva a repartirse beneficios generados (o por generar) en forma de salarios y opciones. Esta es a mi parecer una de las causas de la enorme inflación reciente de salarios de los altos directivos, que más que "asalariados" son auténticos "beneficiarios" de las rentas que genera la empresa, en forma de opciones de capital o bien con salarios que cada vez se alejan más de aquellos que prefieren tener una relación con la organización que no suponga su total inmersión en la misma. En estas circunstancias la organización no solo proporciona el salario y la completa ocupación del tiempo del individuo, sino que le proporciona también el consumo, en forma de "estilo de vida de alto directivo", que se caracteriza por automóviles de lujo, primera clase en los vuelos y hoteles de cinco estrellas, así como los gastos particulares en forma de compras de marcas de lujo, compensaciones de consumo para una vida compltamente dedicada.

En un trabajo anterior sobre el sentido del trabajo en la empresa, proponía como vía de salida ante este dilema ansiógeno que *"el trabajo en la empresa solo sería un factor de autorrealización cuando se junten tres circunstancias"*[230]:

- *El individuo se conoce, conoce bien cuáles son sus potencialidades y las acepta, sin caer en la trampa del yo ideal ni en guiones de "carrera" prefijados.*

- *La organización le plantea un conjunto de tareas que permiten al individuo desarrollar sus potencialidades y le*

---

229 Siempre nos han hecho reflexionar las tertulias de café en el trabajo: muestran esta realidad de forma casi teatral.

230 Galí, J.M. (2006). *El Jefe que maltrata y la Empresa que no repara*. Granica, Barcelona. .

recompensa por ello. La organización y las personas que la representan valoran estas tareas como una aportación importante al conjunto de las actividades que se desarrollan.

- *La organización es capaz de dar un sentido social a su actividad en el mercado, de manera que el individuo puede entroncar sus tareas con un proyecto colectivo (sea del tipo que sea, económico, político, social, etc.)".*

Podríamos resumirlas en una regla sencilla, la "regla de la triple integración": la integración consigo mismo, la integración con la organización y la integración con lo que la empresa representa en la sociedad.

Nos preguntamos si el trabajo en el sistema capitalista de la gran corporación y su compensación consumista permite esta triple integración. Como bien señala Frankl[231], lo que observamos de forma creciente en la sociedad es exactamente lo contrario de lo que describíamos en esta regla. *"Dirijámonos ahora a las causas que pueden estar produciendo este vacío existencial: el sentimiento de futilidad. En esta neurosis sociogénica sobresale la tríada neurótica de las masas: la depresión, la adicción y la agresión".*

Como apuntábamos en nuestro trabajo[232], los datos le dan la razón: *"Impresiona contrastar las cifras sobre prevalencia de los trastornos neuróticos y depresiones en la población general y en la vida empresarial. Los datos de la Organización Mundial de la Salud y algunos estudios realizados en grandes corporaciones muestran que la depresión unipolar es la segunda causa de absentismo y de incapacidad laboral transitoria y la primera de Incapacidad Laboral Prolongada. Los estudios de prospectiva sobre prevalencia de enfermedades realizados por la Universidad de Harvard estiman que para 2020 la depresión será en todo el mundo la segunda causa de inca-*

---

231 Frankl, V.E. (1999). *El Hombre en busca del sentido último.* Paidós, Barcelona.

232 Galí, J.M. (2006). *El Jefe que maltrata y la Empresa que no repara.* Granica, Barcelona.

pacidad para trabajar. La globalización de los sistemas de producción también implica la globalización de las dolencias que el sistema lleva asociado. Los perjuicios económicos que causa no solo se contabilizan por el absentismo sino también por lo que los anglosajones llaman el "presentismo", es decir, el "estar sin estar", estar presente en cuerpo pero no en alma ni en energía, estar presente sin las capacidades cognitivas y afectivas necesarias para desarrollar las tareas que uno tiene encomendadas".

Siguiendo con la perspectiva psicoanalítica, otros observadores del trabajo en la empresa parecen concluir que en la sociedad post industrial –en la que parece que debamos reinventarnos cada diez meses, saber hacer de todo y de nada– la ansiedad crece exponencialmente puesto que las defensas sociales que los individuos podían ejercitar ante las agresiones de trabajo en una organización quedan anuladas por la evolución del sistema de trabajo. Hirschhorn[233], en sus trabajos sobre psicodinámica en el trabajo explica cómo estas defensas, que consisten en compartir una hipótesis básica en el seno del grupo, sentirse dentro de una "coalición" de compañeros y compartir rituales fuera del ámbito de trabajo, se rompen o se debilitan en el trabajo actual en las grandes corporaciones multinacionales: *"consecuentemente, estamos siempre en posición de chivo expiatorio. La misma organización del trabajo tiene dificultades en constituirse como algo bueno y pleno en este contexto. El problema es cultural y histórico".*

¿Y son estos hechos síntomas de una enfermedad sistémica, que afecta el trabajo en el sistema capitalista actual? Sennet[234] parece ser de esta opinión cuando analiza "la corrosión del carácter" en el trabajo de la gran empresa capitalista, que destruye de forma sistémica y sistemática algunas características del trabajo artesano y personal que daban sentido a una

---

233 Hischhorn, L. (1992). *The Workplace Within Psychodynamics of Organizational Life.* The MIT Press.

234 Sennett, R. (2004). *La Corrosión del Carácter.* Anagrama, Barcelona.

trayectoria genuinamente humana, como la continuidad, la repetición, el oficio, la concentración en tareas materiales y las rutinas que estructuran. Según Sennet las condiciones en las que se da el trabajo en las grandes empresas fomentan como compensación el individualismo, el cinismo y la alienación de las propias necesidades. A lo que añado el consumismo prometido como valor compensatorio. *"La rutina puede degradar, pero también puede proteger; puede descomponer el trabajo, pero también componer una vida. [..] El vínculo social surge básicamente de una sensación de dependencia mutua [...] y todos los dogmas del nuevo orden tratan la dependencia como una condición vergonzosa [...] y la vergüenza de ser dependiente tiene una consecuencia práctica: erosiona la confianza y el compromiso mutuos".*

Una de las formas compensatorias básicas es el consumo no relacionado con las propias necesidades, puesto que el individuo esta alienado de ellas. Es un consumo que permite una gratificación inmediata, cuya función es vengarse inconscientemente (o conscientemente) de aquello que no encontramos en el trabajo. Es por lo tanto una conducta, derivada, una conducta inmotivada incluso en términos de Maslow. Los que hemos tenido ocasión de hacer estudios de mercado conocemos bien como la gente declara en las investigaciones que ir de compras es una forma de aliviar presión, aliviar tensión nerviosa y de darse un pequeño placer ante la ansiedad fundamental que conlleva dedicar el esfuerzo más importante de cada día a un fin que no es un fin, sino un medio para no se sabe qué fin. Finalmente todo es un medio, el trabajo para consumir, el consumo para aliviar tensión, y el placebo efímero del objeto codiciado que se consume antes de ser consumido, y que alimenta el deseo de su siguiente deseo, la próxima compra que nos va a distraer un poco máenos durante menos tiempo.

Si las hipótesis que proponemos son ciertas, debería observarse consecuentemente un nivel mucho más bajo de impulso consumista en las personas que se declaran auto-realizadas en el trabajo. Aquellas personas que dedican, como hemos visto que pregonaba Maslow, sus mejores esfuerzos a algo que consideran importante. Existen pocas investigaciones sobre nivel de auto-realización y tendencia a consumir impulsivamente, o por lo contrario, a consumir de forma socialmente responsable.

Brooker, en una investigación pionera[235] en 1976, encontró que los consumidores más auto realizados, midiendo la auto realización con una escala de 20 ítems derivados de Maslow, tendían a comprar más productos ecológicos. Un artículo delicioso de Wolfe y Sisodia[236], recoge la preocupación de las compañías con respecto a los consumidores maduros y/o auto-realizados, que según los autores se vuelven menos materialistas y no se sienten atraídos por las delicias de los productos y de los diseños obsolescentes. La interacción de la edad con la maduración, fenómeno que incluso se da en algunos casos, hace que estos potenciales clientes sean imprevisibles, invulnerables, insegmentables, difíciles de convencer, además de responsables socialmente en sus conductas. Y encima muestran un gran desapego respecto a los bienes materiales. Un mal ejemplo para las generaciones que vienen, sin duda. Nos comentaba un directivo de Louis Vuitton: "en Europa la gente se ha vuelto demasiado mayor. ¿Cómo les vamos a vender bolsos?".

Parece que la auto-realización corre pareja a la vida frugal, a un cierto ascetismo, que es visto por el sistema y sus políticos abanderados como una falta de colaboración. Pensando en estos hechos, nos vienen a la mente las meditaciones de Marco Aurelio[237], descritas y comentadas con maestría por

---

235 Brooker, G. (1976). The Self- Actualizing Socially Conscious Consumer. *Journal of Consumer Research*, 3, September.

236 Wolfe, D.B., & Sisodia, R. (2003). Marketing to the self-actualizing customer. *Journal of Consumer Marketing*, 20(6).

237 Hadot, P. (1992). *La citadelle intérieure. Introduction aux Pensées de Marc Aurèle*. París, Fayard.

Pierre Hadot[238]. El filósofo no es consumista. El sabio no es consumista. El carácter consumista no hace filósofos. Ni sabios. Hace consumidores trabajados y trabajadores consumidos.

Referencias

Akerlof, G.A., & Shiller, R.J. (2009). *Animal Spirits. Como influye la psicología humana en la economía.* Gestión 2000, Barcelona.

Ariely, D. (2008). *Predictabily Irrational.* Harper Collins. New York.

Baudrillard, J. (2007). *La sociedad de Consumo.* Siglo XXI Editores, Madrid.

Baugman, Z. (2007). *Consuming Life.* Polity Press. Trad. al español Vida de Consumo. Fondo de Cultura Económica, Madrid.

Bourdieu, P. (1997). *Sobre la Televisión.* Anagrama, Madrid.

Brooker, G. (1976). The Self- Actualizing Socially Conscious Consumer. *Journal of Consumer Research*, 3 September.

Burroughs, J.E., & Rindfleisch, A. (2002). Materialism and Well Being: A Conflicting Values Perspective. *Journal of Consumer Research*, 29(3).

Cervantes, M. (1605). *El Ingenioso Hidalgo don Quijote de la Mancha.*

Dutt, A.K. (2006). *Consumption and happiness: alternative approaches.* Department of Economics and Policy Studies, University of Notre Dame. Rough draft prepared for the conference on New Directions in the Study of Happiness, University of Notre Dame, Indiana.

Easterlin, R.A., Angelescu McVey, L., Switek, M., & Smith, J. (2010). *The happiness–income paradox revisited.* Department of Economics, University of Southern California, Los Angeles.

Elias, N. (2010). *El proceso de la Civilización.* Fondo de Cultura Económica, Madrid.

Fisher, M. (2008). *Capitalist Realism. Is there no Alternative?.* O Books, John Hunt Publishers. London.

Frankl, V.E. (1999). *El Hombre en busca del sentido último.* Paidós, Barcelona.

---

238 Hadot, P. (2002). *La philosophie comme manière de vivre.* Albin Michel, París.

Fromm, E. (2005). *El hombre Unidimensional. El cierre del universo del discurso.* Ariel, Barcelona.

Fromm, E. (1991). *Del tener al Ser. Caminos y extravíos de la conciencia.* (Obra póstuma) Paidós, Barcelona.

Galí, J.M. (2006). *El Jefe que maltrata y la Empresa que no repara.* Ed. Granica, Barcelona.

Hadot, P. (2002). *La philosophie comme manière de vivre.* París, Albin Michel.

Hadot, P. (1992). *La citadelle intérieure. Introduction aux Pensées de Marc Aurèle.* Fayard, París.

Hischhorn, L. (1992). *The Workplace Within. Psychodynamics of Organizational Life.* The MIT Press. Boston.

Kourilsky, M., & Trudy, M. (1981). The Use of Economic Reasoning to Increase Satisfaction with Family Decision Making. *Journal of Consumer Research*, 8 September.

Lipovetsky, G. (2005). *Los tiempos hipermodernos.* Anagrama, Barcelona.

Marcuse, H. (1965). *El Hombre Unidimensional. Ensayo sobre la ideología de la sociedad Industrial Avanzada.* Ariel, Barcelona.

Marcuse, H. (1983). *Eros y Civilización.* Sarpe, Barcelona.

Matthews, G., Zeidner, M., & Robert, R.D. (2002). *Emotional Intelligence, Science&Math.* Bradford Book, MIT, Boston.

Miralles, F. (2008). *L'autoajuda al descobert.* Ara Llibres, Barcelona.

Petty, R., & Caccioppo, J. (1986). *Comunication and Persuasion. Central and Peripherical Routes to Attitude Change.* Springer Verlag.

Rajan, R.G. (2010). *Fault Lines.* Princeton, University Press.

Schudson, M. (1984). *Advertising, The Uneasy Persuasion.* Basic Books, New York.

Sennett, R. (2004). *La Corrosión del Carácter.* Anagrama, Barcelona.

Sicard, M.C. (2005). *Les Ressorts Cachées du Désir. Trois issues à la crise des marques.* Village Mondial Pearson Education, Paris.

Stearns, P.N. (2006). *Consumerism in World History. The Global Transformation of Desire.* Second Edition. Routledge New York.

Stevenson, B., & Wolfers, J. (2008). *Economic Growth and Subjective Well-Being: Reassessing the Easterlin Paradox.* Brookings Papers on Economic Activity, Spring.

Veenhoven, R. (2004). Sustainable Consumption and Happiness. *Paper presented at the international workshop Driving forces and barriers to sustainable consumption University of Leeds,* UK, March 5-6, 2004.

Velilla, M. (1970). *Psicoanálisis del comercial de Televisión.* Editorial Hispano Europea, Barcelona.

Watchravesringkan, K., Brown McCabe, D., & Yurchisin, J. (2008). *An exploratory investigation of Materialism, Horizontal vs. Vertical Individualism-Collectivism and their relationships. A Study of four countries.* Working Paper, University of North Carolina.

Wolfe, D.B., & Sisodia, R. (2003). Marketing to the self-actualizing customer. *Journal of Consumer Marketing,* 20(6).

Zeidner, M., Matthews, G., & Roberts, R.D. (2009). *What We Know About Emotional Intelligence How It Affects Learning, Work, Relationships, and Our Mental Health.* A Bradford Book, The MIT Press, Cambridge, Massachusetts.

Zizek, S. (2010). *Living in the End Times.* New Republic, London, New York.

Capítulo 4

Desestabilización del sistema y emergencia del ca rácter post-consumista

Dos debates: decrecimiento y sostenibilidad

Los debates sobre el decrecimiento sobre la sostenibilidad están a la orden del día. Los medios de comunicación recogen el eco de quienes se preocupan de las consecuencias negativas del crecimiento y de quienes trabajan en sostenibilidad y también de aquellos que lo reducen al ecologismo y lo califican de auténtica "religión", una imposición ideológica sin fundamento científico, como parece que cree buena parte de la derecha de nuestro país. Prestigiosos economistas hablan de ello pero para muchos es un tema a "no tocar". Otros investigan modelos de desarrollo que no conlleven "crecimiento" tal como lo entendemos en la actualidad. La investigación muestra que si bien los análisis sobre las consecuencias del crecimiento actual tienen una razonable fiabilidad y validez, las propuestas concretas y pragmáticas para corregir la deriva insostenible son dispersas y parciales cuando no declaraciones de buenas intenciones, sin ninguna posibilidad de ser asumida por los programas políticos reales. Como bien dice Latouche[239] *"al final, aparte de algunos avances importantes en el plano ecológico en Alemania y algunas conquistas sociales en Francia (el RMI – salario mínimo interprofesional- y las 35 horas), ni la Europa social ni la Europa ecológica no han avanzado en absoluto, a pesar de mayorías de gobiernos de izquierdas".*

---

239 Latouche, S. (2004). *Petit Traité de la Décroissance Séreine*. Mille et Une Nuits, Paris.

En este sentido, a parte de los lamentos que podamos emitir, la lectura de los programas políticos de los que tienen por bandera el decrecimiento muestran una voluntad clara de invertir la mayoría de las tendencias que se observan en el mundo actual: invertir la globalización e ir a la localización, invertir la libertad de movimiento de capitales (pero no de trabajadores). Algunos llegan a proponer detener el progreso tecnológico. Se nos hace difícil ver como tal programa puede ser asumido por alguien que pueda tener relevancia o poder en las instituciones. Estos enfoques son revolucionarios en el sentido de que solo pueden ser implementados en base a la destrucción y sustitución de las instituciones sociales actuales. Son enfoques que pueden tener un cierto impacto de creación de consciencia en la sociedad pero provocan frustración, sensación de que el sistema no puede evolucionar, y que por lo tanto solo evolucionara desde el mayor menor colapso y/o la revolución de aquellos que en este colapso encuentren su oportunidad. En este sentido la posición de Latouche no difiere mucho de las posiciones de filósofos neocomunistas como Zizek o Fisher.

Nuestra postura va más en la línea de lo que se ha denominado la "tercera vía". Ya hemos dicho en la introducción de este trabajo que nos parecen interesantes las catarsis y los programas de buenas intenciones, pero pretender que programas políticos neo-medievalistas puedan recibir el apoyo mayoritario en el siglo XXI, es consolarse en una nueva religión que puede ayudar a serenar algunos espíritus pero probablemente no ayude mucho a avanzar en la solución a los problemas a los que nos enfrentamos.

El reto actual es lograr que los representantes políticos de los partidos mayoritarios, que suelen ser una izquierda socialista moderada o una derecha más o menos liberal, asuman los postulados mínimos del desarrollo sostenible y no dejen que la bandera de la sostenibilidad sea propiedad de una izquierda que, perdido el socialismo comunista como referente ideológico, ha abrazado el ecologismo y la sostenibilidad como tablón de salvación de un proyecto naufragado. En los países ha avanzado más el mensaje "verde" ha sido asumido por este núcleo de centralidad política, como en Alemania, el Reino Unido o los países escandinavos.

La posición política que defendemos ha venido a llamarse la Tercera Vía, que ya fue elaborada por Marx como vía "imposible", y por Pío XII como vía "necesaria". Aunque las aproximaciones sobre lo que es la tercera vía son bastante distintas, y muy influenciadas por los entornos sociales de los diferentes países, lo que es común en todas ellas es el reconocimiento del rechazo social a un modelo de control estatal sobre la economía y a la vez la constatación de las consecuencias disfuncionales del liberalismo dejado a su libre albedrío y al albur de los mercados. Lo que es común en la tercera vía como filosofía política es la necesidad de no intentar imponer un modelo sino realizar los procesos adaptativos necesarios con total eclecticismo, de manera que permitan compaginar el crecimiento económico con la mayor justicia social posible sabiendo que el sistema tiende a la desigualdad y a la injusticia. En la política real, la tercera vía se ha visto en los últimos años bastante desacreditada, sobre todo después de que algunos de sus defensores o estandartes, como Tony Blair, no la respetaran como agenda de gobierno.

Actualmente, la Tercera Vía es prácticamente inexistente en el Reino Unido. El mismo Giddens, uno de los ideólogos de la tercera vía, está repensando la socialdemocracia[240]. Los franceses, sin decirlo, son los verdaderos aplicadores de la tercera vía. Si bien la sociedad francesa ha recibido en los últimos diez años fuertes críticas por ser "rígida" y poco creativa, lo cierto es que Francia ha soportado mucho mejor la crisis que otros países. Alemania es quizá el país donde la tercera vía tiene una aplicación más práctica y menos ideológica a través de la capacidad del pueblo alemán y de sus políticos de ponerse de acuerdo en los grandes temas de país, con una filo-

---

240 Giddens, A. (in press). *The Third Way.* The Renewal of Social Democracy.

sofía política basada en la prevención del daño posible. Los países escandinavos también han seguido esta vía.

Dentro de esta línea de filosofía política, incluso en el foro de Davos, −probablemente el más importante núcleo de reflexión sobre el capitalismo mundial, y poco sospechoso de querer poner en cuestión el sistema capitalista− se discute si dejar que el sistema evolucione y cambie hacia un nivel de consumo más sostenible es suficiente para evitar la previsible crisis de recursos naturales que se prevee para mediados del siglo XXI. Según las conclusiones de la última reunión en 2011 se necesita una auténtica transformación a todos los niveles para llegar a una cultura de Consumo Sostenible[241] que se considera imprescindible:

"Las empresas están experimentando con nuevos modelos de negocio; algunos gobiernos se han comprometido en medidas políticas radicales. Ambos están siendo sacudidos por un nicho de consumidores que demandan productos más sostenibles. Las innovaciones tecnológicas están reduciendo la intensidad de uso de los recursos. Estos hechos son importantes y van en la dirección adecuada. Pero no ocurren ni en la velocidad necesaria ni en la escala necesaria. No son suficientes ni contribuyen a la trasformación que se necesita".

En el debate de la sostenibilidad, algunas conclusiones aparecen bastante claras. La primera de ellas es que no existe una formulación de alternativa global al sistema actual de crecimiento que tenga un anclaje en la historia reciente, en las instituciones actuales ni en ningún grupo social que tenga influencia suficiente para desencadenar un proceso de cambio. La segunda es que el discurso de la tercera vía, que era el que podía de alguna manera englobar el pensamiento y la praxis sobre la economía sostenible, ha quedado barrido por el tsunami neoliberal de los últimos veinte años, que también

---

241 World Economic Forum; Deloitte Touche Tohmatsu (2011). *The Consumption Dilemma. Leverage Points for Accelerating Sustainable Growth*. Davos Forum.

ha contaminado la izquierda, que ha terminado en la crisis financiera global en 2008, y en la posterior recesión en la que aun estamos sumidos. Los gobiernos surgidos de una situación de crisis no suelen ser más progresistas que los que la desencadenan, y en Europa es la derecha la que gobierna en Alemania, Reino Unido y Francia. Los Estados Unidos están titubeando en la creación de un mínimo Estado del Bienestar. Los países en los que el debate de la sostenibilidad ha logrado una buena permeabilidad en todo el sistema político y económico son los países nórdicos y Alemania, donde por cierto los verdes acaban de hacerse con uno de los Länder más importantes del país, y no dudarán en cerrar alguna que otra central nuclear.

Parece claro que en la medida en que los términos "sostenibilidad", "crecimiento" y "empleo" sean percibidos como antagónicos, que se perciba que no se puede compatibilizar consumo responsable, crecimiento, economía de mercado y bienestar, será imposible avanzar en el camino de las reformas que propone la tercera vía, la "imposible" según Marx. Asumir la compatibilización de estos objetivos supone regresar a que el Estado, la política, prevalezca sobre la economía y que la Política en mayúscula y no los mercados deben dictar donde se destinan los recursos que se generan a través del ahorro de los ciudadanos. Los ciudadanos deben –a través del Estado– decidir dónde se invierte, dónde se innova, a quién se penaliza y a quién se ayuda, qué sectores se impulsan y qué sectores se dejan morir. La auténtica democracia es la que se deriva del control que los ciudadanos tienen de la economía a través de los instrumentos e instituciones democráticas, que son las que aplican el poder del Estado en beneficio de todos. El problema no es si la economía debe ser libre o menos libre. El problema es quién domina el Estado: si los ciudadanos a través de la participación democrática o las grandes corporaciones capitalistas a través de la despolitización masiva de la ciudadanía, utilizando entre otros el bálsamo del consumo.

A pesar de los retrocesos causados por la coyuntura actual, algunas tendencias a largo plazo apuntan a que en este proceso de creación de una economía sostenible las decisiones de los consumidores pueden tener un rol relevante. La magnitud y el impacto de este rol dependerán en gran medida de como la política lea y catalice estas señales, que como veremos a continuación, son en algunas sociedades relativamente visibles.

La debilitación del carácter consumista: desarrollo socio económico y valores

La debilitación del carácter consumista obedece a un conjunto de cambios sociales y de estructura económica que provocan un fenómeno de evolución y sustitución de valores. Algunos valores tienden a debilitarse y otros toman su relevo. Si se debilita el carácter es porque otro conjunto de valores, antagónico o evolucionado, erosiona las bases sobre las que el sistema ha creado una rueda conductual que se autoalimenta y reproduce aparentemente sin fin. Alguna pieza del sistema se debilita, y según el enfoque sistémico el debilitamiento de una pieza debería afectar a todas las demás de tal forma que todo el sistema se desestabilizaría y probablemente iniciaría un proceso de cambio. Existen síntomas de que este proceso puede llegar a iniciarse. Uno de ellos, quizá el más importante, es la emergencia de los valores post-materialistas, que está bien documentada por repetidas investigaciones durante los 30 últimos años sobre la evolución de los valores en las sociedades desarrolladas y en las sociedades en crecimiento.

Inglehart y Welzel (2005), el primero desde la Universidad de Michigan y el segundo desde la Universidad de Bremen, son los autores de referencia que lideran a un numeroso equipo de investigadores agrupados alrededor del *World Values Survey*. Esta institución trabaja en todo el mundo y constituye una base de datos inigualable sobre la evolución de los valores a nivel de la mayoría de los países del mundo. En uno de los compendios más completos de las investigaciones sobre estas bases de datos, los autores concluyen[242]:

"Interpretamos el cambio social contemporáneo como un proceso de desarrollo humano, que produce sociedades cada vez más humanistas, que ponen más énfasis en la libertad humana y la autoexpresión. Una canti-

---

242 Inglehart, R., & Welzel, C. (2005). *Modernization, Cultural Change and Democracy. The Human Developpment Sequence*. Cambridge University Press, New York.

dad muy importante de datos en múltiples naciones muestran que:

1. La modernización socioeconómica;

2. Un cambio cultural hacia la autoexpresión y

3. La democracia son todos ellos componentes de un único proceso subyacente: el desarrollo humano.

El desarrollo socioeconómico reduce los condicionantes externos en la capacidad de elegir, gracias al incremento de los recursos materiales, cognitivos y sociales. Este hecho lleva a un énfasis general de los valores auto-expresivos, lo que a su vez lleva a la demanda pública de más libertad civil y política, de más igualdad de género, de gobierno responsable, lo que ayuda a establecer y sostener instituciones más adecuadas a maximizar la capacidad de elegir –en una palabra, la democracia–".

El camino que recorre esta tendencia general no es el mismo en todos los países y la velocidad a la que lo recorre tampoco. Está condicionado no sólo por los factores de desarrollo económico sino por la evolución histórica de cada país, que condiciona su marcha y velocidad. Las dos dimensiones básicas alrededor de las cuales las sociedades evolucionan, según los autores, son en primer lugar la dimensión Tradicional-Secular, que hace referencia a la prevalencia de valores anclados en la religión versus los valores anclados en el conocimiento, y en segundo lugar los valores de Supervivencia contrastados con los valores de Auto-expresión, propios de sociedades done el desarrollo económico y social proporciona a los individuos un sentido suficiente de seguridad. En su análisis, los autores muestran como existen diversos caminos para acercarse al cuadrante secular/autoexpresión. Países muy seculares (por ejemplo los países ex comunistas) están en el cuadrante de los valores de supervivencia, aunque con el desarrollo económico tendrán a compartir valores de auto-expresión. La tendencia general es a más secularidad y a un incremento de los valores auto expresivos, aunque desde puntos de partida y velocidades bien distintas entre países.

El segundo factor que estudian los analistas de la base del *World Values Survey* es el ritmo de cambio. Ahí las conclusiones son muy claras: la "generación" es la unidad temporal de cambio. Las personas que nacen y se desarrollan en un entorno de valores determinado no suelen cambiar sus valores básicos durante todas sus vidas. La evolución es lenta y se da por reemplazo generacional. Y es frecuente que traumas sociales (guerras, grandes crisis y catástrofes) lleven a reinversiones de la tendencia.

¿Cuál es la relación entre esta evolución y el debilitamiento de los valores que están en la base del consumismo? Los trabajos de Stolle y Micheletti que analizaremos con detalle más adelante, muestran que uno de los factores más importantes que explican el activismo político consumerista, es decir, la adopción de conductas sostenibles y responsables en el consumo, es precisamente el nivel de valores post materialistas del ciudadano.

Es en los países escandinavos donde se observan con más nitidez estos fenómenos. Bi Puranen (2010)[243] nos da algunas pistas interesantes en uno de los países más avanzados en cuanto a valores postmaterialistas: *"Los jóvenes suecos son muy conscientes de que su estilo de vida conlleva un consumo muy alto de energía. La mayoría están convencidos de que vale la pena pagar más por las energías renovables, aunque muchos no saben muy bien en qué consisten estas alternativas".*

Evidentemente estas actitudes no describen a los jóvenes españoles ni a la de la inmensa mayoría de países del mundo.

---

243 Puranen, B. (2010). Documento no publicado (ver www.bikupan.se)

La prevalencia de los valores post-materialistas puede verse en la tabla 3[244].

Índice Post Materialismo (%) 5ª Oleada 2005-2008	
Suiza	30,4
Francia	25,7
Suecia	24,6
Canadá	23,9
Noruega	22,4
Alemania	22,1
Australia	20,2
Italia	19,5
Reino Unido	18,2
Holanda	17,9
España	17,4
Chile	15,6
Finlandia	14,3
Perú	14,0
Nueva Zelanda	14,0
Estados Unidos	12,1
Turquía	11,9
Japón	10,7
Brasil	9,0
India	6,3
Polonia	5,6
China	3,3
Corea del Sur	3,2
Rusia	1,2

Tabla 3. Índice Post Materialismo (%) 5ª Oleada 2005-2008. (World Values Survey)

---

244 El índice está calculado como combinación de diversos ítems del cuestionario de valores que puede verse en la web del World Values Survey. La fiabilidad y validez de este índice esta contrastada en diversos estudios empíricas que pueden encontrarse también en este portal y en el libro citado de Inglehart y Welzel. La cifra que aparece en la tabla es el porcentaje sumado de los "top two boxes" más cercanos al materialismo sobre una escala de 5 puntos.

Lo que aparece claramente es que la prevalencia de valores post-materialistas está correlacionada con pertenecer a países ricos, con niveles de seguridad económica muy alta y niveles de consumo también altos. A la cabeza esta Suiza, un país con una renta per cápita de más de 40.000 dólares al año. Sin embargo la riqueza medida por el PIB no es el único factor explicativo de la prevalencia de valores postmaterialistas. Como bien analizan Inglehart y Welzel, otros factores explican la transición a este sistema de valores. Los llamaremos "mediadores" de la transición, y los describiremos en el apartado siguiente.

El análisis del nacimiento del postmodernismo nos lleva a preguntarnos sobre los valores de los jóvenes en los países donde los índices son más elevados. Encontramos en este sentido contradicciones muy importantes entre los trabajos realizados por institutos públicos y semipúblicos y las consultoras que hacen estudios de mercado para las empresas. En lo que parece que todos los analistas están de acuerdo es que los valores de los jóvenes en estos países están tremendamente marcados por el entorno de gran confort material y de crecimiento económico en el que se han formado. Son jóvenes que probablemente declaran actitudes relativamente post materialistas, pero son dependientes del nivel de consumo al que se han acostumbrado. Como bien explica Bi Puranen[245], *"Los nacidos en los 60, 70 y 80 tienen en común que, a pesar de su aceptación plena de los valores e la sociedad industrial, están preparados para abstenerse de un estilo de vida de gran consumo de energía en interés de la sostenibilidad y la ecología. Pero en la sociedad post industrial de la información los jóvenes de hoy están cautivos de sus propias necesidades de consumo energético y más bien pugnarán por encontrar una solución realista a los problemas de consumo de energía...".*

---

245 Puranen, B. (2010). Documento no publicado (ver www.bikupan.se)

Algunos estudios muestran a esta generación muestra un nivel de egocentrismo y de sensación de infinitud en sus aspiraciones que hace sospechar que difícilmente renunciarán al nivel de consumo al que han estado siempre acostumbrados. Muestran además un nivel de hedonismo extraordinario, son una generación egocéntrica y a la vez virtualmente y a distancia socio céntrica, sin los roces materiales derivados del contacto social real, con las ventajas del contacto social como consumo virtual prescindible. Una generación que probablemente mostrará valores post materialistas pero que no creemos que sea un motor de cambio más activo que la generación anterior.

Las tendencias descritas en el apartado anterior no son lineales ni se dan de forma automática y predeterminada en las sociedades desarrolladas. Existe una multiplicidad de factores que condicionan las evoluciones anteriores. Los trabajos de Inglehart y Welzel nos recuerdan que los valores post materialistas solo aparecen en sociedades muy secularizadas y con alto nivel de desarrollo. En sociedades donde la secularización se ha impuesto a la fuerza, como en los países del antiguo bloque comunista, pero sin un nivel alto de riqueza, estos valores no emergen. La historia del país también es un factor importante: en algunos países el desarrollo social no ha comportado un proceso de secularización como en el que se observa en los países nórdicos. Estados Unidos o España son un ejemplo de ello. En otros países, existen tradiciones indígenas que han aportado y aportan al desarrollo una consciencia de respeto a los recursos naturales y de valores no consumistas que sorprenden por su fuerza, como Perú, por ejemplo.

A parte de los factores estructurales, que se explican básicamente por la historia, los factores de coyuntura son importantes. Cada vez que se da un proceso de crecimiento económico, más sano o más especulativo, parece que en la sociedad, en mala consciencia consumista, aparecen movimientos que abogan por moderar el consumo y tomar consciencia de la responsabilidad de consumir. En épocas de crisis, ocurre lo contrario. Los estudios de mercado muestran claramente que después de la crisis del 2008 el grado de consciencia sobre el impacto negativo del consumo en el medio ambiente ha descendido. Las personas se preocupan por mantener su nivel de consumo, no por ser más responsables del impacto social del mismo.

El ciclo de vida internacional del carácter consumista

El mimetismo es un factor fundamental en la explicación del desarrollo del carácter consumista. El mimetismo que se da entre personas también se da entre pueblos, entre gente del campo y la ciudad, entre países más ricos y menos ricos, entre sometidos y conquistadores. Los trabajos de Stearns sobre el desarrollo del consumismo nos dan una buena idea de cómo la forma de vida consumista ha ido permeando los distintos países y civilizaciones, de una forma progresiva, lenta, ineluctable y con matices históricos y culturales propios en cada país. No hay duda que el origen de la mentalidad consumista se encuentra en Europa, en la Europa industrial del siglo XVIII, y durante el siglo XIX la mentalidad consumista se vio acelerada por el Romanticismo en lo ideológico y por la creación de una clase trabajadora que se incorporaba en un sistema de producción que alienaba del trabajo y dejaba como única vía de escape el consumo, primero reducido y después a gran escala, como cataplasma que permitía soportar la penuria y el castigo en el trabajo. La progresiva constitución de lo que se ha venido a llamar clase media, y su posibilidad de contacto con un mundo de productos casi ilimitado, queda bien reflejada en la aparición de los grandes almacenes como gran innovación social, en los que cualquier persona podía entrar en contacto con una gran cantidad de productos en régimen de libre servicio. Era el paraíso de mediados del XIX, de la misma forma que el centro comercial moderno se ha constituido como el paraíso del siglo XX y el del siglo XXI en los países emergidos o emergentes.

De Europa el carácter consumista cruzó el Atlántico, y a pesar de las resistencias que encontró en la sociedad Americana, calvinista y puritana[246], a principios del siglo XX los Estados

---

246 La apertura de los primeros Grandes Almacenes en los Estados Unidos no estuvo exenta de polémica: algunos detractores los consideraban lugares de perdición en los que se estimulaba de manera indecente el consumo de los productos tan bellamente expuestos y al alcance de todo el mundo.

Unidos tomaron la iniciativa en el desarrollo de la sociedad consumista, apoyado por el crecimiento económico y de una clase media que empezaba a celebrar actos de consumo el día de la Madre, el de San Valentín, convirtió a Theodore Roosevelt en un osito de peluche (*teddy bear*), desarrolló la industria del cine como ocio fundamental, etc... Es en esta época donde el consumismo americano empieza a ser imitado en Europa, aunque las dos guerras mundiales supusieron un freno en su desarrollo en el viejo continente. Las ideologías fascistas nacidas en el período de entreguerras y que desembocaron en la segunda guerra mundial actuaron de freno contra la mentalidad consumista, por cuanto el consumo era una actividad que iba en contra del ahorro de recursos para financiar una industria pesada fundamental para sus objetivos expansionistas militares. La ideología fascista y el comunismo son anticonsumistas por naturaleza, por cuanto exigen la igualdad de los ciudadanos, el poder absoluto del estado y la alineación total en los objetivos que propugna cada una de las particulares declinaciones nacionales del fascismo. La expresión pública de la diferencia y de la desigualdad a través del consumo público de productos, la asignación de valor simbólico a los productos es en el fascismo y en el comunismo una imposibilidad ideológica fundamental. Es precisamente el símbolo de lo que no debe ser, del enemigo capitalista por parte del comunismo y de la descomposición moral liberal por parte del fascismo.

La consolidación del sistema consumista requiere según los análisis de Fuat y Venkatesh[247] - que se den a la vez los siguientes fenómenos, que describen bien cómo se consolida la sociedad de consumo:

- La separación de los dominios público y privado y la identificación del consumo como un ámbito privado.

---

247 Fuat Firat, A., & Venkatesh, A. (1995). Liberatory Postmodernism and the Reenchantement of Consumption. *Journal of Consumer Research*, 22(3), 239-267.

- La construcción del relato consumista a través del discurso público y de los medios de comunicación.

- La asignación del hombre al trabajo y la mujer al rol privado en el que se hace cargo de la mayoría de los actos de compra.

- La conversión de los consumidores en compradores a través de las técnicas de marketing: se trata de que compren, no de que consuman lo que producen directamente.

Imaginemos un país, por ejemplo Perú, donde el desarrollo del carácter consumista se encuentra en su fase inicial. De un país básicamente rural se pasa a un país con una enorme concentración metropolitana en muy poco tiempo, en menos de una generación. Lima tenía en el año 1930 una población de 210.000 habitantes, y en el año 2000 más de 7 millones, 9 en la actualidad. El responsable de urbanismo de Lima nos comentaba que en los años 80 había días en que llegaban más de 5000 personas a la ciudad, provenientes del campo, donde dejaban su vida rural comunitaria (Perú es un país de tradición indígena con fuertes valores comunitarios), basada en la convivencia en pequeños grupos y la explotación colectiva de los bienes naturales comunitarios. Llegaban a un mundo urbano, donde lo primero que hacían es marcar un pedazo de tierra, como los *squatters* en Norteamérica, normalmente de propiedad pública, y se lo apropiaban para construir una vivienda en la que empezaban una nueva vida en la que lo colectivo se reduce a intentar una buena vecindad para combatir la miseria y asegurar una mínima higiene. El siguiente paso era la búsqueda de un trabajo, que se intercambiaba por un sueldo que por lo menos aseguraba la subsistencia. Con el tiempo, esta masa trabajadora se integra en el sistema industrial y de servicios de la urbe, lo que permite con gran esfuerzo adquirir una propiedad inmobiliaria que, reconocida por el Estado, es garantía para soñar en endeudarse para avanzar en consumo o inversión. Empieza la relación con el sistema financiero. Con el sentimiento de propiedad reconocida y garantía bancaria, se accede a las tarjetas de crédito y se dan los primeros escarceos con el consumo no estrictamente necesario. También es la época en la que se empiezan a oír los relatos de todos aquellos que llegaron y arriesgaron montando un negocio que les ha ido bien y que les ha dado dinero para acceder al bien más simbólico de la sociedad consumista: el automóvil. Es la nueva clase media emergente que anda en automóvil y se va a la playa los fines de semana, o incluso va de vacaciones. Son los relatos que amplifica y dramatiza la televisión, que comparten los familiares que piensan que vale la pena esforzarse para llegar a ser "como los de la tele".

El discurso público habla de progreso y de desarrollo, a veces con añadidos nacionalistas de proyectos identitarios y patrióticos, posicionándose a favor o a la contra de las grandes potencias a las cuales se admira como referente pero se odia como explotadores de los propios recursos. Es la época en la que mayoritariamente son los hombres los que trabajan fuera de casa, y las mujeres o cuidan de la prole o bien hacen a lo sumo trabajos domésticos precarios. Es la época en la que produce la primera explosión del consumo básico, la época de los supermercados, de la primera concentración de la distribución y de la publicidad que estimula a parecerse con el vecino, siempre más rico y más listo. Es la época en las que el laborante adquiere los derechos de consumidor, para quien la felicidad consiste en pasarse los sábados por la tarde en el supermercado llenando el carro de esta enorme abundancia de bienes, o para los más afortunados, en el centro comercial, comprando equipamiento personal.

Cada vez se tiende a comprar más cosas y a hacer menos cosas en casa. Es el inicio de la madurez de la sociedad de consumo, en la que la siguiente generación se sentirá en su habitus en palabras de Bourdieu; olvidando que tampoco hace tanto tiempo que sus padres se hacían el pan en casa.

Encontramos en este relato recurrente todos los temas que Firat y Venkatesh apuntan como factores que explican la génesis del consumidor, factores de socialización en el consumo que en un par de generaciones se integran en el repertorio de las respuestas automáticas de los hijos y los nietos.

La traslación simbólica de la posesión al uso

Más allá de los valores, que sólo reflejan tendencias muy a largo plazo, nos preguntamos si los cambios observados en la sociedad postmoderna tendrán un impacto real sobre las conductas de consumo. No hay nada que haga suponer que los cambios serán radicales. Son tendencias que se dan en las sociedades más ricas del mundo, en las que los individuos poco tienen que temer y en las que la salud y las necesidades materiales básicas están aseguradas. Son sociedades en las que la marginalidad esta en niveles muy reducidos y controlados. Son sociedades a las que probablemente muchas otras se quisieran parecer pero de las que están extremadamente lejos en términos de desarrollo económico y social. No es razonable pensar que los cambios hacia un consumo más sostenible vendrán cuando los países de todo el mundo lleguen a los 50 mil dólares de renta per cápita y se planteen cambiar sus formas de consumo como derivación de la emergencia de los valores post consumistas, o post materialistas.

A mi entender, un fenómeno es clave en la aceleración de este proceso: la traslación simbólica de la posesión al uso. Con ello queremos significar una evolución en la que los productos y las marcas no dominen a las personas como consumidores a través de la relación de posesión sino que sean las personas las que dominen el producto a través del valor de uso. La debilitación del fetichismo de la mercancía es desde la óptica del consumidor lo que en términos periodísticos se denomina la tendencia "no logo", es decir, la reducción de la mercancía a su valor de uso. En este sentido, llegamos a la conclusión, y a la vez punto de partida, de que la alienación consumista va de la mano con la sacralización del valor de las marcas y de la valoración de los activos intangibles y simbólicos en general.

Los fenómenos de inflación del valor simbólico de los productos, bien sea por que a la categoría se le "añade" valor simbólico sea porque al producto se le añade "una marca que lo diferencia" se encuentran en la raíz del carácter consumista. Lo que empresarialmente puede parecer legítimo, tener una marca fuerte y reconocida para que el mercado sea menos transparente, para que el consumidor decida de forma menos racional y pague un sobreprecio, se convierte a nivel social en la base adoctrinamiento consumista. Cuando los niños y adolescentes utilizan básicamente marcas de consumo para discurrir entre las contradicciones sus crisis de identidad nos damos cuenta hasta qué punto el fetichismo de la mercancía y el fetichismo de las marcas es un elemento central en la construcción del carácter social. Solía decir Marx que este dominio de las personas por parte de los productos y las marcas es uno de los fenómenos más misteriosos de nuestra estructura social. Cuando los productos dominan el "entre las personas" estamos ante el fetichismo de la mercancía o de las marcas, en versión contemporánea. Cuando las marcas sustituyen a los productos en el "entre las personas" estamos ante la supremacía absoluta del significado simbólico, ante el fetichismo en estado puro, en la separación del símbolo del producto, de la misma forma que se había anteriormente alienado el producto del uso. Uso humano, producto poseído, símbolo posesor. Son las tres estaciones de la alienación consumista y de la deriva insostenible. *No logo* significa volver una estación antes, al producto. *No producto* significa volver del producto poseído al uso humano, a la condición de utilización de un bien común.

Cuando Marx describe la consciencia de clase, nos da una pista interesante sobre los factores que pueden acelerar este proceso de retorno a una estación de salida donde existe la consciencia de responsabilidad ante el objeto. De la misma manera que la revolución del proletariado solo era posible si se daba una concienciación en alguna parte de la clase explotada, la revolución consumerista se dará en la medida en que alguien, algún grupo, inmerso en la masa consumidora tome conciencia de su estado de alienación, y defienda que un producto no es un consumible resultado de un proceso industrial sino un bien que debe ser usado con respeto y que nos ayuda a vivir mejor, un regalo de la transformación responsable y respetuosa que hace el hombre con la naturaleza. Esta consciencia es sin duda algo más que la suma de determinadas actitudes que podemos encontrar en individuos de países más o menos avanzados. Es más que la suma de valores más o menos emergentes. La consciencia social es un fenómeno grupal, social, no es la suma de consciencias individuales. Es fundamental tener conocimiento de la forma en la que las consciencias individuales subjetivas se transforman en una auténtica consciencia de clase y desencadenan movimientos transformadores. Los enfoques marxistas clásicos proponen que solamente una clase o parte de una clase reúne las condiciones que posibilitan que su consciencia se convierta además en acción revolucionaria, que se desencadenará, en palabras de Lukacs[248], cuando veamos que el barranco de la insostenibilidad ya aparece en el horizonte.

¿Cuáles son las clases en la sociedad de consumo? A nuestro parecer aparece claramente como clase dominante un conjunto de individuos que, si bien su existencia no es ninguna novedad, en la sociedad actual dominan la escena capitalista y son los ejecutores inconscientes de una deriva peligrosa. Son los directivos (y algunas veces propietarios) de grandes o muy grandes corporaciones y aquellos que las financian. Los dueños del conglomerado financiero/mediático e industrial. Lo importante no es a quién pertenece el capital. Lo importante, lo decisivo, es quien lo maneja, que en definitiva es quien se lucra con él. La clase dominante es la que consigue quedarse con los beneficios y socializar las pérdidas. La que consigue que se rescaten sus empresas y sus bancos y que se desahucie sin miramientos a los que se han endeudado más de la cuenta (a instancias de los bancos y de los políticos que les animaron a hacerlo). La que ha conseguido que la política abandone la función que la legitima, que es proteger a los dé-

---

248 Lukacs, G. (1923). *Historia y Conciencia de Clase*.

biles de los abusos de los fuertes y crear una sociedad más equilibrada y más libre.

La culminación del poder de esta clase dirigente en la crisis actual se ha visualizado de una forma clara a través de las operaciones de "rescate" de bancos, cajas, empresas, y todo tipo de instituciones que deberían haber caído o sido nacionalizadas. No estamos en contra de rescatar a la banca para evitar males mayores. Pero que el Estado después del rescate devuelva los bancos a sus propietarios y gestores, sean los mismos, u otros, aunque haya ganado dinero con la operación, es una de las líneas de falla del sistema, una falla moral, que es por donde empiezan a resquebrajarse todos los sistemas. Cuando los dirigentes del sistema reniegan de sus propios principios - la destrucción creadora de Schumpeter, la libre competencia de Smith - en beneficio de los bolsillos de su clase, y esto es no solo permitido sino alentado por la clase política nos encontramos ante una nueva forma de dominación que sólo tiene de democrático la apariencia y las formas.

¿De qué clase podemos esperar un eventual proceso de liberación post consumista? A mi entender, una parte fundamental de esta liberación pasa por la toma de consciencia de la alienación humana que provoca el deseo de posesión. Y por la toma de consciencia por parte de los ciudadanos, de todos ellos, de que precisamente esto es lo que estimula el sistema consumista a través de herramientas de persuasión, y de un sistema de legitimación supuestamente social que dice que "si no compramos y consumimos todos iremos mal". La perversión de la posesión se da cuando esta posesión no tiene ninguna relación con el uso material y su uso se reduce a un significado social. Una sociedad en la que se prioriza la capacidad de sus ciudadanos por "usar responsablemente" difícilmente será una sociedad insostenible. Una sociedad cuya economía se basa en la posesión es una sociedad insostenible, puesto que si bien el uso siempre tiene el límite de la propia vida, del tiempo, de la energía y de las prioridades personales, la posesión es ilimitada puesto que parte del principio de acumulación, del "cuanto más mejor".

Cuando lo que impide la toma de consciencia es el consumo, la liberación es más difícil que cuando lo que la tapona es la dominación por la religión, el sistema de castas o la clase social. El consumo es un subrogado de la libertad, una falsa libertad, una promesa de libertad infinita recompensada de forma inmediata con el valor efímero de la posesión. Dadas estas características de la alienación consumista, es probable que la toma de consciencia del propio estado de alienación solo se produzca en estados extremos tanto de bienestar como de malestar. En las situaciones de bienestar, y de seguridad generalizada, solamente a algunos individuos socio céntricos la visión de una sociedad más humana les lleva a tomar consciencia de la circunstancia y les desencadena un proceso que puede llevar a rechazar, incluso a veces a rechazar con virulencia, del carácter consumista. Conocemos ejemplos de este proceso en publicitarios que han despertado de su "sueño" y han abandonado la profesión y han construido elementos para combatirla, como algunos de los fundadores de goodguide.com[249]. En los casos de malestar, de inseguridad, los ciudadanos empiezan a reconocer que la ilusión del consumo les había creado una falsa consciencia de clase, y que con la crisis se han dado cuenta de que no son más que "clase trabajadora", y no clase media como crean ser. Este fenómeno es especialmente notable en los países en crisis de endeudamiento excesivo, como los Estados Unidos, España o el Reino Unido.

Durante estos procesos de cambio de consciencia, se "descubre" la futilidad de reducir el "entre" las personas a simbolismo de los productos y las marcas. Aquí juega el fenómeno que creemos que puede tener un rol fundamental: la traslación del valor simbólico del objeto poseído al acto de consumo. Cuando lo simbólico es el acto de consumir, o sea de usar, como

---

249 Ver www.goodguide.com

expresión fusionada de una voluntad individual y colectiva, el producto deja de ser un objeto exclusivamente simbólico en lo personal y adquiere un nuevo valor funcional/simbólico: es el depositario de un simbolismo social relacionado con el disfrute, la inteligencia y la sostenibilidad, lo que retrotrae a su valor de uso más que el puro significado de clase asociado a su posesión. El acto de compra y la posesión, relacionados con el valor simbólico de clase, – que es un valor de separación, de segmentación, de discriminación– dejan de tener significado social, y la adquiere el uso, lo que aporta al consumo una simbología de relación, de inclusión, de participación colectiva en los bienes naturales o producidos por la humanidad. Agrupación en lugar de segmentación. Focalización en lo que une a todos más allá de lo que nos separa, descarte de lo que no nos distingue positivamente y que provoca ansiedad.

Referencias

Fuat Firat, A., & Venkatesh, A. (1995). Liberatory Postmodernism and the Reenchantement of Consumption. *Journal of Consumer Research,* 22(3), 239-267.

Giddens, A. (in press). *The Third Way. The Renewal of Social Democracy.*

Inglehart, R., & Welzel, C. (2005). *Modernization, Cultural Change and Democracy. The Human Developpment Sequence.* Cambridge University Press, New York.

Latouche, S. (2004). *Petit Traité de la Décroissance Sereine.* Mille et Une Nuits.

Lukacs, G. (1923). *Historia y Conciencia de Clase.*

Puranen, B. (2010). Documento no publicado (ver www.bikupan.se)

World Economic Forum; Deloitte Touche Tohmatsu (2011). *The Consumption Dilemma.* Leverage Points for Accelerating Sustainable Growth. Davos Forum.

www.goodguide.com

Capítulo 5

El rol de los ciudadanos-consumidores

El consumidor postmoderno: ¿liberación o reintegración?

¿Qué es el postmodernismo, el consumidor postmoderno y qué relación tiene con el consumo sostenible? Hay quien dice que la alienación del consumidor moderno, su asignación a una categoría social a través de la capacidad y el tipo de consumo, se ha visto superada por una sociedad en la que el consumo ya no clasifica, ya no estructura la sociedad, puesto que las formas de consumo adquieren una variedad cultural que no solo no estructura sino que permiten a los individuos expresarse en su dimensión simbólica a través del enorme terreno de juego que da la nueva sociedad de la superabundancia supuestamente desestructurada.

En su célebre ensayo sobre la postmodernidad Jameson[2] intenta describir las características de la cultura postmoderna: la dilución de la separación entre la alta cultura y la cultura de masas, la confusión entre filosofía, historia, sociología y psicología; el pastiche, que define como la parodia no crítica (o sea el consumo frívolo, superficial y puramente estético de estilos derivados del pasado); la desintegración del sujeto en múltiples apegos estilísticos temporales que son consumidos igual que las variedades de yogures y galletas. Más radical es su

---

250 Jameson, F. (1982). Postmodernism and Consumer Society. *Conferencia en el Whitney Museum Lectures*. Londres.

análisis de que el postmodernismo es esquizofrénico en el sentido que impide poseer un lenguaje que permita sustentar una relación clara entre el sujeto y el objeto proveyendo un significado estable que permita un relato racional. Se sustituye este lenguaje por un consumo constante de lenguajes, significados, lo que en términos psicoanalíticos impide la formación del yo estable y mantiene el sujeto en una temporalidad presente sin ningún sentido. Es la misma crítica que hace Senett en el ámbito laboral, causada por la imposibilidad de construir un relato coherente de la propia vida laboral, cuando habla de la corrosión del carácter en el sistema capitalista. Jameson concluye: *"Creo que la emergencia del post-modernismo está íntimamente relacionada a la emergencia de este momento de capitalismo consumista y multinacional. Creo que sus características formales expresan de diversas formas la lógica profunda de este sistema social".*

En el ámbito del marketing académico el debate está servido. Fuat y Venkatesh no están de acuerdo con esta visión, y proponen exactamente lo contrario: que el postmodernismo tiene un efecto liberador puesto que permite "reencontrar el encanto" de consumo, en la medida en que la postmodernidad valora el discurso estético y simbólico y el lenguaje de una forma que no era posible en la sociedad moderna. En sus propias palabras, existe un postmodernismo liberador, que consiste en que los consumidores en el mercado postmoderno, cargado de símbolos culturales, estilos de vida, marcas que quieren ser más que productos y espectáculos culturales-consumistas, pueden elegir entre múltiples experiencias sin estar comprometidos con ninguna.

Sin embargo ellos mismos reconocen más tarde que *"Decir que la fragmentación lleva a la emancipación del consumidor no significa negar que el mercado continua explotando la noción de fragmentación en su trato al consumidor".*

Douglas Holt[251], uno de los más finos analistas de la conducta del consumidor, en un artículo posterior contradice con contundencia las afirmaciones anteriores y nos señala como el mercado ha integrado y re-comercializado la aparente desestructuración postmoderna: *"Lo que se ha venido a llamar resistencia del consumidor es realmente una forma de experimentación cultural sancionada por el mercado a través de la cual el mismo mercado se rejuvenece...".*

Baugman nos lo describe con otras palabras: *"Las empresas actúan como ingenieros culturales que especifican las identidades y los placeres que solamente son accesibles a través de sus marcas...".*

El cambio en el marketing en la sociedad post-moderna o post-estructuralista respecto al marketing tradicional de la sociedad industrial de crecimiento, la sociedad moderna, puede sintetizarse en la tabla 4.

Como se ve, la diferencia entre la primera columna y la segunda nos recuerda más a un cambio de tipo 1, más de los mismo pero diferente, que a un cambio tipo 2, un cambio estructural y fundamental. Creemos, como dice Holt, que es una adaptación en un entorno de consumo cuyos actos no cambian aunque si sí su simbolismo social. Son cambios en los que el marketing sofistica sus herramientas de análisis, bastante simples en una sociedad muy estructurada. En esta nueva etapa del marketing, se incorporan conceptos que son necesarios para entender el funcionamiento de una sociedad más líquida, en términos baugmanianos, algo brumosa, poco estructurada, voluble y difícil de prever, en la que segmentar a la "vieja usanza" deja de constituir una posibilidad real de comprensión del mercado.

---

251 Holt, D.B. (1997). Postructuralist Lifestye Analysis: Conceptualizing the Social Patterning of Consumption. *Journal of Consumer Research*, 23(4), 326-350.

	Estructuralismo / Sociedad moderna	Post-estructuralismo / Sociedad post-moderna
Objeto vs. contexto	Tipologías de consumidores asociados básicamente a los significados de los productos	Tipologías de consumo estructuradas alrededor de entornos culturales contextualizados
Consumidor vs. Consumo	Tipologías de consumidores basadas en el sentido que aportan objetos y marcas	Tipologías de consumidores basadas en regularidades en las prácticas de consumo
Estilo de Vida vs. Estilo de Consumo	Estilo de vida como "pattern"patrón de consumo compartido entre individuos	Estilos de vida construidos por las fronteras simbólicas entre actos de consumo: el sentido viene de la oposición entre estilos de consumo
Individual vs. Colectivo	El estilo de vida es un fenómeno de agregación individual (más o menos ad-hoc)	Estilo de vida como fenómeno colectivo (colectividades que se confunden y interpenetran)
Inmanente vs. Fluido	Estilos de vida basados en valores o características a históricas	Estilos de vida como construcciones sociales e históricas

Tabla 4. Evolución del Marketing.

Holt[252] define con nitidez como la oferta se convierte en una fábrica de significados: *"El marketing es una forma de comunicación distorsionada en la que las empresas comercializadoras controlan la información que es intercambiada. Las empresas organizan el código, y nosotros como consumidores no podemos hacer otra cosa que participar".*

El marketing abandona el producto para reificar las marcas, creando alrededor de ellas contenidos culturales que en ellos mismos son un producto que el mercado consumirá de la misma manera que consume detergentes o yogures. Es la época del boom de las marcas como construcciones cultura-

---

252 Holt, D.B. (2002). Why do Brands Cause Trouble? A Dialectical Theory of Consumer Culture and Branding. *Journal of Consumer Research*, 2), 70-90.

les e industriales efímeras, metaobjetos de consumo. Las marcas mimetizan el producto, se consumen en su consumo. La marca es producto, porque la marca es lo que se produce, lo que se comercializa y lo que se consume en ciclos de vida cada vez más cortos, ciclos en lo que el producto no vale nada, es un simple instrumento periférico que añade significado a la propuesta cultural que hace la marca.

Estamos pues ante la evolución más hiperbólica del marketing clásico, aquel que decía que los productos cubren las necesidades de las personas. Lipovetsky, en esta línea de análisis, propone el término "hipermoderno"[253] para describir una sociedad que va más incluso allá del postmodernismo. Una sociedad desestructurada, fundamentalmente exagerada, que lleva al límite el mercado, la eficacia técnica, el exceso, al paroxismo, el frenesí, la obsesión, la súper-flexibilidad. Una sociedad que describe como a histórica, sin pasado, sin futuro, que práctica un presentismo total y radical, caracterizado por la economía del consumo, que es una economía del presente. La compulsión presentista y la reducción del horizonte temporal son para Lipovetsky la combinación perfecta para estimular el consumo. Este presente eufórico que crea un sentido de urgencia que lleva a la ansiedad, baza con la que los publicitarios han jugado y juegan para convertir a los ciudadanos en consumidores.

Pero el fin de los gloriosos y consumistas 30 nos ha envuelto en una sensación de inseguridad, de desencanto ante la postmodernidad, de precariedad y de miedo, de recuperación de la temporalidad más evidente y de la visualización de un futuro entre la esperanza y la catástrofe, en la que los ideales hedonistas han sido substituidos por la ideología de la salud y de la longevidad, que se contrapone –o es quizá el resultado– de la desestabilización del yo causada por la volatilidad y liquidez de los referentes sociales e institucionales, que conducen a trastornos psicosomáticos cada vez más generalizados.

---

253 Lipovetsky, G. (2006). *Los tiempos hipermodernos*. Anagrama, Barcelona.

Se repite en el campo del consumo lo que hemos analizado en el terreno del trabajo, cuando intentábamos describir el sentido del trabajar en la sociedad del carácter consumista. La prevalencia de este tipo de disfunciones es, además de un problema personal, un problema social de una dimensión enorme, como hemos descrito anteriormente en 2006[254].

En definitiva, moderno, post moderno o hipermoderno: el consumidor sigue siendo la mercancía de consumo que el sistema necesita para subsistencia. Es materia prima, atraída por un marketing sofisticado, basado en la creación de significados culturales líquidos que mientras fluyen atrapan a todos aquellos que se acercan a sus aguas, hasta que llegan al mar de la saturación, y buscan, como los salmones, remontar el cauce para volver a descender a un nuevo hastío... Zizek lo expresa en términos sencillos, que se agradecen en un filósofo de su densidad expresiva:

"La densidad semántica, la sobrecarga de significado que pesa sobre nuestras vidas cada vez es más palpable: no podemos incluso beber un vaso de café o comprar un par de zapatos sin que se nos recuerde que nuestro acto esta sobre determinado por la ecología, la pobreza, o lo que sea ["...] lo que debe evitarse a toda costa son las generalizaciones facilonas, que adoptan el fondo ideológico de esta autopercepción del consumidor como una justa representación de la sociedad contemporánea, y que contribuyen a volver borrosas las diferencias fundamentales...".

...que son como nos recuerda, las cada vez mayores diferencias sociales y el incremento imparable de los que quedan fuera, marginados del sistema, las distinciones entre ricos y pobres. Slavoj Zizek[255] lleva a la última derivada a los intentos de las empresas de "lavarse" la cara y los sentimientos de

---

254 Galí, J.M. (2006). *El Jefe que Maltrata y la Empresa que no repara.* Granica, Barcelona.

255 Zizek, S. (2010). *Living in the End Times.* Verso. London, New York.

culpa: *"El proceso llega a su clímax: el mismo acto de partici-pación en la actividad de consumo es simultáneamente pre-sentado como una participación en la lucha contra los males causados en último término por el consumismo capitalista".*

De la segmentación por diferencias a la agregación por lo común

En la búsqueda de una evolución hacia la responsabilidad social y sostenibilidad en la acción comercial y persuasiva de las empresas, que siempre ha existido y existirá mientras exista la economía y el comercio, uno de los objetivos fundamentales debe ser el dejar de considerar a los ciudadanos como consumidores, a los que hay que estimular, y considerarlos en su misma condición de ciudadanos. Si uno piensa en un consumidor supuestamente soberano y bien informado (o sea inexistente), es mucho más fácil vender sin ningún reparo ni sentimiento de responsabilidad una hipoteca, cobrar la comisión y dejar al comprador con el problema o el potencial problema. Probablemente a una empresa, a un vendedor o a un publicitario le supondrá más conflicto moral considerar que tiene adelante un ciudadano, inmigrante, padre de familia y trabajador con contrato precario, a no ser que sea completamente inmoral o esté sujeto a un sistema de ganarse la vida que conlleve hacer daño a los demás, lo que por cierto, también ocurre. Esta consideración del ciudadano-persona, además de tener consecuencias en la percepción de los actos comerciales que uno realiza, tiene también un efecto beneficioso en la comprensión del mercado, puesto que el consumo es una conducta que se entiende mejor con la consideración del contexto social y vital de las personas que lo realizan.

Curiosamente, hemos encontrado reflejada esta idea en un documento de un foro en que probablemente nunca habríamos ido a buscarla: el Foro de Davos, el baluarte del capitalismo mundial. En un documento del 2011, se declara que:

"La esencia del marketing en las últimas décadas ha consistido en la desagregación de los consumidores de una sociedad, en un proceso constante de segmentación de mercado. Comprometer a los consumidores como ciudadanos es lo inverso. Este proceso de compromiso debe incluir:

- *El reconocimiento de las amplias redes sociales que dan sentido e influencian los valores de los consumidores y ciudadanos: familias, amigos, sitios de culto y escuelas,*

- *Capitalizar las nuevas energías de las comunidades y redes – virtuales reales, derivadas de las tecnologías de información,*

- *Entender y actuar desde un cambio cultural del "yo" al "nosotros",*

- *Comprometer a los consumidores a través de responsabilidades compartidas y la cocreación de productos y servicios"*[256].

¿Qué significa esto desde la óptica del marketing? El valor fundamental de esta idea es su característica finalista: se propone la utilización de una de las herramientas básicas del marketing con un objetivo final, que es crear compromiso en los ciudadanos hacia un consumo más responsable. Y se ponen de manifiesto las consecuencias de la utilización de una herramienta analíticamente potente pero que sirve para dividir, para encontrar diferencias, para fomentarlas, para crear diferenciación, que es uno de los mantras del marketing. Uno puede preguntarse si con la que probablemente caerá, las empresas deben gastar recursos en diferenciaciones irrelevantes para captar y convencer consumidores, y no en resolver los problemas comunes que tenemos los ciudadanos, y los que –como todos los indicios apuntan– van a presentarse cualquier día en nuestra puerta.

Estamos convencidos que la promoción del consumo responsable corre paralela a la valorización de lo que es común y no de lo que nos separa, que es donde el marketing ha hurgado para vender productos que separan y clasifican. A riesgo de que alguien me bautice de neocomunista, creo que es impor-

---

256 World Economic Forum (2011). *The Consumption Dilemma. Leverage Points for Accelerating Sustainable Growth.* Davos Forum, Davos.

tante hacer una reflexión sobre lo que significa revalorizar lo común: lo común creado por la cultura humana, que va desde las líneas de ferrocarriles hasta las sinfonías de Beethoven, y lo común en la naturaleza en la que vivimos, que comprende desde el aire que respiramos hasta la tierra que pisamos.

La defensa de lo común no parece estar en el discurso de nuestros días, en los que uno sospecha que si se deja el sistema a su libre juego hasta el aire que respiramos se va a privatizar. Lo común es lo que nos une, lo que nos hace iguales ante nosotros mismos y ante los demás. La preservación de lo común es lo que dificulta la exclusión y la brutal y desigual acumulación de riqueza que provoca el capitalismo dejado a su suerte. La preservación de lo común es lo que penaliza que los individuos y las empresas hagan beneficios de los "maleficios" de todos, es decir, que se privaticen las ganancias y se socialicen las pérdidas.

Desgraciadamente, demasiado a menudo lo que observamos es lo contrario. Cuando uno ve lo que está ocurriendo en Japón con los accidentes de las centrales atómicas, uno no acaba de entender como el Gobierno sigue sin nacionalizarlas expropiando los beneficios acumulados por las mismas y en cambio lo único que hace es pagar las pérdidas ocasionadas a decenas de miles de personas que lo han perdido todo y que nunca volverán a sus hogares. Cuando uno ve lo que pasó con la General Motors, rescatada por ineficiente, uno se da cuenta de hasta qué punto es necesario un sistema en el que cualquier empresa de cualquier sector pueda hacer responsable de sus pérdidas de todo tipo a sus propietarios y gestores no acuda el erario público para que les saque las castañas del fuego. El mensaje que se ha dado con el recate de la banca es nítido: "usted arriesgue y sea muy grande que yo no tendré más remedio que acudir a su rescate". El sistema capitalista acaba siendo una carrera de *"free raiders"*: impulsado por el marketing que estimula el consumo, acaba por destruir el bien común a través de la concentración inevitable – si no se actúa con contundencia desde la política–, acaba impidiendo la competencia, alienta la incompetencia, y crea monstruos inmanejables que acaban siendo devorados por su misma lógica y nos arrastran a todos en su caída.

Cuando se constata que en un país como Japón el Estado tiene una deuda pública del 220% de su producción anual, o sea más de 8 billones de dólares, uno se pregunta dónde ha ido a parar una cantidad de dinero tan desorbitada. Es la suma de rescates bancarios, de pagos de costes que las empresas han "socializado", de estímulos al mercado para que los japoneses sigan comprando automóviles con el argumento de que son híbridos y contaminan menos, etcétera etcétera. El coste de la catástrofe de Fukushima es incalculable en términos humanos, pero en términos económicos no bajará del 5% del PIB del Japón que equivale aproximadamente al 30% del PIB de España.

La consideración de lo común nos lleva inexorablemente a un terreno donde hoy en día se debate con vehemencia: los derechos de propiedad. ¿Son los derechos de propiedad privada algo que enriquece a la sociedad en su conjunto, o por lo contrario, la empobrecen? ¿Es posible que las conductas individuales agregadas de los agentes libres sobre lo que es de todos –o de nadie– desencadenen un empobrecimiento de todos ellos? ¿Lo que no es de propiedad privada, se puede utilizar como recurso de la actividad privada? ¿Lo que es de propiedad privada, se puede utilizar en beneficio público?

Entramos aquí en uno de los puntos nucleares del sistema social y económico actual. El debate sobre el impacto en la conservación del medio derivado de la explotación de los bienes públicos se conoce como la "Tragedia de los Comunes". Una experta en el tema, Elionor Ostrom, ha recibido el Premio Nobel de Economía en 2009. La pregunta que plantea la Tragedia de los Comunes puede aplicarse a cualquier campo de la realidad social y económica humana, también en el campo del marketing, del turismo de masas, o de la pesca.

Parece que el uso libre de los recursos comunes acaba por destruirlos.

La discusión sobre la Tragedia de los Comunes, –que según uno de sus más famosos analistas debería haberse llamado la "Tragedia de los Comunes Desregulados"– es tan antigua como la humanidad. Garret Hardin, en un célebre artículo en la revista Science, de Diciembre del 1968[257], concluía que: *"La ruina es el destino hacia el que todos los hombres corren, cada uno persiguiendo su propio y mejor interés en una sociedad que cree en la libertad de lo común. Libertad en lo común trae la ruina a todos".*

Las soluciones que pueden darse a esta tragedia (en el sentido de "inescapable"), pasa por la privatización –como ocurre con la tierra y los inmuebles– o por la propiedad pública regulada –como por ejemplo ocurre con los parques naturales.

Ostrom ha aportado una visión nueva a través de sus estudios empíricos en la explotación de recursos comunes: ha observado que frecuentemente los utilizadores de recursos compartidos desarrollan mecanismos de regulación que permiten optimizar el uso de recursos escasos y evitar los conflictos. La lectura de los trabajos de Ostrom[258] nos recordó un aprendizaje interesante en un viaje a Libia, a la ciudad de Gadamés, en la puerta del Sahara, en la que un sistema de canalización desde una fuente centralizada permitía regular los flujos de la escasa agua que se brotaba de la fuente del palmeral. Curiosamente, en una visita a la otra punta del mundo, en el desierto de Atacama, y concretamente en la localidad de Toconao encontré aún en funcionamiento exactamente el mismo sistema de auto-regulación.Un viejo sabio reconocido por todos abría y cerraba las compuertas.

---

257 Hardin, G. (1968). The Tragedy of Commons. The Population Problem has no technical solution; it requires a fundamental extension in morality. *Science*, 162.

258 Ostrom, E. (2000). Collective Action and the Evolution of Social Norms. *The Journal of Economic Perspectives*, 14(3), 137-158.

Probablemente, y esta es una de las críticas que se formulan a los planteamientos del Ostrom, lo que ocurre en Gadamés y en Tocomao es producto de un sentido comunitario compartido por los vecinos de una localidad en la que es fácil visualizar las consecuencias del mal uso que eventualmente un vecino puede hacer de lo común.

En la sociedad postindustrial moderna, en la que quien encontramos por la calle no es un vecino ni un ciudadano sino un habitante de una aglomeración, es muy difícil, por no decir imposible, que aparezca esta forma de civilización. Un argumento más a favor de nuestra consideración de que uno de los factores fundamentales para el desarrollo del consumo sostenible es la cohesión del grupo social que gestiona el recurso, lo que permite la creación y aceptación de normas compartidas y respetadas. En Suiza son reprobables algunas conductas que en España son perfectamente normales. El primero es un país con un sentimiento colectivo profundo, mientras que el segundo es una superposición desestructurada de identidades a medio construir. Las grandes empresas, que no tienen raíces en la colectividad, ni país, ni nación, ni alma por supuesto, son los actores perfectos para actuar sin sentimiento alguno de culpa como depredadores de recursos a cualquier nivel: desde el oro del Perú al cobre de Chile o las tierras del Norte de Japón, pasando por los bolsillos vacíos de los hogares españoles.

Cuando repasamos las teorías sobre la conducta de los individuos y la posibilidad –empíricamente recogida en los trabajos de Ostrom y otros– de que exista un mecanismo social autogenerado que lleve a las conductas socialmente responsables, –tenemos la impresión de que los economistas y los analistas de la conducta social intentan resolver desde la ciencia y de la economía lo que no es un problema de la ciencia, sino un problema de moral y de ética. Sería fantástico pensar que economía y ética están en el mismo plano y que hay mecanismos en la conducta económica de los individuos que bien estimulados lleven a una conducta de beneficio social. Si esto fuera así, no hará falta la moral ni la ética, puesto que la ciencia resolvería los problemas sociales. Me temo que este optimismo es algo excesivo, y como dice Compte-Spontville, intentar resolver desde la economía la política y la sociedad es confundir los órdenes y caer en la barbarie, o sea, ser víctima de la tirana de lo inferior[259]. Lo que no desmerece la calidad de los trabajos de quienes como Ostrom encuentran situaciones en las que esto llega a ocurrir aunque solo sea para determinados individuos –la misma Ostrom[260] propone una segmentación entre cooperadores condicionales, egoístas racionales o castigadores potenciales.

Al final, si intentamos resolver los problemas de lo social y lo común desde la ciencia caemos en dilemas irresolubles, nudos gordianos que solo pueden resolverse saltando de nivel: tomando la espada y cortando el nudo. Al final, la segmentación de Ostrom no es más que la inclusión de una propensión moral más o menos fuerte en el código genético que marca el tipo de decisión de los individuos, que mezclados, acaban comportándose todos como los egoístas racionales si quieren sobrevivir. Incluso los socialistas más optimistas en la creencia de la capacidad de la sociedad de autogestionarse y defensores de la propiedad común reconocen de acuerdo con Ostrom, que, si bien Hardin no describe con exactitud ha ocurrido en la sociedad preindustrial, repleta de ejemplos de uso sostenible de lo común, sí que describe el comportamiento de los capitalistas que operan en la economía de mercado[261]: *"libertad en lo común trae la ruina de todos"*.

¿Qué supone trabajar a partir de la agregación? Supone exactamente lo contrario de lo que hacen muchas empresas en el marketing actual. Supone *pasar de pensar que todos los consumidores son diferentes a pensar que todos los ciudadanos*

259 Compte-Sponville , A. (2004). *El Capitalismo ¿es moral?*. Paidós Contextos.

260 Ostrom, E. (2000). Collective action and the Evolution of Social Norms. *Journal of Economic Perspectives*, 14(3),137-158.

261 Angus, I. (2008). The Mith of The Tragedy of Commons. *Socialist Voice. Marxist Perspectives for the 21st Century*.

son iguales, y todos tienen derecho al mejor uso de los mejores productos y marcas. Probablemente existan empresas que encuentren incentivos de todo tipo, de económicos a éticos, en aplicar algunas de las políticas siguientes:

	Consumidor diferente	**Ciudadano igual**
Producto (características)	Diferenciación y valor añadido	Mínimo funcional asequible
Producto (obsolescencia)	Máxima reposición	Máxima durabilidad. Diseño sostenible
Producto (servicio)	Mínimo servicio post venta	Máximo servicio post venta
Producto (materiales)	Discriminación por calidad	Mínimo común de calidad
Producto (sostenibilidad)	Discriminación en sostenibilidad vía precios	Máxima sostenibilidad
Producto (innovación)	Mejoras gold plating, diferenciación sin significado	Resolución de problemas
Precios	Discriminación de precios	Precios de accesibilidad Coste total para el cliente
Distribución	Restringir acceso en función de segmentos	Democratización del acceso
Comunicación	Destacar diferencias, provocar aspiración y conductas de mimetismo	Destacar comunalidades y provocar autoreflexión sobre la necesidad
Comunicación	Estimular emoción inescapable	Estimular raciocinio y evaluación
Comunicación	Intrusión ilimitada en el paisaje de vida del consumidor puesto que no hay espacio privado, todo es mercado	Ampliación del campo "dominio privado". Respeto y contención en la intrusión
Marca	Valorización de la marca símbolo	Valorización de la marca garantía
Marca corporativa	Se esconde detrás de las estrategias de persuasión de marcas producto o gama	Explica a la sociedad el sentido de su actuación

Tabla 4. Proposiciones diferenciales en el Marketing: de Consumidor a Ciudadano

La adopción de un marketing sostenible ambientalmente y socialmente responsable es inimaginable en las empresas si esta práctica daña su crecimiento en ventas y en cuota de mercado, y si debilita en definitiva su posición competitiva y su cuenta de resultados. Está claro que los incentivos para esta práctica son hoy en días muy reducidos o poco significativos desde la óptica de la oportunidad de la demanda. Pedir a los departamentos de marketing de las empresas que sigan la segunda columna de cuadro anterior es como decirles a los banqueros que no inventen crear derivados ni productos financieros nuevos y a las cuatro de la tarde se vayan a jugar al golf, como por cierto les aconsejan prestigiosos economistas.

Sin embargo está emergiendo una corriente dentro del mundo del marketing, el Marketing de Sostenibilidad, que intenta hacerse un hueco dentro de las formas de gestión incorporando esta sensibilidad en las acciones concretas de la acción comercial[262]. Nos queda además la posibilidad de autoregulación derivada del compromiso de sus dirigentes y la coerción por parte de la política, una coerción por parte del orden superior. Este debate será analizado más tarde.

---

262 Belz, F., & Peatie, K. (2012). Sustainability Marketing. Wiley. El autor esta trabajando con ellos en la adaptación y publicación del libro de texto referido en la nota en lengua española, con el objetivo de introducir poco a poco la sostenibilidad y la triple cuenta de explotación (económica, social y medioambiental) en la acción de marketing de las empresas.

De la moral a la ética de la sostenibilidad y a la conducta ciudadana sostenible

Antes de construir una ética que permita marcar unas reglas de conducta, debemos encontrar un soporte de conciencia moral que le dé sentido. La ética en si no tiene sentido si no se apoya en una consciencia moral, y esta moral es previa a la ética. Baugman[263] nos lo recuerda: antes de la ética, está la consciencia moral, que según el *"...es incondicional e infinita, y se manifiesta en la constante angustia de no manifestarse lo suficiente"*.

La responsabilidad moral, para convertirse en una ética que guíe la conducta, debe apoyarse en ideas iluminadoras "ideas prácticas", como reclaman los ciudadanos, que nos abran puertas para dar sentido y modificar nuestra conducta ordinaria. La búsqueda de estas pistas debería ser un imperativo categórico para todos, en nuestro particular campo de actuación mundana, en nuestra actividad como padres, pedagogos, empresarios, trabajadores y ciudadanos. Pero solamente algunas condiciones permiten la emergencia de ideas iluminadoras. La más importante de ellas es a mi parecer una cierta actitud personal de "no entender" un hecho, una realidad dada por obvia o una actitud aceptada por más que el resto del mundo se conjure para darlo como válido, sistémico, indiscutible e inescapable.

Esta capacidad de "no entender" es precisamente la "virtud" –si se nos permite el término– que no debe perderse si uno quiere dar un abordaje y sentido moral a los actos que observamos y de los que participamos todos los días. Creo que la búsqueda de estas pistas del "no entender" es la forma en la que la consciencia moral – condición desencadenante necesaria – se transforma en algo de valor y en bien social. Alguna lectura iluminadora, como la de Fromm, nos ayuda a encon-

---

263 Baugman, Z. (2005). *Ética posmoderna*. Siglo XXI Editores. México.

trar estas pistas. Fromm[264] nos propone en el campo de la relación entre la propiedad y el consumo una distinción que creemos que es fundamental: la diferenciación entre la "propiedad funcional" y la "propiedad institucional":

> *"La propiedad funcional es una necesidad real y existencial del hombre; mientras que la propiedad institucional satisface una necesidad patológica, condicionada por ciertas circunstancias socioeconómicas [...]"*

> *"Uno no puede poseer más de lo que pueda usar razonablemente. Este emparejamiento de posesión y uso tiene varias consecuencias:*

> 1. *Tener solo lo que me estimula constantemente a ser activo.*

> 2. *Difícilmente puede surgir el ansia de poseer (avaricia) porque la cantidad de cosas que yo pueda querer tener está limitada por mi capacidad de usarlas productivamente.*

> 3. *Difícilmente podré ser envidioso, pues vano seria envidiar a otro lo que tiene, cuando yo estoy tan ocupado usando lo que tengo.*

> 4. *No estaré preocupado por el miedo a perder lo que tengo pues la propiedad funcional puede remplazarse fácilmente".*

Sin embargo, el planteo humanista de Fromm ignora pero que el ansia de la posesión de productos y marcas como símbolo social es ilimitada, y no tiene ninguna relación con el uso, que es una de las vías de escape que proponemos en este trabajo. El aansia de posesión es según Girard un fenómeno estructural de la vida social: como previene el décimo mandamiento, lo importante...es el vecino, no el objeto que se

---

264 Fromm, E. (1989). *Del tener al Ser. Caminos y extravíos de la conciencia.* (Obra póstuma) Paidós Barcelona 1991. p. 17.

desea.[265] En la línea propuesta por Fromm, otra de las formas de liberación del consumo insostenible consistiría en el cambio de modelo de consumo, privilegiando un consumo inmaterial, de servicios, de actividad relacional, que no tuviera una huella ecológica negativa. En todo caso es necesario crear una cultura que permita condicionar la satisfacción de las necesidades a una forma concreta de consumo sostenible. Sabemos que la forma de satisfacción de las necesidades está completamente mediatizada por la cultura: la misma necesidad puede ser satisfecha de formas muy diferentes. *"cuando miramos a la cultura de consumo contemporánea está claro que la gente está constantemente bombardeada con mensajes que le dicen que las necesidades pueden ser satisfechas poseyendo diferentes productos"*[266].

Nadie les dice que también se pueden satisfacer estas necesidades de otras maneras que no sean comprando productos y servicios, o determinados productos y servicios. El consumo de productos no materiales es en el siglo digital una puerta a una cierta posibilidad de mejora.

Kate Soper[267], filósofa inglesa que ha trabajado en la vivencia actual del hedonismo, nos introduce a la problemática del consumo no material con una visión original que huye del radicalismo y que abre algunas puertas de salida sin tener que caer en la filosofía del decrecimiento:

"Si queremos verdaderamente proteger la naturaleza (y protegernos a nosotros mismos de los riesgos de sobreexplotación) es necesario que hagamos una reflexión seria sobre las renuncias materiales a las que estamos dispuestos. O, de otra forma más positiva, deberíamos repensar la forma de hedonismo que se practica ac-

---

[265]Girard lo explica de manera muy atractiva en este video:
https://www.youtube.com/watch?v=YXB86flSbR0&list=PL411989471E599C6C

[266] Kasser, T. (2002). *The High Price of Materialism.* A Bradford Book. MIT press. Boston.

[267] Soper, K. (2001). Ecologie, Nature et Responsabilité. *Revue du MAUSS,* 17.

tualmente y ver si no podríamos obtener más placer reduciendo estas formas de consumo que suponen una violencia contra la naturaleza de la misma forma que es perjudicial para nosotros.". " [...] Se podría decir que el consumo contemporáneo está demasiado obsesionado por una serie de productos que filtran las gratificaciones sensoriales y eróticas y nos alejan de ellas." " [...] Un consumo ecológico no implicaría ni una reducción del nivel de vida ni una conversión masiva a lo extra mundano, sino una concepción diferente de la calidad de vida".

David Korten[268] lo formula gráficamente en su ensayo sobre la vida después del capitalismo:

"El objetivo general es desplazar las instituciones del capitalismo global por un sistema global de economías con sentido. El proceso consiste en dar gradualmente más opciones a los mercados con sentido e ir reduciendo nuestra dependencia de las instituciones del capitalismo."... .[...] Y cada vez que dejo de comprar algo que no necesito realmente, sustituyo un producto por algo que hago yo mismo, o hago un intercambio cooperativo con mi vecino, debilito mi dependencia del dinero creado y controlado por las instituciones capitalistas. En la mayoría de los casos reduzco además la carga en en el planeta".

La conducta ciudadana y sostenible en el consumo tiene como vamos viendo diferentes dimensiones de crecimiento potencial. La consolidación de nuevas normas sociales, legales e informales, derivadas de la autoregulación, la consciencia colectiva, o la regulación legal constituyen posibilidades reales.

El consumerismo político ha sido tomado como uno de los símbolos de esta nueva implicación del consumidor-ciudadano

---

268 Korten, D.C. (1999). *The Post-Corporate World. Life After Capitalism.* Kumarian Press.

en la arena social. El fenómeno ha tomado una dimensión importante en algunos países, y se ha dedicado un considerable esfuerzo a investigar las conductas que pueden ser calificadas de "políticas", o sea, conductas en las que a través de la actuación en el mercado se persiguen objetivos políticos y sociales. Es importante que tengamos en cuenta que a veces se tiende a tomar este tipo de conductas como una novedad que supuestamente reflejaría esta evolución positiva-social-ciudadana del sistema. Hemos de recordar que el consumerismo político no es ningún fenómeno nuevo ni refleja una evolución social democrática y humanista. En nuestro país tenemos ejemplos recientes, por ejemplo las campañas anti catalanas promovidas por la derecha española que invitaban a no consumir productos catalanes, entre ellos el cava, que es un producto símbolo de la producción del país. De la misma forma, Stolle y Micheletti, dos de los autores de referencia en este campo, recuerdan como a finales del siglo XIX los boicots a los productos de los judíos estaban a la orden del día[269]. La incitación a no comprar productos de la madre patria iInglesa fue también uno de los preludios de la revolución de las colonias de Norteamérica...

Que existe un incremento de este tipo de acciones ciudadanas es una realidad que muestran los estudios que año tras año se hacen en la Unión Europea. Ferrer Fons[270], analiza la prevalencia de la compra por motivos políticos (boicotear o apoyar marcas o productos) en Europa. Como podemos ver, España está a la cola de Europa también en estas conductas, y probablemente una parte de ellas corresponden a los boicots políticos a los productos catalanes a los que nos hemos referido anteriormente.

---

269 Stolle, D., & Micheletti, M. (2010). *Young People and Political Consumerism*. Swedish National Board for Young Affairs.

270 Ferrer Fons, M. (2004). Cross-National Variation in Political Consumerism in Europe: Exploring the Impact of Micro-Level Determinants and Its Political Dimension. *Paper for the ECPR Joint Sessions*, Uppsala, Sweden.

¿Quién se apunta al consumerismo político? Los resultados de la investigación muestra que no son precisamente los jóvenes los que lo practican. Solamente encontramos en los jóvenes alguna prevalencia superior de actos más simbólicos, como por ejemplo llevar una chapa demostrativa o realizar actos de violencia en acontecimientos relativos a reuniones internacionales de dirigentes políticos o económicos. Los jóvenes en el sistema consumista tienden a interiorizar las protestas como formas culturales de consumo.

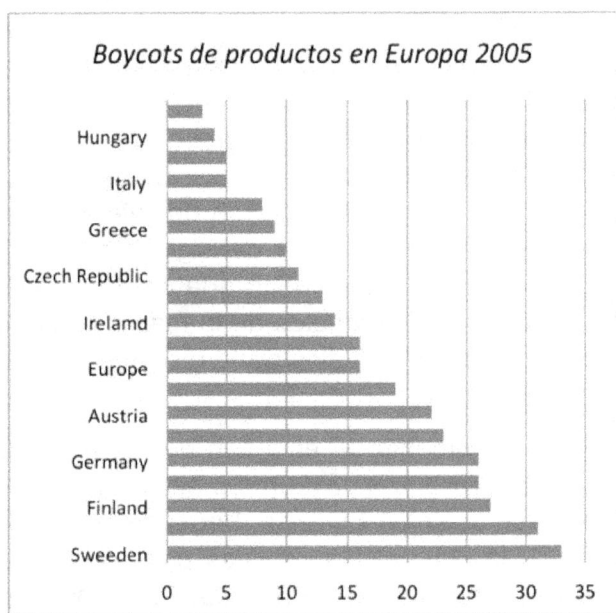

Figura 3. Boycots de productos realizados en Europa 2005

Este tipo de consumerismo político, entonces, no sería una protesta o una forma de participación contestataria y antisistema sino una muestra más de como el sistema de consumo se apropia de los significados culturales para convertirlos en mercancía. Hemos hablado de ello con profusión en páginas anteriores. Los datos de países nórdicos confirman que entre el 40 y el 60% de los consumidores realizan de forma corriente este tipo de actuación.

Ello puede hacer sospechar, como apuntan Stolle y Micheletti[271] que *"...los consumidores políticos estén menos comprometidos en la política tradicional y los ciudadanos que tienen menos confianza en la política y en las instituciones políticas tiendan a refugiarse en el consumerismo político"*.

Los resultados empíricos de la encuesta continuada *European Social Survey* muestran que <u>no</u> es cierto que los consumidores políticos sean los consumidores que creen menos en la política. Los consumidores políticos, los que boicotean y apoyan iniciativas comerciales-sociales, muestran una tendencia clara a realizar más acciones de participación política tradicional que los que no son consumidores políticos. Entre estas acciones se encuentran votar, contactar con políticos, manifestarse, firmar manifiestos, militar en un partido político. El perfil de estos consumidores políticos esta algo sesgado hacia mujeres, hacia la clase alta y hacia los de niveles de educación alta o muy alta.

La desconfianza en los políticos es un tema recurrente en nuestra sociedad. Aquí y en todas partes. La investigadora, Bi Puranen[272] *(Institute for Futures Studies)*, declaraba en una entrevista referente a un estudio en profundidad de tres años de duración entre los jóvenes suecos, que los jóvenes de este país creen que quienes tienen más poder para dibujar el futuro de su país son los políticos, seguidos de cerca por las empresas. Cuando se les pregunta por su actitud respecto a los políticos, dicen que no creen que les escuchen mucho, los políticos solo se ocupan de sus problemas domésticos. La gran mayoría de los jóvenes declaran que pueden moldear su futuro, pero sólo una minoría declara que pueden contribuir a moldear el futuro de su país.

---

271 Stolle, D., & Micheletti, M. (2010). *Young People and Political Consumerism*. Swedish National Board for Young Affairs.

272 Puranen, B. (2010). Documento no publicado. (Ver www.bikupan.se)

¿Porque los ciudadanos se implican entonces en el consumerismo político? Stolle y Micheletti proponen dos hipótesis[2] que son objeto de análisis:

- La hipótesis de percepción del riesgo social de la sociedad de consumo y la desconfianza en la capacidad de las instituciones de gobierno nacional e internacional.

- La hipótesis del cambio de valores, con la emergencia de los valores postmaterialistas, y el cambio de visión en lo que supone "ser un buen ciudadano".

Los resultados de sus trabajos muestran que la hipótesis de la confianza diferencial en las instituciones no se sostiene, no hay diferencias entre los niveles de confianza en las instituciones de los consumidores políticos y los que no lo son. En contraste, sí que aparece claramente que los consumidores políticos comparten un ideal de ciudadanía mucho más social y comunitarista que aquellos que no lo son. Thompson[274] confirma las conclusiones de la "escuela nórdica": *"Dada esta complejidad e incerteza, los vigilantes (watchdogs) de la conducta ciudadana y responsable de las corporaciones deben ser buscados no entre los consumidores (incluso entre los que persiguen de forma consciente el poder del consumidor) sino entre los individuos que tienen un compromiso de militancia activa".*

Lo que parece claro es que el consumerismo político es una conducta que como toda conducta puede provenir de antecedentes actitudinales y valorales bien diferentes. No deberíamos caer en el error de considerarlo una tendencia hacia la sostenibilidad *per se*, sino solamente entre aquellos que muestran un grado de consciencia social superior. De alguna manera podríamos decir que son los consumidores políticos son aquellos para los cuales la preocupación social y por la

273 Stolle, D., & Micheletti, M. (2010). *Young People and Political Consumerism*. Swedish National Board for Young Affairs.

274 Thompson, C.J. (2004). Marketplace, Myithology and Discourses of Power. *Journal of Consumer Research,* 31(1), 162-180.

sostenibilidad se transforma en acción ciudadana y en acción en el mercado a la vez. Conocer los determinantes de este salto de la actitud a la acción es tarea aún por realizar. Las investigaciones han ido de lo conductual a lo actitudinal. Deberíamos recorrer el sentido inverso, y la buena y clásica teoría de la psicología social nos apuntaría a factores explicativos potenciales como la opinión de los demás (la presión social), y los factores situacionales relacionados con el contexto temporal, social y de rol de los consumidores, así como su percepción subjetiva[275]. Ello nos daría pie a abordar el cambio de comportamientos desde una óptica poco optimista y muy práctica, como la que proponemos a continuación: de la ética al hábito sin pasar por las actitudes. O de los valores a la conducta vía el condicionamiento.

Las recetas clásicas de las políticas públicas nos dirían dicen que hay que trabajar en la educación, la sensibilización, el cambio actitudinal y la creación de una cultura ambiental que a medio o corto plazo introduzca conductas sostenibles. Nuestra opinión es que esta estrategia por sí sola no es viable y no aporta avances significativos a la resolución del problema al que nos enfrentamos. En primer lugar creo que la mayoría de científicos que han estudiado la sostenibilidad del sistema económico estarán de acuerdo en que no hay tiempo para las actitudes, ni para esperar que las nuevas generaciones, mejor formadas (o no?) cambien sus conductas, ni para emprender campañas de sensibilización que permitan controlar el consumo y financiar con el ahorro las enormes inversiones que supone reconvertir la economía industrial en una economía de sostenibilidad. Si tenemos que esperar cincuenta años a que los ciudadanos empiecen a adoptar conductas responsables, como en el caso de los accidentes de tráfico, no valdrá ya la pena hacer nada: el sistema se habrá ajustado de forma traumática y probablemente muy traumática.

---

275 Ver en este sentido los trabajos de Sen Sankar; Zeynep Gürhan-Canli; Viki Morwitz (2001). Withholding Consumption: A Social dilemma Perspective on Consumer Boycotts. *Journal of Consumer Research*, 28, 399-417.

Los estudios sobre las actitudes sobre la sostenibilidad llegan siempre a las mismas conclusiones, y refuerzan nuestra opción de descartar las medidas actitudinales como fundamentales en este proceso de cambio. Un trabajo realizado por MPG y ESOMAR bajo encargo de las Naciones Unidas[276] concluye de forma taxativa exactamente lo mismo que Deloitte en el informe que hemos citado para el Fórum de Davos: (reproducimos por su interés solamente 7 de las 13 conclusiones a las que llega el informe).

1. La preocupación por la sostenibilidad es alta, pero la fuerza y profundidad de las actitudes y creencias es baja lo que es la causa de que el progreso hacia una cultura de la sostenibilidad es menor que lo deseable

2. Aunque los niveles de preocupación son altos, la problemática de la sostenibilidad no es necesariamente la mayor prioridad del público en general, lo que significa que las actividades potencialmente sostenibles serán relegadas por otras preocupaciones

3. El nivel del debate sobre la sostenibilidad es poco informativo: argumentos parciales, intereses políticos mezclados y exageración en la expresión devalúan la fuerza del caso y permiten a la gente alejarse de la problemática.

4. Si bien la información está disponible y es extensiva, los ingredientes necesarios para el cambio están ausentes. El nivel de creencia es bajo, no hay retroalimentación sobre los progresos, hay contradicción entre los consejos de expertos, y no hay modelos a seguir: todo ello hace difícil para la gente tener una conexión emocional necesaria para el cambio de conductas.

5. La gente está harta de los mensajes y predicciones catastrofistas que nunca se cumplen.

---

276 UNEP -ESOMAR. *Sustainable motivation. Attitudinal and behavioral drivers for action.* Report on a UNEP project sponsored by ESOMAR.

6. Las características y beneficios de los productos relacionados con la sostenibilidad son normalmente secundarios en el proceso de compra, y los consumidores no los toman en consideración.

7. Las empresas deben tomar una visión más holística del negocio y comprometerse a adoptar una estrategia sostenible y ligarla a la imagen de marca.

Ante estas realidades, que contrastan con el ambiente actitudinal que se ha creado alrededor de esta problemática, creemos que no es realista esperar que los valores conformen actitudes, estas intenciones y que finalmente las intenciones se transformen en acciones. Existen otras formas de provocar el cambio que pasan por la adopción de lo que Bourdieu[277] llama el *habitus*, es decir, la creación de costumbres o hábitos, respuestas conductuales automáticas, que aunque estén basadas sobre supuestos de racionalidad limitada, (decisiones sobre información imperfecta), y que parezcan "manipulaciones" en el peor sentido que se da a los enfoques conductistas, tienen la virtud de ser mucho más eficaces, como saben bien los gestores de marketing:

> *"El agente social, en tanto que está dotado de un habitus, es un individuo colectivo o un colectivo individuado por obra de la introducción de las estructuras objetivas [...] ....el habitus es subjetividad socializada... [...] La razón (o la racionalidad) está limitada, no solo como cree Herbert Simon, porque el espíritu humano esta genéricamente limitado (lo que no constituye ningún descubrimiento), sino porque esta socialmente estructurado, determinado y por lo tanto, limitado".*

Se trata de la formación rápida de hábitos de consumo sostenibles. Se trata de condicionar los actos de los consumidores. Esta afirmación chocará de pleno con los defensores radicales de los derechos individuales, los liberales a ultranza, que pon-

---

277 Bourdieu, P. (2003). *Las estructuras sociales de la economía*. Anagrama, Barcelona.

drán el grito en el cielo y consideraran estas políticas un ataque a su visión cosmológica que se basa en el "yo y los otros" en lugar de la visión social "yo, uno entre todos", y "todos" comprende no solo los seres humanos sino también los ecosistemas que los sustentan. Les respondemos por anticipado que el marketing no hace otra cosa sino estimular las conductas de esta manera. Es fácil de imaginar además el grado de soporte que tales posturas van a recibir por parte del conglomerado industrial y mediático que vive de provocar el consumo más insostenible a través del dominio económico de los medios.

¿Desde qué enfoque de la psicología de la conducta puede analizarse la formación del hábito? Aunque es posible que todas las escuelas de la psicología puedan aportar algún elemento explicativo sobre la formación del hábito, es desde el denostado conductismo que podemos analizar con más claridad y fuerza la creación de este fenómeno. Conductismo mirado de reojo por parte de la academia, pero repetimos, ampliamente utilizado por los responsables de marketing y publicidad de las empresas de consumo. Mi postura es que de la misma manera que el marketing ha utilizado hasta la saciedad y de forma sofisticada la psicología conductista –entre otras psicologías– para condicionar la compra de sus productos, los poderes públicos deben utilizar las mismas armas para crear hábitos que conduzcan al consumo sostenible.

Actualmente en el campo científico, en consonancia a la reclamación de Bourdieu de encontrar caminos comunes entre sociólogos y economistas, existe un campo de encuentro entre los economistas y los psicólogos (la economía conductual). La economía conductual es un enfoque que parte de la premisa de que las personas actuamos, más que con una racionalidad limitada[278], *con una irracionalidad previsible*. Que la con-

---

278 La racionalidad limitada es una teoría del comportamiento de la organización derivada de los trabajos de Richard Cyert & James March en la que se recogen a partir de la observación empírica los condicionantes en la decisión derivados de la fijación de objetivos, la búsqueda de información, la forma de capear la incertidumbre y las formas de aprendizaje derivados de los procesos de decisión

ducta sea irracional no significa que no pueda ser estudiada y prevista, incluso replicada[279]. El trabajo conjunto de los investigadores de la conducta, la economía y la neurología nos lleva a conclusiones muy específicas sobre los sistemas de respuesta de los individuos y sobre las dinámicas que les llevan a tomar determinadas decisiones. Dan Ariely, a quien hemos citado a lo largo de este trabajo, en nuestra opinión uno de los buenos analistas de la conducta del consumidor desde la economía conductual, nos señala que lo que los economistas bautizan como "limitación" en los procesos de decisión no son limitaciones. Hablar de limitaciones supone fijar como modelo la decisión racional óptima, analizar cómo funcionan en la realidad las cosas y bautizar lo que se queda por el camino como "limitaciones". Ariely nos dice que lo relevante es precisamente el aprovechar estas "ineficiencias" o "limitaciones" en las decisiónes:

"Los economistas conductuales creen que la gente es susceptible a un conjunto de influencias irrelevantes del entorno inmediato (lo que llamamos efectos contextuales), emociones que parecen irrelevantes, limitaciones en la visión y otras formas de irracionalidad... ¿Qué puede comportar de positivo el hecho de darse cuenta de esta realidad? Pues que de estos errores también se derivan oportunidades de mejora".

Estas mejoras se derivan en gran parte –y específicamente para la problemática de la construcción de hábitos de consumo sostenible– de la capacidad de condicionamiento de las conductas de forma que sea precisamente a través de la repetición de conductas condicionadas –veremos cómo y de qué manera– que los consumidores se transformen en ciudadanos y el carácter consumista se debilite. En palabras quizás más entendibles, es a través de condicionar a los consumidores a reciclar que seremos capaces acelerar la transformación de consumidores en ciudadanos que entienden que reciclar es

---

279 Ariely, D. (2008). *Les trampes del desig*. Columna Edicions, Barcelona.

bueno para todos. ¿Cómo podemos aplicar lo que hemos aprendido sobre el conductismo y su aplicación en el marketing conductual para desactivar las conductas perjudiciales para el medio natural y social?

El conductismo[280], como probablemente conocerá el lector, es una escuela de la psicología que basa la creación de conocimiento en la observación de la conducta. Intenta encontrar la explicación de la misma en su relación con los estímulos que el individuo recibe de su entorno y que le llevan a la acción. Los conductistas (desde Pavlov hasta Watson o Skinner), sostienen que lo único que realmente se puede observar es la conducta, con lo cual rechazan toda introspección e inferencia de los procesos internos que pueden mediar entre el estímulo que recibe el individuo y su respuesta. Sostienen que algún día pueda explicarse la conducta a partir del análisis de los procesos cognitivos que se dan en el sistema neurológico, pero ante la imposibilidad de acceder a la "caja negra" su postura es que es mejor no considerarla en el análisis.

Los conductistas han acuñado conceptos como el "condicionamiento" y el "refuerzo". El condicionamiento es un proceso por el cual el individuo produce una respuesta conductual por asociación repetida de la misma a un estímulo externo. El célebre experimento de Pavlov [281]constituye un ejemplo magnifico de este proceso. El condicionamiento pues requiere, por tanto, una exposición repetida, y se consolida por acumulación de exposiciones. En el campo del marketing, hay un ingente número de estudios que demuestran que las intenciones de compra de los consumidores dependen fuertemente de la notoriedad de la marca en su mente, lo que se consigue con repetición publicitaria y presencia de la marca en el entorno del consumidor (calles, aeropuertos, radio, etc..).

---

280 Ferrater Mora, J.M. (1998). *Diccionario de Filosofía*. Ariel Referencia, Barcelona.

281 Pavlov (1849-1936), Premio Nobel de Medicina por sus estudios sobre las glándulas gástricas, es célebre entre los psicólogos por sus experimentos en los que demostró cómo se puede sustituir el elemento estimulante de la secreción gástrica (la comida) por otro diferente a través de la exposición repetida, "condicionando" la secreción a un estímulo diferente a través de la asociación y el hábito.

El refuerzo es otro concepto esencial en la psicología conductista. Skinner nos propone que el ser humano no es ninguna entidad autónoma: es resultado y función de condiciones ambientales o genéticas. La conducta es la reacción del organismo ante el mundo externo. Por lo tanto el refuerzo de determinados aspectos situacionales y ambientales es un determinante fundamental de la conducta. Obviamente, las políticas públicas basadas en el "refuerzo" reciben una contestación social inmediata por parte de los abanderados del individualismo dominante, que no admite recortes a la libertad de actuación. Para Skinner, la libertad no es una "ventaja" sino más bien una amenaza[282].

En el campo de la economía conductual, obviamente muy influido por la psicología conductual, encontramos multitud de experimentos en los que se demuestra hasta qué punto es importante la influencia del entorno sobre las decisiones. Volvamos a los experimentos que reseña Ariely en su trabajo[283]. Con su tono habitual, serio y jocoso a la vez, Ariely y su equipo de investigadores nos enseña como por ejemplo la palabra "*gratis*" condiciona las conductas y provoca decisiones irracionales, aunque muy predecibles. Decisiones de las que los consumidores se arrepienten a posteriori, como por ejemplo, comprar unos calcetines malos porque el tercer par es gratis cuando su intención era comprar solamente unos de buenos. Ariely y sus colaboradores intentan explicar con sus experimentos tres aspectos fundamentales de la conducta:

- Que las decisiones que se observan no son explicables por la teoría económica convencional

- Que las conductas de compra se desvían de forma extremadamente importante de lo previsible ante la aparición de determinados estímulos, que condicionan enormemente los resultados

---

282 Ferrater Mora, J.M. (1998). *Diccionario de Filosofía*. Ariel Referencia, Barcelona.

283 Ariely, D. (2008). *Les trampes del desig*. Columna Edicions, Barcelona.

• Que a partir de estas observaciones se puede intentar inducir cuales son los procesos mentales que los soportan a partir de los conocimientos que tenemos de otras ramas de la psicología, por ejemplo, el psicoanálisis.

Veamos un ejemplo de su enfoque analítico:

"¿Qué tiene el "gratis" que lo hace tan tentador? ¿Por qué tenemos este impulso irracional de saltar a buscar un artículo gratuito, aunque no sea lo que realmente queremos? Creo que la respuesta es la que sigue. La mayoría de las transacciones tienen una parte buena y una menos buena, pero cuando una cosa es "gratis" nos olvidamos de la parte más mala. El "gratis" nos da una carga emocional tal que creemos que lo que se nos ofrece vale más de lo que realmente es. ¿Por qué? Creo que porque los seres humanos intrínsecamente tenemos miedo de la pérdida. El encanto real del "gratis" está ligado a este miedo. No hay ninguna posibilidad visible de pérdida cuando escogemos un producto "gratis" (es gratis!). Pero supongamos que escogemos un producto que no es gratis. Ay ay! Ahora entra en juego el riesgo de haber tomado una decisión equivocada, la posibilidad de una pérdida. Y por lo tanto, dado que podemos elegir, vamos a buscar lo que es gratis".

Deberíamos en buena lógica convencer al consumidor que en el planeta Tierra nada es gratis, *"there is not free lunch"* dicen los americanos. Todo se paga. No hay nada gratis. Gratis es la palabra más insostenible que existe. Y la más utilizada por el marketing. Una palabra a desterrar. Es necesario acostumbrar al ciudadano a pagar por lo que cuestan las cosas, no por lo que nos dicen que valen. Este es otro aspecto sobre el que es fundamental un debate social serio. Los precios deben reflejar los costes. El conocimiento de los costes parece olvidado en nuestra sociedad. *No existe la cultura de saber lo que valen las cosas en función de lo que cuestan.* Parece que en el dar cuenta a los ciudadanos de lo que cuestan las cosas los poderes públicos actúan como padres sobreprotectores que nunca dicen a sus hijos lo que cuestan. En Estados Unidos, informes de consultoras internacionales en sostenibilidad muestran que la energía debería costar tres veces lo que cuesta si se tomaran en cuenta los costes ambientales[284]. No se extrañen después de que la gente malgaste energía o que los niños no tengan el menor respeto por los objetos privados y públicos, que la ciudad esté llena de grafitis y que los fumadores tiren colillas encendidas por la ventana. Las distorsiones en el sistema de precios derivadas de la no consideración –por motivos legales muchas veces– de la integridad de los costes tienen un efecto muy perjudicial y conducen al consumidor a no saber nada de lo que realmente cuestan las cosas. La transparencia es en este sentido un factor fundamental de educación ambiental.

El trabajo de condicionamiento a nuestro parecer debe ser el complemento necesario, imprescindible diríamos, de las acciones de facilitación en la creación de hábitos sostenibles. Las actitudes pueden actuar de catalizadores, es decir, aceleradores de conducta una vez el individuo se ve en la imperiosa necesidad de modificarlas y además alguien le ha puesto fácil poderlo hacer.

Si bien creemos que las acciones más eficaces en la promoción de la sostenibilidad van a provenir del condicionamiento conductual, existen adicionalmente algunos frentes importantes en los que atacar lo actitudinal. A continuación referiremos algunos de las que nos parecen más interesantes y que pueden tener un impacto de aceleración:

El primero hace referencia a la valoración del producto-objeto-matérico "en sí", más allá de sus elementos simbólicos. Quizá un ejemplo puede ayudar a visualizar lo que queremos decir. Si necesitamos una mesa para nuestro despacho, podemos

---

[284] Ver el excelente trabajo de Amy Larkin (2013). *Environmental Debt.* Palgrave McMillan.

comprar una mesa barata que tendrá probablemente una duración limitada, quizás con un diseño "de moda", o recuperar aquella vieja mesa que teníamos en el sótano o que hemos encontrado en los encantes. Podemos asimismo sentir la mesa como un objeto que nos acompaña durante años en nuestro trabajo, o simplemente "comprar una mesa". Podemos comprar una pieza de ropa de calidad, duradera, y sacrificar el impulso por la renovación de prendas baratas algunas de las cuales no utilizaremos jamás. Valorar el producto "en sí", en su función, en su materialidad, en cuanto es una transformación sofisticada de elementos naturales, modificaría muchas conductas de consumo en el sentido más sostenible, prolongando los ciclos de vida y disminuyendo las tasas de reposición. Estas conductas agregadas obligarían además a los fabricantes a competir por calidad. Estimularía el reciclaje de objetos perfectamente funcionales y contribuirían a diluir la percepción de que "*más nuevo es más bueno*".

Es fundamental conocer los costes reales de los bienes y servicios. Conocer los costes reales de la energía, conocer lo que nos cuestan las subvenciones del estado, el coste del agua, el de las depuradoras, del tratamiento de residuos, de la visita al médico, es fundamental para crear una base actitudinal que reduzca el despilfarro. Solo se ahorra en lo que se considera que vale. Las enormes resistencias que se encuentran a la hora de hacer recortes en nuestra sociedad dan fe de que los ciudadanos creen que los servicios públicos no cuestan nada. Y las cosas valen como mínimo lo que cuestan, de forma directa o indirecta. La comunicación en términos de "coste por cápita del elemento x" suele ser un elemento pedagógico que funciona.

¿Se imaginan alguna empresa haciendo comunicación sobre estos temas? Yo no, francamente. Los mensajes que se reciben por parte de la ciudadanía es que es gratis vivir más de 80 años, tener la ciudad limpia, y las calles iluminadas por la noche. La educación de la ciudadanía en los costes de las cosas es una tarea pedagógica de primer orden, y siempre nos preguntamos por qué no se hace. Creemos que no se hace por que no interesa a los que mandan: las empresas y los políticos, que a veces parecen todos miembros de la misma clase. Que una empresa no diga que un reloj cuesta 100 euros y lo venda por 1.000 entra dentro de la lógica de la economía y del mercado. Que el gobierno esconda lo que cuesta la sanidad pública y lo que el AVE ha costado en España, que es un escándalo nacional mayúsculo, tiene una explicación menos obvia.

El mimetismo como modo de expansión de las conductas

Sicard[285] recoge en sus trabajos sobre la legitimidad del marketing la idea-fuerza de que el mimetismo está en la base de la creación del deseo y por lo tanto de muchas conductas de compra y consumo que pueden parecer poco comprensibles por lo menos desde la óptica de la racionalidad, por muy limitada que sea.

La clave del análisis es bien sencilla: el mimetismo es la base del aprendizaje, lo cual se ve claramente en los niños; y continúa siendo un factor fundamental de aprendizaje y conducta durante toda la vida del individuo, por más adulto que sea. ¡Hasta los abuelos imitan a otros abuelos! El fenómeno de la mimesis requiere una relación entre dos personas mediada por un tercero, que es el que desencadena el mimetismo de los otros dos y la lucha y rivalidad que se genera entre ellos para ser como el tercero o poseer lo que el tercero posee. Por lo tanto, el mediador, (lo que en marketing llaman el aspiracional) es el que provoca el deseo y el causante de que un consumidor le diga al otro o le muestre al otro que posee tal o cual producto y desencadene su envidia y su rivalidad. Nos hemos referido con suficiente amplitud a este tema en las páginas anteriores cuando analizábamos la institución publicitaria. Sicard concluye que el mimetismo genera rivalidad y la rivalidad violencia, con lo que la presión de marketing acaba generando violencia en la sociedad. Cualquier padre de familia no necesita que le expliquen mucho más de este tema porque sin duda lo ha experimentado en sus carnes. La presión del marketing genera violencia. Seguramente puede parecer una frase polémica, o fuera de tono, pero ojo: todos los profesionales del marketing saben que algunos de los más célebres modelos de gestión del marketing se basan en la guerra. Estrategias de ataque, de flanqueo, minar el campo, etc... son

---

285 Sicart, M.C. (2005). *Les resorts cachées du désir. Trois issues á la Crise des Marques.* Pearson Educational France. Col. Village Mondial.

expresiones corrientes en el mundo del marketing y en la enseñanza de tal disciplina.

El mimetismo puede igualmente convertirse en un instrumento
esencial en la creación de conductas de consumo responsables, tanto a nivel de los consumidores como de las prácticas
empresariales. A nivel de los consumidores no hace falta de-
mostrar que las conductas de personas de referencia, celebri-
dades, famosos o simplemente personas muy notorias, tienen
un impacto enorme sobre las conductas de los demás. Si los
que deben dar ejemplo realmente lo dan se facilita el aprendizaje del mimetismo de lo socialmente conveniente de la misma manera que se facilita el aprendizaje de lo socialmente
nocivo. La sociedad debe repudiar, de la misma manera que
lo hace con los ladrones y los corruptos, a los ricos y los famosos que no dan ejemplo y practican un consumismo indecente que es un atentado contra los derechos de todos.

Finalmente existe un mecanismo de condicionamiento básico
que hace referencia a los instrumentos que hacen posible que
los consumidores sigan comportándose como consumidores y
no como ciudadanos. ¿Verdad que usted no le daría una pis-
tola de verdad a un niño para que jugara con sus amigos?
Pues no les dé a los consumidores acceso fácil al crédito: su
capacidad para juzgar la conveniencia de endeudarse no es
simétrica al poder de persuasión de los que le venden el crédito. Me parece que no es un tema que se pueda poner en duda
después de los acontecimientos que han ensombrecido la
economía mundial en los últimos años.

El rol central del endeudamiento en el funcionamiento del sistema fue analizado ya en los años 50 por Vance Packard en el
trabajo que hemos citado en algunas ocasiones a lo largo de
este libro[286]:

*"Durante los años cincuenta, el endeudamiento de los
consumidores creció tres veces más rápidamente que la*

---

286 Packard, V. (1959). *The Waste Makers*. Longam, New York.

renta disponible. El Chairman presidente de General Foods citaba este nuevo entusiasmo de los consumidores de comprar a crédito cuando hablaba de las posibilidades del merchandising "creativo". Explicaba: " El consumidor hoy en día insiste en tenerlo todo lo que quiere al instante, sea una casa, un automóvil, una nevera, una máquina de remover la tierra, un traje, un gorro del Este, unas vacaciones, y pagarlo con una renta que aún no ha ganado".

De hecho, el crédito y la deuda que genera es uno de los sistemas de control y dominación política más eficaces. La deuda es el arma que tiene el capitalismo para controlar y dominar el individuo, el estado y la sociedad. La liberación del consumidor postmoderno o hiper-moderno pasa por la autoconsciencia de la función de crédito como sistema de dominación. Pasa por ser consciente de las implicaciones que supone el crédito, no solo como obligación de retorno sino como condicionamiento del modo de vida, de los valores, de las actitudes, de las conductas. A través del crédito se domina el modo de vida, se coarta la libertad, se imponen políticas económicas y se compran voluntades. Desde la óptica más filosófica, el crédito es el opuesto al desapego, a la liberación de las ataduras materiales. Los libros de autoayuda, basándose en las recomendaciones del orientalismo en boga, dan recomendaciones bienintencionadas sobre el desapego, de forma que probablemente, y a tenor de las ventas de la categoría, han servido más para compensar la mala consciencia de los ciudadanos consumistas endeudados que para otra cosa.

Decía Marx que la la cultura es una consecuencia del sistema de producción y de consumo. Y que la historia de la lucha de clases es la historia de la lucha entre acreedores y deudores. Baudrillard remata:

"El crédito es, en realidad, un adiestramiento socioeconómico sistemático para el ahorro forzado y para el cálculo económico de generaciones de consumidores

que de otro modo habrían escapado a lo largo de su subsistencia, a la planificación de la demanda, y habrían sido explotados como fuerza consumidora. El crédito es un proceso disciplinario de extorsión del ahorro, y de regulación de la demanda, de la misma manera que el trabajo asalariado fue un proceso racional de extorsión de la fuerza de trabajo y de multiplicación de la producción...[287].

Como decía un economista reconocido, el único problema de los créditos es que hay que devolverlos...

Referencias

Angus, I. (2008). *The Mith of The Tragedy of Commons. Socialist Voice.* Marxist Perspectives for the 21st. Century.

Ariely, D. (2008). *Les trampes del desig.* Columna Edicions, Barcelona.

Baudrillard, J. (1970). *La Sociedad de Consumo* . S. XXI, Madrid.

Baugman, Z. (2005). *Ética posmoderna.* Siglo XXI Editores. México.

Belz, F., & Peatie, K. (2012). *Sustainability Marketing.* Wiley, Second Edition.

Bourdieu, P. (2003). *Las estructuras sociales de la economía.* Anagrama, Barcelona.

Compte-Sponville, A. (2004). *El Capitalismo ¿es moral?.* Paidós Contextos, Barcelona.

Ferrater Mora, J.M. (1998). *Diccionario de Filosofía.* Ariel Referencia, Barcelona.

Ferrer Fons, M. (2004). Cross-National Variation in Political Consumerism in Europe: Exploring the Impact of Micro-Level Determinants and Its Political Dimension. *Paper for the ECPR Joint Sessions*, Uppsala, Sweden.

Fromm, E. (1989). *Del tener al Ser. Caminos y extravíos de la conciencia.* (Obra póstuma) Paidós, Barcelona.

Galí, J.M. (2006). *El Jefe que maltrata y la Empresa que no repara.* Granica, Barcelona.

---

287 Baudrillard, J. (1970). *La Sociedad de Consumo.* S. XXI, Madrid.

Hardin, G. (1968). The Tragedy of Commons. The Population Problem has no technical solution; it requires a fundamental extension in morality. *Science*, 62, December.

Holt, D.B. (1997). Postructuralist Lifestye Analysis: Conceptualizing the Social Patternnig of Consumption. *Journal of Consumer Research*, 23(4), 326-35

Holt, D.B. (2002). Why do Brands Cause Trouble? A Dialectical Theory of Consumer Culture and Branding. *Journal of Consumer Research*, 29(1), 70-90.

Jameson, F. (1982). Postmodernism and Consumer Society. *Conferencia en el Whitney Museum Lectures.*

Kasser, T. (2002). *The High Price of Materialism.* A Bradford Book. MIT press. Boston.

Korten, D.C. (1999). *The Post-Corporate World. Life After Capitalism.* Kumarian Press.

Larkin, Amy (2013). *Environmental Debt.* Palgrave McMillan.

Lipovetsky, G. (2006). *Los tiempos hipermodernos.* Anagrama, Barcelona.

Ostrom, E. (2000). Collective action and the Evolution of Social Norms. *Journal of Economic Perspectives*, 14(3), 137-158.

Packard, V. (1959). *The Waste Makers.* Longam, New York.

Puranen, B. (2010). Documento no publicado (ver www.bikupan.se)

Sen, S., Gürhan-Canli, Z., & Morwitz, V. (2001). Witholding Consumption: A Social dilema Perspective on Consumer Boycotts. *Journal of Consumer Research*, 28,(3), 399-417.

Sicart, M.C. (2005). *Les resorts cachées du désir. Trois issues á la Crise des Marques.* Pearson Educational France Village Mondial.

Soper, K. (2001). Ecologie, Nature et Responsabilité. *Revue du MAUSS*, 17.

Stolle, D.M. & Micheletti, M. (2010). *Young People and Political Consumerism.* Swedish National Board for Young Affairs.

Thompson, C.J. (2004). Marketplace, Mithology and Discourses of Power. *Journal of Consumer Research,* 31(1), 162-180.

UNEP-ESOMAR. *Sustainable motivation. Attitudinal and behavioral drivers for action.* Report on a UNEP project sponsored by ESOMAR

World Economic Forum (2011). T*he Consumption Dilemma. Leverage Points for Accelerating Sustainable Growth.* Davos Forum, Davos.

Zizek, S. (2010). *Living in the End Times.* Verso. London. New York.

Capítulo 6

El rol de la política y de las instituciones públicas

Los enfoques utópicos

Ante la preocupación cada vez más extensamente compartida de la deriva insostenible de consumo actual, aparecen aproximaciones a la problemática que yo calificaría de utópicas, y que básicamente consisten en proposiciones radicales que ponen en duda los mecanismos básicos de evolución del sistema, como por ejemplo la idea misma del desarrollo. A sabiendas de la dificultad de conciliar crecimiento con sostenibilidad, (hemos hablado de ello anteriormente, de los efectos de *decoupling* absoluto y relativo así como del efecto "rebote"), proponen un sistema económico en el que no debería darse crecimiento alguno, incluso algunos proponen el decrecimiento como salida.

Anteriormente hemos visto que uno de los defensores más notorios del decrecimiento es Serge Latouche, profesor de economía de la Universidad de París XI, que de forma radical aboga por una nueva sociedad, la sociedad de del decrecimiento. Latouche se declara seguidor de los trabajos de Georgescu-Roegen, economista rumano fallecido en 1994, autor de los primeros trabajos que se conocen sobre economía y entropía, sobre crecimiento y destrucción de los recursos naturales[288]. Según él, las bases de la sociedad de consumo son:

"La publicidad, que crea el deseo de consumir, el crédito, que da a los medios para hacerlo, y la obsolescencia acelerada y programada de los productos, que renuevan las necesidades".

En opinión de Latouche, la única solución a la previsible crisis medioambiental es una sociedad que se caracteriza caracterice por su decrecimiento económico y su localismo: *"un sistema que está basado en una lógica diferente. La alternativa es: o decrecimiento o barbarie"[289].*

El pensamiento de esta escuela del decrecimiento puede encontrarse resumido en la web *www.decroissance.org*, en la que colaboran otros académicos como Paul Ariès o periodistas muy conocidos en Francia como Hervé Kempf. Es un movimiento de raíz gala, con pocos representantes fuera del hexágono, y que representa muy bien –una vez más– esta capacidad de la sociedad francesa de crear terceras vías, aunque no vemos por el momento que sus postulados sean asumidos por el *establishment* político del país vecino.

Para Latouche, quizás el que ha contribuido más a difundir esta vía, el "desarrollo sostenible" es una contradicción en términos, un oxímoron, y solo es un intento más del sistema para intentar sobrevivir.

La solución al problema pasaría en su opinión por iniciar un círculo virtuoso de decrecimiento con serenidad, que paradójicamente parece inspirado en un manual de marketing: las 8 R, que son una receta de management personal que consiste en Reevaluar, Reconceptualizar, Reestructurar, Redistribuir, Relocalizar, Reducir, Reutilizar y Reciclar. La fórmula es esté-

---

288 Nicholas Georgescu-Roegen, en su libro "The Entropy Law and the Economic Process" de 1971 escribe: "El proceso económico no es más que una extensión de la evolución biológica, y consecuentemente, los problemas más importantes de la economía deben ser enfocados desde esta óptica".

289 Latouche, S. (2007). *Petit Traité de la Décroissance*. Sereine Edition Mille et Une Nuits, Paris.

ticamente fácil, publicitaria incluso, y no hace falta decir que de paso Latouche resuelve con su formula el complejo tema de las necesidades, apuntando cuales son legítimas y cuales no lo son, y toda la problemática del trabajo, que se resuelve proponiendo que se trabaje menos y el ocio sea menos consumista. Con Latouche ocurre lo que suele ocurrir con las utopías que quedan a medio camino entre la receta, la autoayuda, la economía y la literatura de ficción: lo resuelven todo, incluido, evidentemente, el problema de África: *"Dejad a los pobres tranquilos, no les habléis de desarrollo!"*, ...lo que no es probable que digan los pobres africanos de los profesores de Universidad que viven en París. *"Nuestra concepción de la sociedad de decrecimiento no es ni un retorno imposible al pasado ni una adaptación al capitalismo. Es una "superación" (si es posible dentro del orden) de la modernidad"*. Nos preguntamos qué pasará si no es posible "dentro de un orden". No sabemos en qué estaba pensando cuando escribía estas palabras, pero no hemos sabido ver cuales son los anclajes de su discurso del presente que deben desencadenar la revolución o el reformismo, como parece deducirse de algunos párrafos de su trabajo.

Los utopistas franceses, que se agrupan alrededor de la publicación *Entropia*, han publicado un manifiesto, *Manifeste Utopia*[290], que prologa André Gorz con las siguientes palabras:

"Para evitar una recesión que desvalorizaría el capital excedentario, (sobreacumulado) los poderes financieros han tomado la costumbre de incitar a los hogares a endeudarse, a consumir sus rentas futuras, sus ganancias futuras en la Bolsa, la revalorización de sus inmuebles, mientras la Bolsa capitaliza el futuro crecimiento, los beneficios futuros de las empresas, las compras futuras de los hogares, las ganancias que surgirán de las reestructuraciones y despieces de empresas, impuestas por las compras de empresas a crédito, empresas que no

---

290 Varios Autores (2008). *Manifeste Utopia*. Parangon, Paris.

se habían puesto al día en la precarización, externalización y sobreexplotación de sus recursos humanos…".

El manifiesto de los utopistas, en sus 160 páginas, que vale la pena leer con detalle, concluye:

"La crisis social y ecológica nos compromete en una misión temible, pero exaltante. Una misión que pedirá a nuestra generación que reinvente la política y construya un mundo que permita a cada uno realizarse individualmente y colectivamente. Una misión que deberá repensar lo social desde la ecología y la ecología en su dimensión social y política. Una misión que deberá deconstruir la ideología productivista dominante y reconciliar lo local con lo global. Una misión que redefinirá lo que se entiende por riqueza para una sociedad y para un individuo, y traducirá en actos y en proposiciones nuestras convicciones y nuestro entusiasmo. En este principio de siglo el capitalismo productivista y financiero está condenado, pero aún no lo sabe. Su buena salud aparente es espectacular e insolente. Reina como señor de la producción y de los servicios, en la difusión de una cultura mundializada y ha conseguido desconectar el mundo financiero con la economía real. Pero signos que anuncian su fin empiezan a aparecer: agotamiento de los recursos naturales, desarreglos climáticos, crecimiento de la desigualdad, degradación de las condiciones de vida sobre la tierra, polución del agua, del aire y del suelo, repliegues comunitaristas y religiosos. Retomar el combate de las ideas y del proyecto de una sociedad, luchar contra la ideología dominante para la cual el crecimiento material, la realización a través del consumo y la centralidad del trabajo es el horizonte que no se puede pasar: he aquí el zócalo, el acuerdo mínimo que permite a todos los que comparten esta constatación de venir con nosotros para construir las condiciones de un nuevo desarrollo".

El movimiento social que está surgiendo alrededor de este enfoque utopista se ha articulado recientemente en un partido político, el Partido por el Decrecimiento, y en diversas iniciativas para que la izquierda francesa, especialmente el Partido Socialista, adopte algunos de sus postulados programáticos.

El regusto que deja la lectura de los planteos utopistas derivados de estos enfoques es algo amargo: es un discurso aislado, sin red a la que conectarse, completamente cerrado. Nos preguntamos si es análisis económico de lo que se está hablando, o más bien una mezcla (fusión marketiniana muy de moda) de la filosofía, ideología, antropología y sociología para intentar sintetizar un programa genérico y simplista cuya estructura nos recuerda más las famosas 4P del manual de marketing de Kotler que otra cosa. Ya puestos, nos gusta más el proyecto *Living with 100 Things*, del simpático Dave Bruno, que se ha convertido en un auténtico fenómeno en la red...[291]

Atribuir en exclusiva al capitalismo la crisis de sostenibilidad me parece un error. Que ésta se va a producir durante el reinado del capitalismo, no deja lugar a demasiadas dudas. Pero nos preguntamos si las economías que se desarrollaron detrás del telón de acero y en la antigua URSS, eran más sostenibles que las economías occidentales. Parece una pregunta retórica pero no lo es. La sostenibilidad del crecimiento es un fenómeno anterior al sistema económico que lo sustenta, es un problema de sobrepoblación, de sobreexplotación de recursos naturales y esencialmente de consumo. Problemas en los que el sistema capitalista, esto es cierto, no solo no aporta ningún atisbo de solución sino que contribuye de forma automática e inevitable a empeorar.

---

291 http://guynameddave.com/about-the-100-thing-challenge/

Política, economía y consumo: la recuperación de la legitimidad

La política tampoco está de moda. Hemos repetido varias veces que entre los factores que explican la despolitización de los ciudadanos en las democracias occidentales el carácter consumista y el imperio de la economía sobre la política, –la "barbarie" en términos de Compte-Spontville– no es un factor menor. Que la promesa de un pequeño bienestar personal y a lo sumo familiar –la promesa de seguridad de que nadie tocará el *cocooning* al que hemos reducido la vida– despolitiza no es algo que podamos poner en duda. Pero como hemos visto al hablar de consumerismo político, no hay fórmulas alternativas de participación en lo público que no sean la participación en las instituciones políticas (o la violencia contra el sistema, lo que llamamos hoy en día el terrorismo). La sustitución de la acción política por otras fórmulas de participación, sean a través del trabajo, con el auge del trabajo social voluntario o del consumo, con el auge del consumerismo político, son a mi parecer cataplasmas que ayudan a hacer más pasables los síntomas de un mal más profundo, el mal estructural que supone vivir en un sistema económico que tiende a la desigualdad y a la alienación. En este sistema, su piloto, que debería ser la política, se ha dormido con el piloto automático puesto en medio de una tormenta de cúmulos en pleno trópico y sin sondas Pitot.

Yo no creo que la política haya perdido primero su legitimidad y después los ciudadanos se hayan despolitizado: los ciudadanos se han dormido en el sueño desarrollista y consumista y como consecuencia de ello se han despolitizado. En España, los primeros 30 años de democracia han sido los años de la despolitización masiva de la ciudadanía, cuando todo parecía indicar que la sociedad española quería antes que nada recobrar la palabra en la plaza pública. Es cierto que ha ayudado a ello además el desencanto ante una expectativa de política irreal, una política idealizada en la que no había ni corruptos ni malos gobernantes. Ahora ya tenemos aprendida la lección, y a pesar de ello, sin la recuperación de la legitimidad de la política no avanzaremos en el camino de la igualdad y la sostenibilidad.

¿Cómo avanzaremos hacia una nueva legitimidad política? Según Compte-Spontville, a través del recobrar una espiritualidad que en trazo grueso significa intentar encontrar el sentido de las cosas. Estamos de acuerdo con él que este éste es un paso previo al renacimiento de la política. En los países más secularizados, Francia el primero, la nueva espiritualidad proviene de no se sabe muy bien de dónde, en una mezcla ecléctica de hedonismo socialmente responsable, de filosofías naturalistas y de orientalismo, mezcla que en el país líder en hedonismo y en autoestima nacional (y a la vez en complejo de inferioridad) resulta un pastel que a veces parece indigerible. Una de las incógnitas más importantes en el desarrollo de la Europa de los próximos años es la restructuración de la izquierda francesa: qué van a proponer como evolución a la economía de mercado y que qué propuestas van a hacer para salir de la letargia consumista, la acumulación de desigualdades y la energía nuclear. "*À suivre...*" como dicen ellos.

Un anglosajón neocomunista, como Fisher nos conduce a la misma reflexión. Reconocer nuestra implicación en el sistema a nivel del deseo, dice[292]:

> "*Reclamar una agenda política realista significa antes que nada aceptar nuestra implicación en el sistema a nivel del deseo, en el molinillo sin remordimientos del Capital...*"...*" [...] lo que deberíamos tener presente es que el capitalismo es a la vez una estructura impersonal híper-abstracta y a la vez no podría ser nada sin nuestra cooperación*".

---

[292] Fisher, M. (2008). *Capitaslistm Realism. Is there no Alternative?*. O Books, John Hunt Publishers.

Lo cual por cierto no es diferente de cualquier otra estructura ideológica, que se sostiene por la colaboración de la sociedad hasta que se desestabiliza y evoluciona o se colapsa.

La impresión actual en todos los países avanzados es que la política económica de los gobiernos corresponde a un ejecutivo débil que negocia como puede y cede constantemente ante los poderes empresariales reales, como la banca, las petroleras, los fabricantes de automóviles, las comunicaciones, el sector financiero que compra su deuda y los fabricantes de armas o las empresas de mercenarios que se llevan el pastel del negocio de la guerra. El grado de condicionamiento de los gobiernos alcanza en todos los países unas dimensiones desconocidas o no tan desconocidas si atendemos a cómo se financió la expansión del imperio romano. Son los sectores portadores del mensaje menos sostenible los que condicionan constantemente al Gobierno y en nombre de los intereses generales arriman el ascua a su sardina, como dice el refrán. En España tenemos ejemplos a diario: las petroleras, siempre presentes en las reuniones entre gobiernos, los fabricantes de automóviles, de cuya demanda depende una parte importante del empleo, las eléctricas cercenando el crecimiento de la autogeneración en los hogares, la aviación comercial, que condiciona (por decirlo finamente) a todas las administraciones y acaban obteniendo subvenciones millonarias de todas ellas. El último ejemplo en Francia lo tenemos en la lucha de Sarkozy por intentar redistribuir una parte de los grandes beneficios de las multinacionales francesas entre los trabajadores o la lucha del gobierno español con Telefónica, que anuncia 6.000 prejubilaciones a cargo del Estado al mismo tiempo que un puñado de directivos se reparten 450 millones de euros. El ministro de trabajo está ya "inventando" recetas para tratar de forma diferente a las grandes corporaciones de las pequeñas y medianas empresas. Ya era hora: *son dos realidades que no tienen nada que ver*, aunque todas se llamen empresas.

El problema que generan estas actividades es lo que se conoce como riesgo moral. Parece que la manera de obtener grandes rentabilidades y de que ningún poder político ponga en cuestión la legitimidad de las actuaciones es ser suficientemente grande como para que el Estado no tenga más remedio que sostener la empresa o el conglomerado sectorial en su totalidad. Todo ello hace sospechar que lo que el Estado y la política protegen no son los intereses generales sino los intereses de aquellos que saben hacerse invulnerables en el sistema (a través del chantaje del valor absoluto de los puestos de trabajo) o tienen un poder de lobby capaz de condicionar las acciones de los políticos (el destino del dinero público).

Esta problemática no es nueva. Toynbee[293] nos explica cómo durante el imperio romano eran las grandes "corporaciones" los que financiaban las guerras expansionistas de Roma y se cobraban después del estado los intereses y otros beneficios a través de las hipotecas que le imponían al Estado sobre las nuevas riquezas depredadas:

"Las compañías que habían ido aprovisionando los ejércitos se ofrecieron a financiar la guerra hasta que hubo acabado, bajo dos condiciones: estar exentos del servicio militar y que el gobierno asegurara los riesgos asociados al tráfico de mercancías. El Gobierno no pudo más que aceptar, y los "contractors" aumentaron sus ganancias a base de cargar barcos con materiales sin valor y hundirlos, cobrando seguros por el importe de mercancías de valor. Parecería un comportamiento chocante incluso si el país de los dueños de las corporaciones no hubiera estado luchando por su vida. Cuando se destapó el escándalo, la indignación pública fue en aumento pero el gobierno no los podía perseguir porque dependía de su suministro. Cuando un magistrado decidió perseguirlos judicialmente en la asamblea nacional, las corporaciones organizaron una banda de mercenarios que reventaron la sesión. Esto fue la gota que colmó el vaso, y algunos solamente escaparon al juicio a

---

293 Toynbee, A.J. (1958). *Thinking Ahead.* Harvard Business Review.

base de pedir asilo político en países de los que no po-
dían ser extraditados. Per una parte muy importante de
estos beneficios ilícitos fueron a parar a manos de cor-
poraciones y este capital fue la base sobre la que sus-
tentaron los empresarios romanos en las siguientes dos
siglos, en los que el imperio languideció, con los empre-
sarios romanos explotando sin piedad todos los rinco-
nes del imperio, y con el estado sin intervenir más que
de forma esporádica e inefectiva".

No es una situación muy diferente a la de la guerra de Irak, o
de Afganistán, en la que las corporaciones controladas por los
colaboradores más íntimos de Bush, como Halliburton - se
han llevado una tajada de 800.000 millones de dólares de los
contribuyentes americanos en concepto de "prestación de
servicios", facturando servicios no prestados, como millones
de comidas no servidas y otras fruslerías algunas de las cuales están en los tribunales americanos pendientes de juicio:

"En 2002, los activos del señor Cheney se valoraban
entre 19,1 y 86,4 millones de dólares. Este mismo mes,
un juez federal archivó una demanda que acusaba a
Cheney y a Halliburton de engañar a los inversores
cambiando la manera como la compañía contabilizaba
las rentas de los proyectos de inversión ...[...] Hallibur-
ton tiene contratos por más de 1,7 miles de millones en
sus trabajos en Irak, y podría ganar centenares de mi-
llones más de un contrato no concursado que le fue ad-
judicado por el Cuerpo de Ingenieros del ejército, dice el
Washington Post [...] cuando era secretario de Defensa
en el Pentágono encargó a una subsidiaria de Hallibur-
ton, Brown&Root, estudiar la subcontratación de opera-
ciones militares a contratistas privados. A partir de los
resultados del estudio, el Pentágono eligió a esta em-
presa para implementar este plan de outsourcing. En
1995 Cheney fue nombrado CEO de Halliburton... el
mes pasado, Halliburton fue acusada de cargar facturas
de alimentación al ejército que no se correspondían con

servicios prestados [...] en algunos casos se cargaba por el importe de tres veces las tropas que estaban destinadas ahí...".

La historia se repite, y como decía Toynbee, todos los imperios caen por razones parecidas: los poderes económicos ganan el pulso al estado, la desigualdad aumenta, y la población duerme el sueño de los justos, narcotizados por el consumo. Los *contractors* toman el poder político y el control de los capitales. George Soros recordaba no hace mucho que la fusión del estado con las grandes empresas tiene un nombre muy claro: fascismo. Y Galbraith[294] ya nos avisaba en su testamento:

"Existen graves problemas sociales que requieren atención. Uno de ellos, como hemos observado, es la forma en que el poder corporativo ha moldeado el objetivo público según sus propias capacidades y necesidades. La apropiación por parte de las corporaciones de la iniciativa y la autoridad públicas es terriblemente visible en lo que se refiere al medio ambiente y extremadamente peligrosa en cuanto a la política militar y exterior".

¿Y porque los políticos no hacen reformas estructurales, si son perfectamente conscientes de todos estos problemas?

Bonfiglioli y Gancia, dos investigadores del CREI[295] hacen una aproximación interesante a este tema:

"...los gobiernos tienen un incentivo demasiado débil para hacer reformas. Contrariamente a lo que se suele pensar, hemos concluido que la incertidumbre hace que las reformas políticas sean más viables. A causa de este efecto, la incertidumbre puede en algunos casos aumentar el bienestar social. En segundo lugar [...] encon-

---

294 Galbraith, J.K. (2004). *La Economía del Fraude Inocente. La Verdad de nuestro tiempo.* Crítica, Barcelona.

295 Bonfiglioli,., & Gancia, G. (2010). Politicians, Uncertainty and Reforms. *Working Paper, CREI/UPF/UAB.* First Draft.

tramos que una alta compensación para los políticos atrae candidatos con una habilidad esperada más alta, pero empeoran el incentivo en invertir en reformas...".

Quizá debía tener razón Mao cuando decía que "como peor, mejor". No tendría motivos para estar muy preocupado, cuando lo que observamos es una evolución entrópica del sistema, una evolución que sólo se puede revertir con el imperio que la política no ejerce.

Es una entropía sistémica por fases:

Primera fase. La democracia supuesta. La sociedad entra en la democracia normalmente después de una transición dolorosa, una guerra civil o bien por imposición de una potencia ajena que la quiere imponer para asegurarse el control de recursos naturales.

El esquema funcionamiento social que se "vende a la población" y a la comunidad internacional para intervenir, y que sirve para legitimar el sistema es el siguiente:

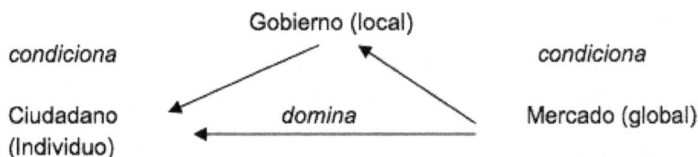

En este esquema de funcionamiento social se da por supuesto que el sistema económico es el de libre empresa y que la democracia va asociada a un sistema político de libre empresa. A nadie se le ocurre –¿o sí?– pensar en una democracia sin libre empresa, aunque uno podría perfectamente pensar en una democracia en la que por ejemplo el suelo, el sistema financiero y las grandes compañías de servicios públicos (energía, transportes y comunicaciones) estuvieran en manos del Estado.

Segunda Fase. La democracia global (actual), que es una devaluación y perversión del modelo teórico de equilibrio entre las partes. Lo que ocurre en realidad es que dejada la política en manos de la economía, las empresas imponen la agenda social y financian al gobierno. El ciudadano no es libre, es un ciudadano conformado, resignado e impotente. No solo no es libre sino que además se siente poco libre, como comprobamos repetidamente en los estudios de clima social y de mercado. El ciudadano es un "mercado", un consumidor al que tener atado de pies y manos, a través del trabajo por el lado de los ingresos y a través del consumo por el lado de los gastos. En este sistema solo se puede ser libre si se es rico. Y además incrementa de forma vertiginosa la desigualdad.

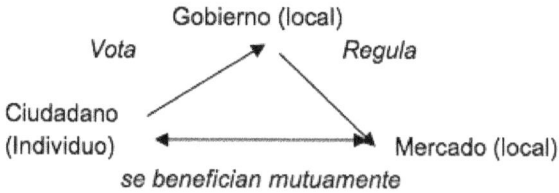

Cuando Zizek dice que el vínculo supuesto entre democracia y sistema capitalista es hoy más turbio que nunca se refiere a esta desvirtuación del modelo de la democracia ciudadana. La verdadera democracia –según él– está fuera del sistema liberal y capitalista que emerge en el mundo globalizado. Porque la realidad es que los postulados liberales de libre competencia y de equilibrio óptimo en base al mercado son una falacia teórica que sirve para legitimar a los grandes pero que en realidad no se respeta, como muestran algunos de los vergonzosos rescates sin expropiación en la crisis actual. Lo que se da es concentración, concentración de poder, dominio de la política y abuso del mercado a través del riesgo moral.

La democracia ciudadana es por el momento una utopía pero una utopía posible. Una utopía a la que nos podemos acercar en base a devolver el poder al ciudadano y a la política, lo que supone pensar en términos políticos, de persona/sociedad/

comunidad y no en términos de mercado/ trabajador/consumidor.

Recordemos aquí el concepto de política de Arendt. *"La política no es una condición intrínseca de los hombres sino que nace en el entre los hombres"*, propone. La recuperación de la política pasa inexorablemente por la consideración de que en este "entre" los ciudadanos valoramos las aportaciones al "entre" y no el valor simbólico de los objetos que compramos o consumimos. En este sentido, como hemos desarrollado anteriormente, lo que se llamar el "marquismo", es decir, la asignación de una utilidad simbólica a los objetos y a sus marcas más allá de su valor de uso constituye una forma de alineación. Es necesario, en línea con lo que propone Baudrillard, desplazar el simbolismo del producto y de la marca como a factor de comunicación del "entre las personas". Y nos podemos preguntar con qué lo vamos a substituir, puesto que el "entre" las personas siempre tendrá un simbolismo asociado al consumo. El simbolismo del acto de compra puede ser sustituido como hemos apuntado anteriormente por el simbolismo del acto de uso (no de consumo), un acto inteligente, un proceso en el que uno expresa en el uso respetuoso del producto la voluntad social de colaboración y mejora con responsabilidad y sostenibilidad.

Marie-Emmanuelle Chessel y Frank Cochoy[296] apuntan que existe una vía de hibridación" entre iniciativas del consumidor e iniciativas de la política y de las empresas que parece tener un cierto recorrido. En estas iniciativas, el gobierno recoge la inquietudes de los consumidores, iniciativas de las empresas que van en esta dirección y las apoya, regulando a partir de una síntesis o "hibridación" las aportaciones de las partes.

---

296 Chessel, M.E., & Cochoy, F. (2004). *Autour de la Consommation Engagée: Enjeux Historiques et Politiques*. Centre de Recherches Historiques. CERTOP/CNRS.

```
                    Gobierno
        Vota                        condiciona

    Ciudadano                          Mercado
                    Condiciona
```

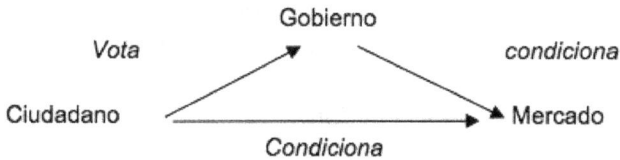

Según los autores, *"Por el momento estas iniciativas son poco sólidas, heterogéneas, dispersas, provisionales, frágiles y controvertidas para que se pueda ver en ellas un camino claro y sacar conclusiones definitivas sobre el buen modelo de gobierno..."*[297].

En el mismo sentido, Cochoy añade que en este proceso de hibridación es necesario contar con la participación de todos los agentes, para prever cualquier situación de dominio de los que participan sobre los que no participan. En su crítica de la estrategia de "la ética en la etiqueta", movimiento que en Francia propugna la normalización de los productos basada en su ética ambiental y laboral, nos recuerda que este proceso, si no se hace con amplio consenso social puede llevar a un nuevo conjunto de discriminaciones y consolidación de intereses que no sean los generales, por lo que es fundamental la participación de la política en el proceso, la regulación equilibrada de los intereses de las partes en el proceso. Justamente lo contrario que ha pasado en los últimos 25 años: una desregulación continuada, lenta pero inexorable, casi diría que compartida por todos los gobiernos, y que tiene antecedentes más lejanos de lo que puede parecer. La progresiva expulsión de la intervención del estado en el ámbito económico y especialmente en el consumo queda bien reflejada ya en los años 50 en los escritos de Vance Packard[298]:

---

297 Cochoy, F. (2004). La normalisation sociale ou le fétichisme de la marchandise renversée. *Working Paper, CERTOP*, Toulouse.

298 Packard, V. (1959). *The Waste Makers*. Longman, New York.

"Durante los primeros días del gobierno de Eisenhower, las actividades (modestas) del Bureau of Home Economics, que dependía del Departamento de Agricultura, y que se dedicaba a actividades de concienciación del consumo y a testar productos, fue severamente reducida. La Unión de Consumidores protestó enérgicamente, en un tiempo en que llovían las ayudas a los distribuidores, fabricantes, mayoristas y bancos. La ayuda a las publicaciones era una minucia comparado con estas ayudas. Las asignaciones para la Food and Drug Administration eran muy inferiores al crecimiento de los productos y de la población. Hacia mediados de los cincuenta, el Bureau of Standards fue requerido a dejar de publicar la revista "Care and Repair of the Home", que vendía más de 175.000 copias a sesenta céntimos la copia. El director explicaba: "Ya no tenemos autoridad para desarrollar un servicio de asesoramiento para los consumidores..." "Dos miembros de la Comisión Federal de Comunicación estaban tan implicados y hermanados con la industria que supuestamente tenían que regular que fueron obligados a dimitir".

En el terreno financiero la desregulación, lenta pero progresiva e imparable, ha tenido efectos devastadores como describen bien Reinhart y Rogoff[299]:

"La explosión del sistema financiero americano en 2007-2008 se produjo precisamente porque muchas instituciones financieras que operaban fuera del mercado regulado financiaban inversiones no liquidas con créditos a corto plazo..".

No solo la desaparición de la regulación ha hecho daño sino que además en el contexto actual hacen falta nuevas regulaciones:

---

299 Reinhart, C.M., & Rogoff, K. (2009). *This Time is Different. Eight Centuries of Financial Folly.* Princeton. New York.

"Incluso con los mejores datos sobre riesgos, es extremadamente deseable crear una institución internacional independiente que ayude a desarrollar y reforzar la regulación financiera internacional".

Roubini y Mihm[300], con su estilo incisivo, buenos conocedores de los entresijos de la regulación financiera norteamericana, describen además el problema de la "regulación desleal", que se da cuando el regulado privado se convierte en regulador público a sabiendas que va a volver a ser regulado privado:

"Goldman Sachs tiene una particular mala fama en esto: diversos directores generales de esta empresa han ocupado posiciones superiores en el gobierno de los Estados Unidos, lo que ha creado numerosos conflictos de intereses. Estos y otros ejecutivos se mueven de forma imperceptible del sector privado hacia el gobierno, donde sirven más de aliados de sus antiguos jefes que como reguladores".

Está en la tradición norteamericana no regular los mercados más que cuando se convierten en un problema, grave o muy grave – como durante la Gran Depresión y como ejemplo más conocido, la Glass-Steagall Act de 1933, que fragmentó a los bancos más poderosos. Los valores de la sociedad norteamericana van contra la regulación y solo se acuerdan de Santa Bárbara cuando truena. Lo describe muy bien Rajan:

"Irónicamente, la fe en una regulación draconiana es mucho más frecuente en el inicio de ciclo, que es cuando menos se necesita. Es al contrario, existe el error de creer que los mercados se regulan solos en el punto álgido del ciclo, en el punto de máximo peligro para el sistema"[301].

¿Cuándo aprenderemos que el sistema capitalista es cíclico, que cuando las cosas van bien hay que enfriar la cabeza, aho-

---

300 Roubini, N., & Mihm, S. (2010). *Crisis Economics*. The Penguin Press.

301 Rajan, R.G. (2010). *Fault Lines*. Princeton University Press.

rrar y regular y cuando van menos bien el estado tiene que gastar y desregular para compensar? ¿Tan difícil es no caer en las ilusiones? ¿Tan animales son nuestros espíritus?

Consumo y políticas públicas: evidencias y recurrencias

Uno de los temas complejos con los que podemos enfrentamos es la forma cómo la política y las instituciones pueden contribuir a jugar un rol de promotores del consumo sostenible. Para abordarlo con un mínimo realismo y no caer en el la trampa de los buenos deseos, es necesario ser consciente de que no existen soluciones fáciles y que de la misma manera que la problemática es compleja las soluciones no pueden ser simples.

Es esencial el reconocimiento y la interiorización de que la realidad social es cada vez más compleja. Reconocimiento esencial desde el punto de vista del análisis y consecuentemente del diseño de las vías de mejora. Además las fórmulas políticas deben tomar en cuenta no solamente la complejidad de las situaciones sino también la probabilidad de que ocurran efectos inducidos difícilmente previsibles *a priori*. Es fundamental no caer en la trampa del reduccionismo ideológico que supone basarse en planteamientos liberales, neoliberales, post liberales, neocomunistas o de cualquier origen. Las ideologías son probablemente útiles como cataplasmas sociales pero de poco sirven para gestionar la sociedad. Una sociedad compleja solo puede gestionarse desde el conocimiento complejo, interdisciplinar, descaradamente ecléctico y derivado de la interacción de agentes con visiones diferentes de los fines que se quieran conseguir y de los medios para conseguirlo.

Este fenómeno no es exclusivo del análisis del consumo como explican perfectamente Thompson y Troester[302] *"las fuerzas de la fragmentación que se observan en la sociedad postmoderna no existen en oposición a los significados y prácticas históricas, culturales y sociales. Más bien, estos procesos de*

---

302 Thompson, C.J., & Troester, M. (2002). Consumer Value Systems in the Age of Postmodern Consumption: The Case of Natural Health Microculture. *Journal of Consumer Research*, 28(2), 550-571.

consumo adoptan formas más complejas, híbridas, indirectas y menos obvias".

En el campo de la evolución tecnológica, Joël de Rosnay, uno de los científicos con mayor reputación en la prospectiva tecnológica y social, señala que es fundamental entender la complejidad del sistema a través de los cinco factores que lo constituyen: los agentes, las relaciones que establecen, los niveles jerárquicos, su dinámica y su capacidad de evolución y de conversión en un sistema más complejo : *"...es necesario complementar el enfoque analítico con un enfoque complementario, que llamaremos enfoque sistémico, que permite estudiar la complejidad sin partirla en pequeños trozos..."*[303]

En el terreno de la política de consumo, las recomendaciones a los estados del World Economic Forum recogen con fuerza la necesidad de interdisciplinariedad y de colaboración creativa entre todos los agentes implicados[304]:

1. Colaboración amplia de todas las partes involucradas en el diseño de las políticas y su implementación.

2. Liderazgo político por los países más influyentes, especialmente los grandes compradores (países emergentes).

3. Política de comercio internacional coherente con el consumo sostenible.

4. Inclusión de los parámetros ambientales en las compras de los estados, que representa en torno al 40 % de la demanda, lo que puede tener un efecto enorme sobre el desarrollo de una industria más sostenible.

El WEF propone la creación en 2011 de una "Plataforma de Innovación en las Políticas de Sostenibilidad" en la que participen los Estados y las grandes compañías para diseñar polí-

---

303 Rosnay, J. (2007). *2020 Les Scénarios du futur.* Des Idées et des Hommes, Paris.

304 World Economic Forum (2011). *The Consumption Dilemma. Leverage Points for Accelerating Sustainable Growth.* Davos Forum. Davos.

ticas globales relacionadas con el fomento del consumo responsable.

Para ver cuál es el resultado hasta la fecha de las políticas públicas en el ámbito de la sostenibilidad contamos entre otros con un trabajo colectivo de gran envergadura realizado bajo la dirección de Lafferty y Meadowcroft[305], en el que se revisan las políticas en los diferentes ámbitos relacionadas con este objetivo, y entre ellas las relacionadas con el consumo y la producción. Aunque este trabajo recoge una evaluación hasta el año 2002, provee un esquema de análisis que nos ha servido de guía para la actualización. Presentaremos de forma sintética cuáles han sido los avances en este sentido derivados de la aplicación de estas políticas en diferentes países.

De manera global la característica que tiñe las acciones emprendidas por los países más avanzados es la voluntad clara de lograr un equilibrio entre cuatro factores irrenunciables: el crecimiento económico, la sostenibilidad de los recursos –en el sentido de no hipotecar el bienestar de las generaciones futuras–, lograr un mayor nivel de integración e igualdad social y tener una visión mundial de la sostenibilidad, sin quedarse solamente en una visión interna en las fronteras nacionales. Son cuatro pilares que intentan soportar una mesa repleta de propuestas, con diferentes niveles de intensidad, compromiso y velocidad de aplicación. Queda fuera de los objetivos de este trabajo revisarlas todas: nos centraremos solamente en las que hacen referencia al consumo, que en el trabajo citado han sido englobadas bajo el epígrafe específico "producción y consumo".

En Alemania, para empezar con un país que suele dar muestras de seriedad y compromiso político en los grandes temas, el principio de precaución preside las acción en este campo –y en la sociedad en general. En Alemania se legisla y se decide

---

305 Lafferty, W.M., & Meadowcroft, J. (2000). *Implementing Sustainable Development, Strategies and Initiatives in High Consumption Societies.* Oxford University Press, New York.

"por si acaso", no como en España que se legisla a toro pasado y a menudo cuando ya hemos recibido la cornada. El principio de precaución impide a la vez que una industria actúe sin dar garantías de que no perjudicara al entorno y a la vez hace difícil realizar cambios legislativos atrevidos y no consensuados. Es el país de la mejora incremental. Cuando estamos escribiendo estas líneas los verdes acaban de ganar a Merkel el Land de Baden–Würtenberg. Será interesante ver que pasará con las nucleares de este Land después del accidente de Fukushima del que no acabamos de salir.

Alemania ha sido pionera en aspectos como el etiquetaje y marcaje de los productos ecológicos y responsables con el medio. La etiqueta "Blue Angel" es un buen ejemplo de este liderazgo. Sin embargo, Christiane Beuermann[306] denuncia que:

> *"No se han desarrollado nuevas medidas y algunas de las que se propusieron no han sido implementadas. Este hecho es especialmente visible en el sector del transporte, donde las políticas encaminadas a reducir el tráfico, alentar cambios en las modalidades de transporte que lo hagan más sostenible, el incremento de eficiencia en los automóviles y la mejora de la información pública son presentadas como esenciales para hacer un sistema de transporte más sostenible. En la práctica, sin embargo, poco se ha hecho para implementar estos cambios...".*

La revisión de los objetivos medioambientales se puede contrastar en un documento del Gobierno Federal del 2008, en plena crisis económica, en el que se definen por primera vez una serie de indicadores cuantitativos sobre los objetivos que

---

306 Beuermann, C. (2000). Germany: Regulation and the Precautionary Principle. En Lafferty, W.M., & Meadowcroft, J. *Implementing Sustainable Development, Strategies and Initiatives in High Consumption Societies.* Oxford University Press, New York.

se proponen hasta el 2020. En el documento se reafirma que[307]:

> "*La cuestión de cómo los consumidores pueden ir incorporando de manera continuada aspectos de sostenibilidad en sus decisiones diarias sobre lo que compran es de gran importancia para el desarrollo que queremos hacia un estilo de vida más sostenible. El debate amplio y público sobre el cambio climático y los precios de la energía ha contribuido a incrementar la consciencia de los consumidores sobre el tema de la sostenibilidad. En sus decisiones particulares, los consumidores están incorporando los atributos que hacen referencia a sus ahorros personales y en los ahorros en medio ambiente. En plena era de la globalización, es importante movilizar el poder creativo de los consumidores a favor del desarrollo sostenible. El Gobierno Federal tiene como objetivo poner en manos de los consumidores instrumentos que les ayuden en estas decisiones. El Gobierno Federal da soporte a numerosas iniciativas para incrementar la transparencia en los mercados en las áreas de energía, alimentos o inversiones de capital. Además hay que clarificar las etiquetas y las certificaciones de sostenibilidad*".

Es importante tener en cuenta que en las recomendaciones del Gobierno Alemán no se hace ninguna referencia ni a la reducción de los niveles de consumo ni a recomendaciones bienintencionadas y consejos de frugalidad.

Australia, un enorme país con una pequeña población, y con una economía muy dependiente de la exportación de sus recursos naturales, se ha ocupado del medio ambiente con arrancada de corcel andaluz y parada de mula castellana. Si bien en los años 90 parecía que el país tomaba una posición de liderazgo en este sentido, Elim Papadakis, en su evalua-

---

307 Gobierno Federal de Alemania (2008). *Progress Report 2008 on the National Strategy for Sustainable Development.*

ción de la situación Elim Papadakis describe como cómo la estructura de la economía y el sistema descentralizado de toma de decisiones han constituido un freno en la aplicación de políticas de sostenibilidad[308]. En Australia hay una iniciativa de gran interés para el marketing. El Gobierno Federal ha financiado un Centro de Diseño en el Instituto de Tecnología de Melbourne para ayudar a las empresas en el rediseño de productos y de tecnologías que reduzcan el impacto ambiental y creen productos para el mercado internacional. Una excursión por la web de este centro nos da una idea de la dimensión y los proyectos de este centro, que sin duda es un ejemplo a imitar[309].

Existe además una institución en Australia que hace constantemente estudios sobre la sostenibilidad de la economía del país y sobre el consumo: el *National Institute for Consumer Research*, dependiente del CSIRO, la *Commonwealth Scientific and Industrial Research Organisation*, que es la Agencia Nacional de la Ciencia y Tecnología australiana, una de las más grandes que existen en el mundo.

En Canadá, país que tradicionalmente ha sido considerado líder en este campo, las conclusiones sobre la aplicación de políticas de sostenibilidad quedan reflejadas en el título del trabajo de revisión de Glen Toner: *"Canadá, de primero en la carrera a portavoz cansado[310]"*. Tres tipos de factores han contribuido a este cansancio: en primer lugar factores de entorno económico, con la recesión de 1990 que ha disminuido la prioridad de la política medioambiental y los presupuestos que se dedican por parte del Gobierno Federal; y en segundo lugar, la falta de liderazgo político y en tercero la transferencia de poder a los gobiernos regionales, que no ha ayudado a la

---

308 Papadakis, E. (2000). Australia: Ecological Sustainable Development in the National Interest. En Lafferty, W.M., & Meadowcroft, J. *Implementing Sustainable Development, Strategies and Initiatives in High Consumption Societies.* Oxford University Press, New York.

309 Ver www.rmit.edu.au/

310 Toner, G. (2000). Canada: From early Frontrunner to Plodding Anchorman. En Lafferty, W.M., & Meadowcroft, J. *Implementing Sustainable Development, Strategies and Initiatives in High Consumption Societies.* Oxford University Press, New York.

consolidación de iniciativas para el desarrollo de la economía sostenible y la protección del medio.

En los Estados Unidos, parece que la mentalidad liberal de los americanos y una estructura política muy federalizada se han conjurado con el poder de las grandes compañías para quedarse en la cola de las políticas de sostenibilidad. Si bien los Estados Unidos fueron pioneros en la protección de la naturaleza, cuando las exigencias globales de cuidado de la misma han chocado con la todopoderosa industria, el país se ha quedado en el furgón de cola. *"Esto no va con nosotros"*, este parece ser el mensaje de los Estados Unidos, como bien describe Gary C. Bryner en su repaso a las políticas de sostenibilidad en Norteamérica[311].

En Holanda, la preocupación por la sostenibilidad de la industria y el comercio es un elemento clave del debate político y social. Holanda es un país sin recursos naturales y uno de los comerciantes más importantes del mundo. En Holanda ocurren cosas que a los hispanos nos dejan "con la boca abierta", como por ejemplo que 54 Presidentes de compañías grandes y muy grandes, como Unilever, Azco, Philips, etc se reúnan, creen Planes de Sostenibilidad Sectoriales (ver el *Sustainable Trade Action Plan 2011-2015*)[312] y pidan al Gobierno que les de soporte en sus iniciativas, que suponen inversiones de 525 millones de euros en las cadenas de suministro de diferentes sectores. Y además piden al Gobierno que se coordine mejor en la gestión de las políticas de sostenibilidad. Ver para creer.

Finalmente es en Noruega y en Suecia donde tenemos los ejemplos más avanzados en la consolidación de la cultura de las sostenibilidad. Son estos países los que han mostrado una

311 Bryner, G.C. (2002). The United States: ¡Sorry! –Not Our Problem. En Lafferty, W.M., & Meadowcroft, J. *Implementing Sustainable Development, Strategies and Initiatives in High Consumption Societies*. Oxford University Press, New York.

312 El IDH es una institución creada en 2007 en la que las empresas, sindicatos, Organizaciones no Gubernamentales, y el Ministerio de Cooperación para el Desarrollo, de Asuntos Económicos y Agricultura, Naturaleza y Calidad Alimentaria reconocieron la necesidad de unir fuerzas en la promoción del comercio sostenible.
Ver también www.dutchsustainabletrade.com

mayor preocupación por la implementación de políticas de consumo relacionadas con la sostenibilidad y donde se ha realizado y se realiza más investigación de manera recurrente en el terreno de las conductas de consumo de los ciudadanos. En Noruega existe el SIFO (ver www.sifo.no), una institución única, que se define como:

> *"un instituto del Gobierno creado en 1939, no sesgado, que realiza investigación sobre el consumidor y test de producto. El Comité de Dirección está compuesto por el Ministro de la Infancia y Asuntos Familiares, que financia la institución. El SIFO tiene una plantilla de 50 investigadores. El staff científico está compuesto de investigadores y otro personal muy cualificado en ciencias sociales y naturales. Las disciplinas en las que se investiga son la sociología, la antropología, la ciencia política y la economía. Los proyectos están estructurados en cuatro categorías: economía de los hogares, ciencia política, cultura de consumo, tecnología y medio ambiente, mercados y política".*

En Suecia, diversas universidades están trabajando hace más de 20 años en el análisis y el seguimiento de las políticas de consumo sostenible, realizando además una labor de difusión encomiable[313] en la que nos hemos basado entre otras fuentes para analizar el fenómeno del consumerismo político.

De manera general, los desarrollos que hemos analizado en estos países permiten aprender algunos aspectos clave para que las políticas de consumo sostenible tengan un impacto social relevante.

El primero de ellos es *que sean sostenidas*, es decir, que no dependan del ciclo económico y tengan una permanencia temporal en intensidad y penetración. Asimismo, es fundamental que no dependan del ciclo político, y que existan unos mínimos que sean asumidos por todos los partidos políticos.

---

313 El lector encontrará en www.sustainablecitizenship.com un compendio de toda la investigación realizada.

Las políticas públicas para enseñar a los consumidores a consumir de forma responsable solo tienen efectos a largo plazo, puesto que suponen "vender" a la ciudadanía un marco de estilo de vida sostenible, una forma de vivir distinta, que supone cambios que deben ser facilitados también progresivamente por las políticas pública. Para poner un ejemplo gráfico, sacar el tráfico de las ciudades y promocionar la bicicleta lleva aparejado habilitar un sistema de transporte de bicicletas en el metro, lo que no se hace precisamente en dos días[314].

En España el "ideólogo" del Partido Popular y ex-presidente del Gobierno español cree que[315]:

> *"El ecologismo es una recreación del Comunismo, es la forma actual del anticapitalismo [...] Su media naranja está compuesta de un cuarto de utopía pagana, de culto a la naturaleza, que es muy anterior al Marxismo. Esta es la causa de que el ecologismo sea tan fuerte en Alemania, con su tradición pagana y naturalista. El Ecologismo es por lo tanto un movimiento anticristiano: la naturaleza tiene prioridad sobre el hombre. El último cuarto es racional, hay problemas de verdad para los cuales hay soluciones técnicas".*

Sin una implicación plena de los principales partidos, las políticas de sostenibilidad que afectan al consumo, que solo tienen efectos a largo plazo, no son viables por falta de continuidad.

Un segundo requisito fundamental es desligar la preocupación ambiental del ciclo económico. Parece que ocuparse de la sostenibilidad es un "lujo", algo que solo puede hacerse cuando la economía va bien, cuando al Estado le sobren recursos

---

314 Ver Thogersen, J. (2005). How May Consumer Policy Empower Consumers for Sustainable Lifestyles?. *Journal of Consumer Policy,* 28. Y también Fuchs, D.A., & Lorek, S. (2005). Sustainable Consumption Governance: A History of Promises and Failures. *Journal of Consumer Policy,* 28.

315 En una posterior conferencia en la Fundación Faes, la intervención de José María Aznar, que insistió en esta visión en ocasión de la presentación de "Ecologismo Sensato" en España (Madrid, 24 de noviembre de 2010) fue incluso contestada y desautorizada por los dirigentes del Partido Popular.

y cuando el paro está en unos niveles aceptables. Ocuparse de la sostenibilidad quedara solo al alcance de países ricos, y dentro de ellos, aquellos que tengan una estructura de valores en la que lo social, lo "común", tenga un peso relativo importante respecto a los valores individuales. Países que llevan el liberalismo económico más extremo en las venas parece que no tienen entre sus prioridades esta problemática y de forma infantil la reprimen, la niegan y a menudo desacreditan a quienes la tienen en consideración.

El tercer aspecto que parece derivarse del análisis es que cuando en una sociedad existe esta consciencia existe de manera transversal, independientemente del discurso político. En España por ejemplo, el discurso ecologista está asociado a los partidos de extrema izquierda, los verdes y los comunistas. De las huestes socialistas no hemos oído nada que suene a lo que describimos como políticas de fomento del consumo sostenible. Como a los comunistas no les queda discurso, se agarran a la ideología verde para dar un poco de contenido a su acción política. Creen que representar el papel de la "mala consciencia" del capitalismo es suficiente para construir un discurso con futuro, lo cual no es cierto, y les conduce a impedir sistemáticamente cualquier iniciativa de progreso en base a un ecologismo más paisajístico que real. El daño que hace esta realidad al discurso de la sostenibilidad es enorme: muchas personas preocupadas por el tema se alejan de él al ver que sus defensores son unos políticos a menudo frívolos que practican la negación sistemática de todo progreso y un "buenismo" que solo se sostiene con los dineros del estado, que es por cierto quien les paga a ellos los sueldos y la buena vida que algunos llevan.

Kate Soper, autora de trabajos interesantes sobre el hedonismo en la postmodernidad, describe la problemática de la adopción social del discurso ecologista y se pregunta cómo es que las izquierdas mayoritarias en occidente han renunciado a utilizar los argumentos de la equidad para defender un consumo más responsable[316]:

> *"Las probabilidades de que el programa eco-socialista sea adoptado en occidente son muy pequeñas a menos que se realice una conversión en masa a la moral socialista. Nada anima a pensar que las poblaciones de los países ricos vayan a abandonar su modo de consumo para promover aquí y ahora una mayor equidad planetaria y asegurar el futuro de las nuevas generaciones [...] Pero hemos de reconocer que si la preocupación por la paridad y la igualdad hubiera sido más importante, no estaríamos delante de las catástrofes ecológicas y a la barbarie social como lo estamos actualmente".*

La izquierda lo tiene fácil para construir un discurso alternativo. Pero no se atreve. El sistema la ha anestesiado a base de viajes paradisíacos, pisos en el XVIème y bolsos de Louis Vuitton.

Que den ejemplo con un nuevo concepto de la buena vida, que Soper describe con realismo:

> *"El cambio no es posible sin que un gran número de personas experimenten el placer de los estilos de vida menos materialistas y se comprometan seriamente a sostener políticas que van encaminadas a contener los modos de consumo que dilapidan los recursos".*

Referencias

Beuermann, C. (2000). Germany: Regulation and the Precautionary Principle En Lafferty, W. M., & Meadowcroft, J. *Implementing Sustainable Development, Strategies and Initiatives in High Consumption Societies.* Oxford University Press, New York.

Bonfiglioli, A., & Gancia, G. (2010). Politicians, Uncertainty and Reforms *Working Paper, CREI/UPF/UAB.* First Draft.

---

316 Soper, K. (2001). Ecologie, Nature et Responsabilité. *Revue de Mauss*, 7(1er Trim).

Bryner, G.C. (2002). The United States: ¡Sorry! –Not Our Problem en Lafferty, W. M., & Meadowcroft, J. *Implementing Sustainable Development, Strategies and Initiatives in High Consumption Societies.* Oxford University Press, New York.

Fisher, M. (2008). *Capitalism Realism. Is there no Alternative?.* O Books, John Hunt Publishers.

Fuchs, D.A., & Lorek, S. (2005). Sustainable Consumption Governance: A History of Promises and Failures. *Journal of Consumer Policy*, 28(3), 261-288.

Galbraith, J.K. (2004). *La Economía del Fraude Inocente. La Verdad de nuestro tiempo.* Crítica, Barcelona.

Georgescu-Roegen, N. (1971). *The Entropy law and the Economic Process.* Harvard University Press: Cambridge, Massachusetts.

Gobierno Federal de Alemania (2008). *Progress Report 2008 on the National Strategy for Sustainable Development.*

http://guynameddave.com/about-the-100-thing-challenge/

Lafferty, W.M., & Meadowcroft, J. (2000). *Implementing Sustainable Development, Strategies and Initiatives in High Consumption Societies.* Oxford University Press

Latouche, S. (2007). *Petit Traité de la Décroissance Sereine.* Edition Mille et Une Nuits, Paris.

Packard, V. (1959). *The Waste Makers.* Longman. N.Y.

Papadakis E. (2000). Australia: Ecological Sustainable Development in the National Interest en Lafferty, W.M., & Meadowcroft, J. *Implementing Sustainable Development, Strategies and Initiatives in High Consumption Societies.* Oxford University Press, New York.

Rajan R.G. (2010). *Fault Lines.* Princeton University Press.

Reinhart, C.M., & Rogoff, K. (2009). *This Time is Different. Eight Centuries of Financial Folly.* Princeton. New York. pp. 145, 278

Rosnay, J. (2007). *2020 Les Scénarios du futur.* Des Idées et des Hommes. Paris.

Roubini, N., & Mihm, S. (2010). *Crisis Economics.* The Penguin Press.

Soper, K. (2001). Ecologie, Nature et Responsabilité. *Revue de Mauss*, 7(1er. Trim).

Thogersen, J. (2005). How May Consumer Policy Empower Consumers for Sustainable Lifestyles?. *Journal of Consumer Policy*, 28(2), 143-177.

Thompson, C.J., & Troester, M. (2002). Consumer Value Systems in the Age of Postmodern Consumption: The Case of Natural Health Microculture. *Journal of Consumer Research*, 28(4), 550-571.

Toner, G. (2000). Canada: From early Frontrunner to Plodding Anchorman En Lafferty, W. M., & Meadowcroft, J. *Implementing Sustainable Development, Strategies and Initiatives in High Consumption Societies.* Oxford University Press, New York.

Toynbee, A.J. (1958). T*hinking Ahead.* Harvard Business Review.

Varios Autores (2008). *Manifeste Utopia.* Ed. Parangon.

World Economic Forum (2011). *The Consumption Dilemma. Leverage Points for Accelerating Sustainable Growth.* Forum Davos. Davos.

www.rmit.edu.au/

www.sustainablecitizenship.com

Capítulo 7

El nuevo rol de las empresas

La actividad empresarial: ¿ética o mercado?

La actividad empresarial está falta de ética. Este discurso es mucho menos innovador de lo que parece. Durante décadas se han vertido chorros ríos de tinta sobre el tema aunque recientemente ha entrado en la categoría de "tema de moda" en management como describía magistralmente el añorado Samuel Husenman[317]. Es un debate recurrente, aparece y desaparece, como los ríos en el desierto. Tiende a desaparecer en tiempos revueltos, en los que bastante cuesta ganar dinero, y aparece de nuevo en los tiempos de vacas gordas, cuando la mala consciencia capitalista, especialmente la de las grandes empresas que ganan dinero a espuertas, las lleva a ocuparse de "estas cosas que se hablan", como la responsabilidad social y el cuidado de los trabajadores. La ética empresarial entra en la misma categoría de preocupaciones *"off the core"*, fuera de lo esencial en el negocio.

En los años 50 hubo en los Estados Unidos un fuerte debate en el ámbito académico que puede seguirse en la *Harvard Business Review (HBR)*, entre los que pensaban que las empresas debían ocuparse de las cosas "sociales" y los que pensaban que las empresas debían ocuparse de ganar dinero y dejarse de ideas blandas, *soft ideas*. Abrió el fuego Arnold J.

---

317 Samuel Husenman escribió en los 90 un artículo de referencia sobre el tema titulado "Modos y Modas en Management".

Toynbee[318] que en un artículo en la HBR, a raíz de una magistral conferencia en ocasión del 50 aniversario de la Harvard Business School, proponía que todos los directivos de empresa deberían comportarse como "civil servants", funcionarios públicos, en sus términos:

> *"¿Cuál debe ser el programa de estas escuelas en los próximos 50 años? No tengo dudas que entrenando a directivos de empresas en este nuevo capítulo de la historia, tendrán un rol decisivo que cumplir en una de las necesidades más apremiantes de la humanidad. Estarán educando a los responsables del servicio ciudadano al nuevo mundo...".*

Entre los detractores de tal posición destacaba Theodore Levitt, un famoso profesor de marketing, cuyos artículos siguen siendo una referencia inevitable en todos los cursos de marketing en las escuelas de negocios. En un artículo en la HBR en 1959, Levitt cargaba con toda crudeza contra el rol social de las empresas[319]:

> *"¿Están los altos ejecutivos poseídos por las palabras bonitas y las ideas blandas? ¿Están dejando que el país vuelva a la sociedad feudal olvidando que deben ser hombres de negocios en primer lugar, en último lugar y casi siempre?. El poder que las corporaciones ganan comportándose como una semi-iglesia lo van a perder como impulsores del capitalismo al que le importa el beneficio. En la medida en que la motivación por el beneficio se sublima cada vez más, el capitalismo va a convertirse en una sombra –los restos torpes del dinamismo creativo que era y debería haber sido...".*

Su visión es un canto al liberalismo más extremo: las consideraciones sociales no entran en el campo de la consciencia del

---

318 Toynbee, A.J. (1958). Thinking Ahead. *Harvard Business Review* September-October.

319 Levitt, T. (1959). The Dangers of Social Responsibility". Harvard Business Review, September–October.

hombre de negocios, que lo que debe hacer es ganar dinero y dejar para los demás estas preocupaciones *soft* de tipo moral y social.

"La regla de oro de los negocios debe ser que algo es bueno solamente si tiene rentabilidad. Si no es así, es un alien y es no permisible. Esta es la regla del capitalismo".

El debate es viejo y está servido. Hoy en día, más que nunca, cuando en una situación de crisis profunda las grandes corporaciones siguen ganando fortunas y premiando a directivos que se han beneficiado de los rescates del Estado.

El rol y la responsabilidad de las empresas, y sobre todo en las grandes corporaciones, en la compensación de las disfunciones que crea el sistema capitalista es uno de los aspectos de la estrategia empresarial más comprometidos y difíciles de abordar. El debate, que puede dar lugar a encontronazos ideológicos sin salida, también puede abordarse desde una óptica más conceptual y filosófica, en la mejor tradición cartesiana (y pascaliana). Podemos considerar –siguiendo a Compte-Spontville– que la sociedad funciona como superposición jerárquica de diversos órdenes[320]. Un orden sería un conjunto homogéneo y autónomo, regido por sus propias leyes, que adopta un determinado modelo, de donde deriva su independencia con respecto a uno o varios órdenes diferentes. Compte-Spontville propone que la economía tiene un funcionamiento interno en su orden que le impide dar respuesta al cuestionamiento sobre sus propios límites. Por lo tanto, los límites de la economía y de la empresa deben originarse de fuera de este orden, o sea, desde un orden superior, desde el orden de la política:

"El objetivo de una empresa, en un país capitalista, no es crear empleo sino crear beneficios. Nos corresponde a nosotros, ciudadanos, preguntarnos qué podemos ha-

---

320 Compte-Sponville, A. (2004). *El Capitalismo ¿es moral?*. Paidós Contextos.

cer para que una empresa, para crear beneficios, tenga con mayor frecuencia más interés en contratar que en despedir o deslocalizar. Es una pregunta política, evidentemente decisiva. Pero confiar en la consciencia moral o patriótica de los empresarios para combatir el éxodo de las empresas y el desempleo ¡es seguramente engañarse a sí mismo! Es dar prueba de angelismo: es confiar que el orden número tres (el orden de la moral) resuelva los problemas del orden número uno (el orden económico y técnico científico)".

Compte-Spontville aplica el mismo razonamiento en el campo del marketing y de la ética aplicada al marketing y a la empresa: la poco exitosa markética. El mundo de la economía y de la empresa funciona –por definición y naturaleza– en base al interés. Esto no es bueno ni malo, simplemente es así. Y siguiendo un razonamiento kantiano, que nos enseña que todas las decisiones que se toman por interés pierden, por esta razón, todo valor propiamente moral, Compte-Spontville concluye que el acto moral, que se basa en el desinterés, no es propio de la economía ni de la empresa, lo que no quita que a veces el interés no sea incompatible con la moral. En este sentido, concluye:

"...me pregunto si lo que normalmente se llama ética de la empresas, en nuestros diarios y seminarios, no es el arte de resolver este tipo de problemas, quiero decir, los problemas que no se plantean...".

Es la misma posición que mantienen por motivos diferentes liberales americanos como Levitt. También hay que reconocer a esta formulación una precisión formal, conceptual y estética propia de la mejor sociología gala. Esta visión del funcionamiento social, como reconoce el mismo autor "no resuelve ningún problema pero permite plantearlos mejor". Estamos de acuerdo, pero el problema que tenemos es la resolución de los problemas que crea la actividad de la empresa no solo en su orden, en el orden de los mercados y de la generación de los beneficios, sino en el orden social y ético, generando un carácter colectivo que conlleva una repetición de actos que acaba constituyendo "la moral" en el sentido más etimológico, la costumbre, además de una legitimación ética que se transmite socialmente a través de generaciones y que además, como estamos intentado describir en este trabajo, tiene como consecuencia una deriva suicida en la sociedad.

Este planteamiento de la sociedad como conjuntos disjuntos deja la posibilidad de mejora en manos de la consciencia moral de los directivos y de los empresarios, con la esperanza de que si alguno comparte algún tipo de ética de la sostenibilidad va a "matizar" sus decisiones acorde con ella, y no simplemente siguiendo con estricto rigor el dictado tecnocrático de su orden. O bien deberá además cumplir –y cumplirá– lo que a las leyes le obliguen, que es lo que debería pasar en un escenario de buen funcionamiento social.

Pero lo que observamos en la realidad es que si bien los beneficios del orden 1 se quedan en el orden 1, (después de las todas evasiones fiscales legales o ilegales), los desaguisados del orden 1 los resuelve el orden 2, es decir el orden jurídico político por imperativo del orden 1 y en las condiciones que el orden 1 le dicta a través de sus numerosos chantajes: que si no se puede dejar caer un banco, que si hay tantos miles de puestos de trabajo en juego, que si dejaran de recaudar tantos impuestos, etc. Las empresas utilizan la política para resolver sus propios problemas, no los de la sociedad. La utilizan para vender coches, para sanear sus balances, para evadir beneficios y no pagar impuestos, entre otras cosas.

El razonamiento de los órdenes nos ayuda a describir el funcionamiento de la sociedad tal como debería ser. Pero la sociedad real es la sociedad en la que la economía no resuelve ni sus propios problemas ni los de la sociedad. Y además el orden político-jurídico, la política no solo no fija los límites al orden político-jurídico, sino que por imperativo de la economía, la salva del naufragio y le devuelve un campo de acción ilimitado. Quien dicta las normas del orden jurídico político no es ni su mismo orden, ni un orden superior, sino el orden inferior. Esto es lo que el mismo Compte-Spontville califica de "barbarie". Según su análisis, actualmente vivimos en la barbarie más absoluta, puesto que las empresas condicionan la política y en la ley para favorecer sus intereses individuales de grupo y sector.

A este nivel debemos realizar una distinción importante y una calificación sustantiva más que adjetiva de la palabra "empresa". Es sustancialmente diferente una pequeña o mediana empresa, que no tiene ninguna posibilidad de influir en el gobierno de todos, a no ser que utilice directamente la corrupción como herramienta, cosa que pasa demasiado a menudo por cierto, que una gran empresa. Creo que no tenemos una idea suficientemente clara del tamaño y de poder de estas organizaciones, y de los recursos que utilizan para influir en el orden 2, en términos de Compte-Spontville. Debemos distinguir entre las grandes empresas y las que no lo son. La distinción más obvia es aquella que dice que una empresa es grande cuando un ministro se pone rápidamente al teléfono cuando llama su presidente, a sabiendas que es para beneficiar a su negocio. Cuando hablamos de la gran empresa no debemos caer en la tentación de culpabilizar a las grandes empresas de todos los males. Pero sí que debemos ser conscientes de que la gran empresa actúa en un orden en el que simplemente algunos problemas no se plantean, o si se plantean es porque alguien externo a ella provoca mala consciencia y la obliga –o no– a reaccionar. La única forma de intervenir en el sistema empresa es desde fuera, desde el orden jurídico y político, obligando la su adaptación hacia formas de conducta más responsables.

Esta intervención, en opinión de Thompson, además de éticamente necesaria, es buena para la evolución del mismo sistema económico y empresarial[321]:

---

321 Thompson, C.J. (2004). Marketplace Myithology and Discourses of Power. *Journal of Consumer Research*, 31(4), 62-180.

"Cuando un activismo es eficaz logra enseñar con luz y taquígrafos una práctica empresarial que recibe contestación por parte de la sociedad. Inevitablemente, las corporaciones, que están alerta de lo que ocurre en el mercado, se adaptarán y encontraran la manera de convertir la crítica en oportunidades de negocio [...] En este sentido, el poder de las corporaciones y el activismo anti-marca son fuerzas que se contraponen en un sistema dinámico de cambio y perpetua metamorfosis entre el poder y la resistencia. Este dinamismo dialéctico aparece paradójico cuando está enmarcado en la retórica de estar dentro o fuera del mercado...".

Lo que observamos en la realidad es que a pesar del activismo ciudadano como subrogado de la política, las grandes, algunas enormes, empresas logran imponer sus reglas de juego de una forma que cuesta imaginar y que es casi indetectable. Pongamos un ejemplo que ha saltado a los medios estos días: la tardanza en la regulación de la energía fotovoltaica de uso doméstico[322]: *"los impedimentos actuales están favoreciendo a las compañías eléctricas y de gas"*, dice sin tapujos José María Vélez, presidente de la Asociación de Energías Renovables. *"No es lógico que para instalar un tejado solar de 2 o 3 kilovatios de potencia fotovoltaica tengas que hacerte productor, convertirte en empresario y pedir permiso de conexión a la red, pues, por ejemplo, cuando conectas la lavadora o el microondas no tienes que pedir permiso"*, se queja Vélez.

Este hecho no es casual: gran parte de los analistas de la energía coinciden en que el modelo actual en el que una empresa monstruosa produce, otras distribuyen (las mismas pero con otro nombre) y nosotros pagamos, es insostenible, y debería ser sustituido por un modelo en red que agrupara millones de micro producciones locales. Joël de Rosnay lo explica en el trabajo de prospectiva 2020 que hemos citado anteriormente.

---

322 El País, 29 de Marzo del 2011.

Si analizamos la problemática a nivel global, los datos nos dan la verdadera dimensión del fenómeno de la gran empresa. El análisis de las 200 empresas más grandes del mundo según Forbes arroja las magnitudes[323],[324] expresadas en la tabla 6.

La proporción facturación/PIB nos da una idea de la importancia del fenómeno de las grandes empresas a nivel global. Hemos tomado aquí como base las primeras 200 empresas del mundo, y vemos que su peso sobre el PIB oscila entre el 15% en Brasil, el 35% en los Estados Unidos y más del 70% en países pequeños con enormes corporaciones, como Holanda y Suiza. En España, si en lugar de tomar las cuatro "muy grandes empresas" tomamos las 15 mayores, el porcentaje sube al 27%.

La influencia de las corporaciones en la política es lo que Compte-Spontville define como una "barbarie liberal":

> *"Cuando el General De Gaulle en la década de los 60 decía que "la política en Francia no se hace en la Corbeille" (la Bolsa) no manifestaba solamente un rasgo de temperamento personal. Recordaba un principio esencial de toda democracia digna de este nombre: en una democracia el soberano es el pueblo, lo que excluye que lo sean los mercados"*[325].

---

323 Anderson, S., & Cavanagh, J. (2000). *Top 200: The rise of Corporate Global Power. Institute for Policy Studies.* Washington D.C. December. http://www.ips-dc.org/reports/top200texte.htm

324 AXIS Consultants (2011). *Análisis de las 200 mayores empresas.* Documento no publicado.

325 Compte-Sponville, A. (2004). *El Capitalismo ¿es moral?.* Paidós Contextos.

País	PIB (2009) ($ billones)	Nº empresas que están entre las 200 más grandes del mundo	Facturación de las empresas que están en el top 200 ($ billones)	% Facturación sobre el PIB del país
Estados Unidos	14.119	60	4.984,1	35,3%
Japón	5.068,9	26	1.830,8	36,1%
Francia	2.649,4	21	1.664,6	62,8%
Alemania	3.330	17	1.381,2	41,5%
Reino Unido	2.174,5	14	1.187,1	54,6%
China	4.985,5	14	1.119,4	22,5%
Italia	2.112,8	7	553,9	26,2%
Suiza	491,9	6	348,6	70,9%
Holanda	792,1	5	611,2	77,2%
Corea del Sur	832,5	4	323,9	38,9%
España	1.460,3	4	291,8	20%
Brasil	1.573,4	4	249,4	15,9%

Tabla 6. Análisis de las 200 empresas más grandes del mundo.
(Elaboración propia)

Buena afirmación, en unos tiempos en los que se habla del rescate de la economía española porque los "mercados" han decidido quizás dejar de financiar nuestro sobreconsumo, el del Estado y el de los bancos que les han prestado el dinero.

Los indicadores más claros de esta influencia los encontramos en la ingente cantidad de recursos que las corporaciones destinan al lobismo. El fenómeno es por lo menos relativamente transparente en los Estados Unidos.

Los datos de las inversiones en "barbarie" son muy sugerentes[326]:

	Número de lobistas*	Gasto de los lobistas (en miles de millones de dólares)
1998	10.404	1,44
1999	12.943	1,44
2000	12.542	1,56
2001	11.845	1,64
2002	12.128	1,82
2003	12.924	2,04
2004	13.166	2,17
2005	14.076	2,43
2006	14.531	2,62
2007	14.884	2,85
2008	14.216	3,30
2009	13.718	3,49
2010	12.964	3,47

Tabla 7. Número de lobistas y presupuesto. EEUU 1998-2010.

Para que el lector tenga una idea de la magnitud, 3,47 billones (miles de millones) de dólares son más de 3.000 millones de Euros, o sea la facturación de una empresa como todo el grupo Inditex. Y cada lobista de media dispone de 230 millones de euros para hacer su trabajo. ¡A eso se le llama trabajar con recursos!

En los demás países no tenemos datos fiables de los recursos que las grandes empresas emplean para "barbarizar" la política. Pero nos imaginamos como se debe sentir el presidente

---

326 http://www.opensecrets.org/lobby/lm_health.php

de un país como Holanda cuando despacha con el Presidente de una empresa como Shell, que factura el equivalente al 36% del PIB del país.

Sensaciones aparte, existen algunos buenos trabajos sobre el poder de las corporaciones que nos ayudan a pensar sobre las relaciones entre la política y la economía. La intervención de las empresas en "lo político" es la norma en sociedad liberal. La presión de los grandes grupos para proteger sus intereses sea a través de liberalizar algunos sectores o proteger a otros, con el poder económico como fin, la libertad por bandera y una anomia absoluta en el rol del regulador de la conducta, es la historia siempre repetida que causa los mayores desequilibrios, situaciones de dominio, privilegios e ineficiencias, las grandes crisis, y en definitiva una sociedad menos justa y menos igual.

David C. Korten, describe como las corporaciones gobiernan el mundo[327]:

"Para muchas grandes corporaciones, las contribuciones a las campañas han sido la mejor inversión que nunca han hecho. Por ejemplo, Glaxo Smith Kline invirtió 1,2 millones en contribuciones a campañas y consiguió un alargamiento de diecinueve meses de su patente Zantac, que le reportó 1.000 millones de dólares, un buen retorno [...] Una aportación de 8 millones en campañas del grupo de industrias de la madera reportó una subvención de 458 millones a la industria, un rendimiento del 5.725%. Por unos 5 millones la industria de la difusión se aseguró licencias de TV digital que valen 70.000 millones, un 1.400.000 por ciento de retorno en la inversión".

Korten en un posterior trabajo llega a la conclusión que es la misma figura de sociedad anónima de responsabilidad limitada la que tiene que desaparecer para lograr una evolución

---

327 Korten, D.C. (2001). *When the Corporations Rule the World.* Second Edition. Kumarian Press. Sterling.

real del sistema de libre empresa hacia un sistema sostenible y más humano[328]. En sus propias palabras:

"Curar el cáncer del capitalismo y restaurar la democracia, el mercado y la libertad y los derechos y libertades humanos requerirá eliminar la institución de la limitación de la responsabilidad societaria como la conocemos actualmente y crear un mundo post-grandes empresas...".

Todo nos lleva a pensar que la democracia política, que incluye la libertad de empresa, y que se ha asociado siempre a la economía libre de mercado, está en peligro en una sociedad en la que la barbarie, la invasión del orden de la política por el orden de la economía, es la norma. *El problema no es ética o mercado, como proponíamos en el título de este apartado.* El problema es que de forma paradójica la ética consiste en recuperar el mercado del secuestro al que lo tienen sometido las grandes corporaciones y los grupos que defienden sus intereses. Hay que regular para liberalizar. Hay que regular para rehacer un terreno de juego donde la iniciativa de los pequeños pueda prosperar, en el que no tengamos de pasar por las imposiciones de dominio de mercado de las grandes corporaciones, de los colegios profesionales, de las certificaciones interesadas o de las regulaciones que blindan. Una economía en la que podamos generar energía para nuestros hogares o nuestros futuros automóviles, en que no tengamos que pasar por la dictadura de los colegios profesionales para construir una casa, en la que sea el Estado el que nos limite el terreno de juego y no la telaraña de intereses corporativos que atrapan y fagocitan cualquier iniciativa empresarial. *Hay que regular la desregulación. Y desregular la regulación.* Falta regulación en sectores estratégicos en manos del sector privado y sobra regulación e impedimentos administrativos de corte corporativista en el sector público y semipúblico, como en las Cámaras de Comercio y los Colegios Profesionales. Y de manera fundamental, hay que proteger a la red de los intentos de

---

328 Korten, D.C. (1999). *The Post-Corporate World.* Life After Capitalism Kumarian Press.

intromisión y dominio de las grandes corporaciones. Este es uno de los grandes temas de futuro, demasiado complejo para que nos atrevamos a tocarlo aquí.

Si creemos en el sistema de libre empresa, debemos crear un campo en el que las nuevas iniciativas empresariales puedan crecer. Prever y actuar ante la previsible crisis de sostenibilidad supone enormes reestructuraciones, de la misma manera que hubo que reestructurar en tantos y tantos países la industria naval o la minería del carbón. El imperio de las enormes corporaciones transnacionales es un factor de rigidez que impide la transformación rápida y necesaria, proceso en el que muchas empresas desaparecerán y nacerán nuevas...si es que no son ahogadas por las grandes. ¿No son los defensores del capitalismo los voceros de la destrucción creativa de Schumpeter? En la práctica, hacen exactamente lo contrario. Hacen lo que manda su orden: proteger sus beneficios e intentar imponer sus reglas de juego en el mercado[329]. Después nos quejamos de que no surgen nuevos empresarios y de que los alumnos de nuestras escuelas tienen por vocación trabajar en una multinacional o en la administración...

¿Quién es el valiente que monta un negocio hoy en día? Más ética y más mercado, por favor...

---

329 Para una excelente descripción de este proceso, ver Rajan, R.R., & Zingales, L. (2003). Saving Capitalism from the Capitalists: Unleashing the Power of Financial Markets to Create Wealth and Spread Opportunity. New York: Crown Business, 2003.

La autorregulación imposible

La capacidad del sistema capitalista para evolucionar no ha dejado de sorprender a propios y extraños. Su capacidad de adaptación, su carácter camaleónico se basa en el ejercicio de una faceta de la libertad: la libertad de empresa y la economía de la competencia, factores que si bien en un discurso ideológico comunitarista y simplón suelen ser denigrados, son en mi opinión bienes preciados que hay que preservar, a la vista de los brillantes resultados de sus alternativas..

Pero la historia muestra que el sistema evoluciona de forma inevitable en una dirección que lo convierte cada vez en menos igualitario y menos sostenible. De hecho, dejado a la mano de dios (del mercado) el sistema lleva a un nivel de desigualdad y de depredación del medio que suena a preludio de marcha fúnebre.

Conscientes de ello y con el ánimo de "salvar el capitalismo", algunos trabajos recientes caen en la trampa del "buenismo de derechas", que como el de izquierdas, se basan en lo que los ingleses describen tan bien con los términos *"wishful thinking"*, o "pensamiento de los buenos deseos". Algunos autores quieren evolucionar el sistema, como Umair Haque[330], y proponen que el capitalismo debe reformularse alrededor de algunos conceptos, básicamente de corte moral, con recetas conductuales a lo Latouche, entre ellos el "mejoramiento", recetas en los que nadie con dos dedos de razón puede dejar de estar de acuerdo.

"Si el crecimiento del siglo XX estaba basado en el consumo, el crecimiento del siglo XXI está basado en la inversión. Ser constructivo localmente significa animar a las personas y a las comunidades a invertir en ellas mismas, literalmente en sus localidades, en lugar de

---

330http://blogs.hbr.org/haque/2010/05/why_betterness_is_good_busines.html?cm_sp=blog_flyout-_-haque-_-why_betterness_is_good_busines

consumir más y más desechables –y a la postre auto-destructivos– productos de consumo".

El problema es reconocer que para hacerlo es necesario mo-dificar substancialmente instituciones básicas del funciona-miento del mercado y del sistema capitalista. El buenismo de derechas no tiene nada más similar que el buenismo de iz-quierdas.

Pero hemos repetido varias veces durante este trabajo que creemos –y no queremos dejar de creer– en la capacidad de evolucionar, y que es fundamental que los analistas sociales seamos capaces de anclar los valores finales con los cambios institucionales en nuestras formas de gobierno, a través de la acción diaria, el compromiso público y la creación de cons-ciencia ciudadana. Y es ahí donde llegamos a la conclusión de que la autorregulación no es solo una utopía inmovilizadora sino que si realmente fuera posible, ya se hubiera dado, por-que el mismo sistema económico la hubiera implementado. Ni a los ricos les gusta tener pérdidas millonarias causadas por el mal funcionamiento del sistema capitalista.

Si abordamos el tema de la posibilidad de autorregulación desde la perspectiva de la gestión de lo que es común, Hess y Ostrom nos dan un poco de luz sobre la posibilidad de auto-gestión de los recursos comunes, que es una forma emblemá-tica de autorregulación. Los principios de buena gestión que proponen[331] como corolario de sus investigaciones sobre la gestión de los recursos comunes nos dan algunas pistas so-bre la capacidad de autorregulación de las empresas ante los bienes comunitarios que utilizan y cuyos costes se suelen so-cializar.

---

331 Hess, C., & Ostrom, E. (2010). *Understanding Knowledge as a Commons. From Theory to Practice. Introduction: An Overview of the Knowledge Commons.* The MIT Press.

Las normas que proponen son las siguientes:

1. Que las fronteras del bien comunitario y sus usuarios estén definidas.

2. Que las reglas de uso encajen con las condiciones locales y las necesidades locales.

3. Que los individuos afectados por estas reglas puedan participar en su modificación.

4. Que el derecho de los miembros de la comunidad para fijar sus propias regles sea respetado por las autoridades externas.

5. Que exista un sistema de seguimiento de la conducta de los miembros.

6. Que exista un sistema de sanciones gradual.

7. Que los miembros tengan un sistema de resolución de conflictos fácil y barato.

8. Que las Instituciones del grupo que explota el recurso se organicen en una estructura de nido con múltiples niveles de actividad.

Nos preguntamos cómo las grandes empresas globales pueden aplican estos principios a la gestión de la globalidad de los recursos naturales del planeta cuando:

1. ... las fronteras del bien comunitario y sus usuarios NO están definidas

2. ... las reglas de uso NO encajan con las condiciones locales y las necesidades locales

3. ... los individuos afectados por estas reglas NO pueden participar en su modificación

4. NO existe el derecho de los miembros de la comunidad para fijar sus propias regles

5. ...NO existe un sistema de seguimiento de la conducta de los miembros

6. ...NO existe un sistema de sanciones gradual

7. ... los miembros NO tienen un sistema de resolución de conflictos fácil y barato

8. ...las Instituciones del grupo que explota el recurso NO se organizan en una estructura de nido con múltiples niveles de actividad ni están jerárquicamente relacionadas.

Nuestra conclusión es muy clara. La auto regulación es una utopía interesada. Es más, si existiera habría que suprimirla, porque sería incontrolable y fuente de más desigualdades. La libertad de empresa tiene palancas de innovación social muy importantes que hay que preservar y su preservación requiere reglas claras y regulaciones estrictas a nivel global. La libertad de empresa es un tipo de expresión de la libertad humana que, como cualquier otra libertad, necesita que le marquen, sus propios límites. Sabemos por experiencia recurrente que el sistema del carácter consumista tiene una tendencia inevitable a la insostenibilidad. Pero ello no debe suponer sacrificar la libertad de empresa sino más bien aprovechar sus palancas de energía para desviar una deriva peligrosa. Esta aparente contradicción es inherente a cualquier sistema abierto basado en la libertad. En el camino de la sostenibilidad en el consumo, la iniciativa privada y el libre mercado generan iniciativas de éxito que van en la buena dirección. El análisis que hacen Chessel y Cochoy es de gran interés[332] y nos ilustra algunos caminos que ya se han empezado a andar:

> *"Es desde la óptica de la oferta que se observan en Francia los procesos más exitosos. Por ejemplo, el desarrollo del "rating social" y de los productos financieros éticos parece dar fe del inicio de una "producción comprometida", susceptible de complementar el "con-*

---

332 Chessel, M.E., & Cochoy, F. (2004). *Autour de la Consommation Engagée: Enjeux Historiques et Politiques.* Centre de Recherches Historiques, CERTOP/CNRS.

sumo comprometido", que es más conocido. En otras palabras, parece como si presenciáramos la consolidación de un "capitalismo político" capaz de avanzar o incluso anticiparse a la acción del "consumerismo político" y de replantear "ipso facto" el supuesto rol motor del consumo en el desarrollo de la utilización política del mercado (¡y/o de desarrollar mercados en base a la utilización de argumentos políticos!".

Algunos ejemplos como la empresa Good Guide o la etiqueta Blue Angel en Alemania, o el florecimiento del comercio justo, de los productos bio, o el consumo colaborativo parecen dar razón a los autores. Pero son solamente una pieza del puzle, y para ver el paisaje despejado necesitamos muchas más piezas y bien encajadas. Nuestra conclusión es que lo necesario –a la vez que defendemos el mercado de verdad, y lo protegemos de las situaciones de dominio– es crear consciencia en las grandes empresas de la necesidad de una intervención pública mucho más importante en su ámbito de poder. Uno de los problemas que plantea esta conclusión no es tanto la necesidad de las intervenciones ajenas al sistema –lo que después de la crisis actual pocas personas ponen en duda– como la legitimación de tal intervención. Se puede invocar la intervención externa apelando a los derechos colectivos, a los resultados de la ciencia económica y a la necesidad de controlar las crisis, las burbujas y las histerias del capitalismo, a la más que probable crisis de recursos y de sostenibilidad, al derecho de nuestros hijos de a vivir de un entorno de calidad. Es esta apelación la que da un sentido último a la intervención. Es el "en nombre de qué" ¿En nombre de que obtenemos la legitimidad la intervención? Armand Hatchuel[333] nos da una pista interesante: en lugar de pensar las intervenciones limitativas de la acción ilimitada como una reducción de la libertad individual, se puede pensar la intervención (la "prescripción" en sus

---

333 Laufer, R., & Hatchuel, A. (2003). *Le libéralisme, l'innovation et la question des limites.* L'Harmattan, Paris.

términos) *como la forma en que se genera la libertad, su forma de expresión social:*

> *"Si se adopta este punto de vista, una filosofía de la prescripción no es el corolario limitante de una filosofía de la libertad sino su doble. Es en la medida que la prescripción puede existir que la libertad puede ser ejercitada".*

Se puede intervenir en nombre de la libertad. *Se debe intervenir en nombre de la libertad. Y de la responsabilidad.* Si esperamos que sean las empresas las que lideren este cambio probablemente encontraremos mucha resistencia al cambio y protección a cualquier precio de intereses corporativistas. Es cierto que algunas empresas han tomado una cierta delantera por razones estructurales de competitividad. Como bien describen los expertos en Responsabilidad Social Corporativa, entre los que destaca Josep María Lozano[334], cuando el discurso de la competitividad, la sostenibilidad y la RSC se mezclan, volvemos a entrar en el terreno de lo empresarial y lo económico, y anclamos un discurso ético en el funcionamiento del sistema empresa, en lugar de dejarlo fuera como observador y avisador de mala consciencia permanentemente frustrado. La sostenibilidad como factor de competencia aporta un ingrediente que puede entrar en la lógica económica propia de la empresa, la competitividad, y la RSC aporta su visión ética:

> *"Estas empresas son competitivas, muy competitivas.* ([Lozano se refiere a dos empresas multinacionales en las que se ha analizado la innovación en sostenibilidad y la competitividad)...]. *No nos engañemos: durante demasiado tiempo, aunque no se haya formulado explícitamente así, el discurso de la sostenibilidad y de la RSE ha dejado en segundo término el discurso de la competitividad. Y, hasta cierto punto, ha dejado la defensa de la competitividad, la eficacia y eficiencia en manos de los*

---

334 http://www.josepmlozano.cat/Bloc0/PersonaEmpresaySociedad/tabid/218/EntryId/1106/Sustainable-Innovation-Strategies.aspx

adversarios de la sostenibilidad i y la RSE. Gravísimo, colosal error. [...] Pero, además, innovación y sostenibilidad no sólo son dos caras de una misma moneda, sino que son valoradas y buscadas sistemáticamente por sí mismas. Es decir: no son un medio para obtener otra cosa, sea reputación, legitimidad o gestión de riesgos. Son la manera de hacer propia de la empresa, que, por consiguiente, afecta a todo el catálogo de productos y servicios que, por tanto, no queda reducido a un limitado número de productos y servicios calificados de "verdes", "sostenibles", "sociales" o con cualquier otro embellecedor".

Este es el tipo de discurso que entienden las empresas porque entra en su modo de funcionamiento. Pero no nos engañemos: casos como los que refiere Lozano en este artículo son excepciones, alentadoras si se quiere pero excepciones a la lógica depredadora de las compañías capitalistas. Nosotros entendemos perfectamente que en las escuelas de management se expliquen casos de empresas que son capaces de liderar el cambio, y que inconscientemente y con la mejor de las intenciones se pongan como ejemplo de lo que hay que hacer para "rescatar" un sistema del que también son parte y no parte menor, y cuyos cambios pueden acarrear reflexiones incómodas sobre la propia identidad.

Pero no olvidemos que estos casos son aislados, muchas veces producto de líderes empresariales visionarios y socialmente comprometidos. Y que las medidas no hay que tomarlas pensando que todos son como ellos o que los que no lo son los tomarán como ejemplo.

Responsabilidad social y sostenibilidad

¿Cómo podemos implementar en la empresa políticas de producto, políticas comerciales y de marketing que ayuden a los consumidores a transitar por la senda del consumo responsable y a la empresa a practicar una cierta autocontención en la utilización de las estrategias de persuasión y venta?.

Existe un primer elemento clave que es a mi juicio relacionar la responsabilidad social de la empresa con la sostenibilidad. Vamos a ver si nos explicamos. El debate sobre la responsabilidad social de la empresa, sobre el que se han escrito toneladas de papel, parece que haya respondido a un modelo evolutivo como el que sigue. El primer tiempo consistía en decir:

"Yo empresa ataco el mercado y la producción con toda las armas a mi alcance y después compenso a la sociedad con un discurso más o menos comprometido sobre el bienestar social".

Este discurso quedó completamente superado, puesto que la transparencia informativa que se derivó de la expansión de internet llevó a los ciudadanos a difundir las prácticas de producción de muchas de las grandes marcas. Entre los más famosos "escándalos" está el que armó un cliente de Nike que quiso que la compañía grabara la palabra "sweatshops" en sus zapatillas. La respuesta de Nike corrió por la red como la pólvora dañando la imagen de Nike. No hace falta decir que los legitimadores del sistema actual, con intención más buena que mala, suelen argumentar que, por lo menos, los pobres desgraciados que fabricaban las zapatillas en condiciones insalubres cobraban algo, más de lo que quizá no cobrarían si no trabajaran en esta fábrica.

El segundo paso fue para algunas compañías tomarse en serio la responsabilidad social desde la óptica de la producción. Digamos que estas compañías estaban dispuestas a asumir algunos sobrecostes para blindar su imagen pública, y como a la fuerza ahorcan, algunas acabaron creyéndose el argumento y fomentando que no se fabricaran sus productos en condiciones insalubres y explotando a niños. El discurso cambió:

> *"Yo empresa ataco el mercado y la producción con todas las armas a mi alcance pero pongo ciertos límites a las condiciones en las que quiero que mis productos sean fabricados".*

A partir de este punto veremos si alguien representa el tercer acto de la obra:

> *"Yo empresa ataco el mercado y la producción con una selección de armas que considero legítimas, y pongo condiciones a la manera como desarrollo los productos, los produzco y los vendo de forma que todos aquellos que se relacionen con la empresa en toda su cadena de valor sean tratados como ciudadanos iguales y vean respetados sus derechos".*

Está claro que por lo menos en el sector financiero nadie ha aplicado este principio antes de la crisis del 2008. Para llegar a este estado de "felicidad empresarial y social" es necesario que la empresa integre la Sostenibilidad como factor fundamental de su Responsabilidad Social. Este punto nos parece extremadamente importante. La mayor responsabilidad social que puede asumir hoy en día una empresa es comprometerse en sus cadenas de producción y en su desarrollo de productos y en su marketing con los requisitos de sostenibilidad y de no incentivación de consumo material innecesario. Esta visión, que francamente no hemos visto aplicada en ninguna empresa, aunque algunas (como por ejemplo Toyota) parece que se acerquen a ella, requiere compensar con valor añadido de producto relevante lo que se pierde en valor añadido derivado de la pura persuasión a través de la diferenciación irrelevante, del *gold-plating* y de las estrategias de venta más o menos sofisticadas.

Es esencial para que se produzca el paso al tercer acto que las empresas den un giro a sus políticas de marketing y no

consideren el mercado como un espacio de suma de individuos a los que llaman "consumidores", donde pueden acometer todo tipo de estrategias para cargarlos de productos inútiles y de márgenes simbólicos. Deben considerar el mercado
como un subespacio de la condición de ciudadanía, dejar de
hablar al consumidor y hablarle al ciudadano. Y además
creerse que a medio y largo plazo esta estrategia les va a suponer beneficios como empresa y tendrá mejores resultados,
porque se ocupara de resolver problemas reales de la gente y
no a crear artefactos culturales efímeros de alto riesgo que
cada vez costará más de mantener. La imagen de marca es
como la felicidad o la auto-realización: si se persigue se esca-
pa, y en cambio, aparece como efecto colateral cuando se hacen bien las cosas y se venden con sentido.

Esto es exactamente lo que decía el propietario de Danone,
Frank Riboud hace 25 años en una conferencia en HEC a la
que tuve la suerte de asistir. *"No creo en el poder absoluto de
las marcas. Solo creo en el trabajo bien hecho".* La calidad el
impulso a las políticas de sostenibilidad desde la alta dirección
y la propiedad son fundamentales para acometer este cambio.
No es extraño que 25 años después, en un trabajo reciente
del Instituto de Innovación Social de ESADE[335] que analiza los
casos de dos empresas que se pueden considerar modélicas
en la búsqueda de un negocio más sostenible una de ellas
sea Danone (la otra es Interface).

---

335 Vilanova, M., & Dettoni, P. (2011). *Sustainable Innovation Strategies. Exploring the Cases of Danone and Interface.* ESADE, Institute of Social Innovation.

El análisis de las compañías lleva a los autores a identificar 10 puntos comunes que explicarían el éxito en la puesta en práctica de las políticas concretas:

1. Contar con un líder carismático.

2. Compartir una visión de la sostenibilidad como palanca de mejora competitiva y no como coste a pagar a la sociedad.

3. No caer en el inmovilismo ni la mejora incremental y arriesgar en la innovación.

4. Compartir una cultura de sostenibilidad a través de toda la organización.

5. Disponer de un equipo humano implicado.

6. Integrar la sostenibilidad en todos los productos, no separadamente en líneas "green" o "eco".

7. Innovar en la innovación, es decir, trabajar de una forma abierta y orientada al resultado más que en los procesos.

8. Integración emocional en una organización que promueve retos en sus trabajadores.

9. Organización transparente y con un estado de ánimo optimista.

10. Sentimiento de no estar haciendo una función residual de lavado de imagen sino de hacer algo que es esencial para la compañía.

Desgraciadamente, como hemos apuntado, estos modelos a seguir solo representan más excepciones en el sistema. En la Responsabilidad Social Corporativa y la Sostenibilidad, lo que solemos encontrar es desde el maquillaje de imagen hasta la más pura y simple ignorancia. En algunos casos, la presión del mercado las hace prácticamente imposibles. ¿Cómo va a alardear de sostenibilidad y responsabilidad Inditex con un modelo de negocio que conlleva la rotación constante de modelos y el estímulo constante a la compra a través de un merchandising sofisticado y un ejército de comerciales con un entreno de primera clase en sus tiendas?[336] Inditex ni viste ni equipa a las personas: logra que la gente compre, sea lo que sea. Son los magos de la creación de los procesos de compra que consisten en comprar mucho, usar poco y tirar más.

Referencias

Anderson, S., & Cavanagh, J. (2000). *Top 200: The rise of Corporate Global Power.* Institute for Policy Studies, Washington D.C. December.

AXIS Consultants (2011). *Análisis de las 200 mayores empresas del mundo.* Documento no publicado.

Chessel, M.E., & Cochoy, F. (2004). *Autour de la Consommation Engagée: Enjeux Historiques et Politiques.* Centre de Recherches Historiques, CERTOP/CNRS.

Compte-Sponville, A. (2004). *El Capitalismo ¿es moral?.* Paidós Contextos.

Hess, C., & Ostrom, E. (2010). *Understanding Knowledge as a Commons. From Theory to Practice. Introduction: An Overview of the Knowledge Commons.* The MIT Press.

http://blogs.hbr.org/haque/2010/05/why_betterness_is_good_busines.html?cm_sp=blog_flyout-_-haque-_-why_betterness_is_good_busines

http://www.ips-dc.org/reports/top200texte.htm

http://www.josepmlozano.cat/Bloc0/PersonaEmpresaySociedad/tabid/218/EntryId/1106/Sustainable-Innovation-Strategies.aspx

http://www.opensecrets.org/lobby/lm_health.php

Korten, D.C. (1999). *The Post-Corporate World. Life After Capitalism.* Kumarian Press.

Korten, D.C. (2001). *When the Corporations Rule the World.* Kumarian Press. Sterlng. Second Ed.

---

336 En el campo de la producción, el estudio al que nos hemos referido sobre el Consumo Sostenible realizado por el Fórum de Davos detalla las estrategias que deben permitir a las empresas llegar a los objetivos de reciclaje total de materiales y cero desperdicios. Inditex saldría bastante malparada, a tenor de su forma de proveer el mercado. Estas estrategias deben desarrollarse en el interior de la compañía, en el sector (visión horizontal) y en toda la cadena de valor (visión vertical). Remitimos al lector al excelente documento (http://www.weforum.org/node/99148?fo=1) si quiere ilustrarse sobre el tema.

Lauffer, Romain ., & Hatchuel, A. (2003). *Le libéralisme, l'innovation et la question des limites.* L'Harmattan, Paris.

Levitt, T. (1959). The Dangers of Social Responsibility. *Harvard Business Review.* September–October

Rajan, R.R., & Zingales, L. (2003). *Saving Capitalism from the Capitalists: Unleashing the Power of Financial Markets to Create Wealth and Spread Opportunity.* New York: Crown Business.

Thompson, C.J. (2004). Marketplace Myithology and Discourses of Power. *Journal of Consumer Research,* 31(1), 162-180.

Toynbee, A.J. (1958). Thinking ahead. *Harvard Business Review*, September-October.

Vilanova, M., & Dettoni, P. (2011). *Sustainable Innovation Strategies. Exploring the Cases of Danone and Interface.* ESADE, Institute of Social Innovation.

Epílogo

¿Es posible acelerar la evolución del sistema?

En nuestras conclusiones finales, intentaremos a toda costa no caer en el buenismo ni en la barbarie. Todo apunta a la deriva peligrosa de un sistema que es como un transatlántico de gran eslora, con mucho desplazamiento y mecanismos de corrección insuficientes para evitar el varado en las arenas de la playa en el mejor de los casos o la colisión contra las rocas en el peor. Esta conclusión, que intenta huir de los posicionamientos clásicos de optimismo, pesimismo, realismo u otras formas de esconder los estados de ánimo, no creemos que pueda ser rebatida apoyándose en una visión global, pluridisciplinar y dinámica de la situación actual. Y acelerar los factores que apuntan a compensaciones de la deriva no parece tarea fácil, aunque si urgente. En el excelente trabajo realizado por Deloitte para el Fórum de Davos en 2011 se muestran las dificultades que supone intentar acelerar el desarrollo la economía sostenible a través del consumo sostenible[337]:

> *"Crear confianza con los consumidores y comprometerlos como ciudadanos en el contexto de los valores de la sostenibilidad es un paso imprescindible en este proceso. Existe una miríada de oportunidades para las empresas y las asociaciones empresariales de hacer pasos adelante en el cambio de actitudes y en incluir el pensamiento de ciclo de vida en el DNA de las organizaciones y los sectores. Para llegar a ello es necesario el soporte de un entorno político innovador que haga un uso*

---

337 World Economic Forum (2011). *The Consumption Dilemma. Leverage Points for Accelerating Sustainable Growth.* Forum Davos.

progresivo e inteligente de los mecanismos de regulación del mercado, y que incentive y forme en este sentido".

Nos preguntamos ahora cuales son las condiciones en las que se puede producir este cambio en el seno de un ecosistema político "innovador". Si analizamos los contextos políticos de los países más próximos, tenemos la impresión que más que innovar algunos lo que hacen es atrincherarse en el pasado. Existe una afirmación popular que dice que cada país tiene los políticos que se merece. Podríamos dar la vuelta a la afirmación del refrán proponiendo que tenemos unas instituciones políticas que no nos merecemos aunque no tenemos tampoco el valor de cambiarlas. En este sentido, la creación de un ecosistema político que permita avanzar hacia la sostenibilidad a través del consumo responsable es una labor que sólo puede realizarse a través de unas instituciones con los mejores hábitos de gobernanza, como por ejemplo ser transparente en la forma en la que las administraciones gastan nuestro dinero. Esta condición solamente se ve parcialmente cumplida en países de muy larga tradición democrática, social y secular. Si tenemos que esperar a que todas las naciones lleguen al nivel de madurez política y social que tienen los países nórdicos o Alemania, probablemente ya habremos llegado tarde, muy tarde o ya no habrá nadie.

Desgraciadamente nuestro trabajo llega a la conclusión de que hay pocos indicadores razonable de que la evolución del consumo vaya a ser un factor desencadenante de una economía más social y sostenible, para lo que se requeriría que todos los agentes de consumo se comportaran a muy corto plazo de la forma que lo hacen los consumidores políticos suecos, noruegos, holandeses o alemanes más comprometidos. Que además, dicho sea de paso, no muestran ninguna intención de consumir menos, aunque si mejor. Sí que se observa la adopción de prácticas de sostenibilidad en algunas empresas, e incluso de firma bastante generalizada en algunos de los países más socialmente avanzados, como Suiza, Alemania y los países nórdicos.

Mi conclusión es que si no somos capaces de lograr que el sistema se ajuste de una forma suave a través de la intervención de la política en los mercados, el sistema se ajustará de una forma traumática a través de la economía. Este último escenario es el más probable, vista la experiencia histórica y cómo funciona el mecanismo de cambio en la civilización humana.

Cuando llegamos a este punto nos enfrentamos a una disyuntiva personal de tipo emocional. Estamos muy convencidos de que el sistema va a colapsar, puesto que nuestros análisis y nuestro pensamiento nos imponen esta conclusión como síntesis de un trabajo en que hemos intentado no dejar cabos sueltos. Pero a la vez vamos a intentar hacer lo posible para que no colapse, o que lo haga pasito a pasito y de la manera menos dolorosa posible. Esta es la paradoja: creer y no creer. Saber y hacer como si el saber no supiera que sabe... o quizá no sabe.

El primer paso es este camino tan lleno de contradicciones es hacer tomar consciencia de nuestra responsabilidad social:

"Creer que podemos ver nuestra intimidad siendo ciegos para el mundo exterior es como decir que la luz de una vela ilumina solo por un lado, no por todos"[338].

El segundo paso es convertir esta consciencia en un imperativo categórico, que en palabras de Frankl[339] supone dejar de preocuparse por la autorrealización y conseguirla a través del servicio a una causa externa a uno mismo, una causa social:

"Cuanto más nos olvidamos de nosotros mismos, proveyéndonos de una causa a servir o una persona a querer,- más humanos somos y más realizados nos encon-

---

338 Fromm, E. (1989). *Del tener al Ser. Caminos y extravíos de la conciencia.* (Obra póstuma) Paidós, Barcelona.

339 Frankl, V.E. (1999) *El Hombre en busca del sentido último.* Paidós, Barcelona.

tramos. Lo que se llama auto-realización no es algo que se pueda conseguir en absoluto, por la simple razón de que como más lo persigues más la pierdes. En otras palabras, la auto-realización es posible solo como efecto colateral de la auto-trascendencia".

La actitud de los catastrofistas (y de los buenistas) es tomar un sedante en forma de catarsis, en uno u otro sentido. Y dejar que todo siga igual. Lo difícil y lo que cuesta es avanzar progresivamente en nuestro ámbito personal y sobre todo en nuestra praxis social a través del trabajo, la educación de nuestros hijos y nuestros actos diarios. Y hacer bandera de ello, sin esperar a que sean la madurez de la vejez o las crisis económicas las que nos obliguen a rectificar. Hacer bandera de ello supone de manera fundamental dejar de lado los valores materialistas, que están en completa contradicción con una visión del bienestar social y colectivo. Burroughs y Rindfleisch en un excelente artículo sobre esta contradicción, concluyen:

"El resultado de nuestros estudios muestra que si bien la focalización en la adquisición y posesión de objetos materiales esta negativamente asociada con el bienestar, esta relación esta por lo menos parcialmente mediada por otros valores vitales...".

Estos otros valores vitales son según los autores el grado de preocupación social y la búsqueda del poder y del hedonismo. Los individuos con una mayor preocupación social tienen muchos menos problemas de tensión y estrés cuando acotan sus aspiraciones materialistas. También muestra su trabajo como las personas más materialistas y más orientadas al poder suelen utilizar los objetos como instrumento simbólico de dominación.

Y nuestro trabajo consiste en intentar como compaginar la defensa de la economía del mercado libre, de la venta y de la persuasión con esta posición moral sobre el bienestar personal, la sociedad y la naturaleza. Parece la cuadratura del círculo, pero no lo es. Hemos hablado anteriormente en este trabajo que la vía para superar esta contradicción y debilitar el carácter consumista *pasa por dejar de atribuir un valor simbólico al objeto*: reducir los productos a sus funcionalidades, he aquí un potencial camino de superación del carácter consumista vía la desprogramación simbólica del objeto[340]. Dígale esto a una multinacional o un gestor de marketing que lo que intenta precisamente es persuadir al mercado para que le compren sus productos y le paguen más por su marca. Le responderá que no le queda otra solución que invertir e innovar constantemente en productos que mejoren la vida de los ciudadanos, *que es en definitiva de lo que se trata*.

Otro de los aspectos fundamentales en esta deriva insostenible es acabar con la dicotomía "consumo igual a privado" y "producción igual a público". La producción, como condición de la creación del bien público más preciado, el empleo, es por naturaleza un asunto en el que el buen gobierno interviene y debe intervenir. En el consumo, que parece que queda en la esfera de privado, se pueden tener todo tipo de conductas antisociales. No son justificables conductas derrochadores o depredadoras con la "excusa" de que pertenecen al ámbito privado. Además son conductas socialmente reprobables por cuanto –además de insostenibles– escenifican de manera insultante las diferencias sociales que el sistema ha propiciado. En la medida en que cualquier consumo material que utilice recursos finitos es un consumo público, la sociedad puede exigir conductas responsables, sancionando conductas derrochadoras que están en la mente de todos, de la misma manera que se considera una inmoralidad llevar un abrigo de piel de leopardo, como o comprar marfil o cuerno de rinoceronte.

La fuerza del cambio que tiene la consideración del consumo como un fenómeno "no particular" es enorme y es un territorio completamente inexplorado. Multiplicar el condicionamiento de las conductas por los procesos de mimetismo que se dan

---

340 Burroughs, J.E., & Rindfleisch, A. (2002). Materialism and well Being: A Conflicting Values Perspective. *Journal of Consumer Research*, 29(3), 348-370.

en el ámbito del consumo puede ser un factor de tremendo empuje en el consumo responsable. Visualizarlo en un ejemplo quizás nos ayudará a entenderlo: el día en que se ponga difícil por parte de las autoridades circular en automóvil privado por el centro de Barcelona y que además se ponga de moda ir con bicicletas eléctricas se desencadenará un fenómeno rápido de cambio a mejor, que además hará reflexionar a los ciudadanos sobre la necesidad de invertir en los trenes de cercanías y dejar de malgastar dinero con juguetes de Alta Velocidad que solo sirven para llenar los bolsillos de cuatro multinacionales y el ego de los políticos que las contratan.

Déjenme empezar a acabar añadiendo a todo ello un ingrediente poderoso: el rol de las mujeres en todo este proceso. Todos los trabajos que intentan encontrar tipologías de consumidores más racionales y que tienen más en consideración los factores ecológicos y de sostenibilidad llegan a la conclusión de que *son las mujeres, más que los hombres, las impulsoras de las conductas más socialmente responsables y sostenibles*[341]. No vamos a entrar aquí en discusiones sobre el porqué de este hecho empírico, pero que las mujeres tienen un comportamiento menos asocial y más ecológico que es una conclusión a la que llegan todas la investigaciones. La aceleración de la evolución de la sociedad hacia la igualdad de género puede ser también un factor que ayude a impulsar los cambios que necesitamos.

A estas alturas del libro, y antes de concluir, déjenme introducir un recuerdo muy próximo y personal. Mi abuelo, Alexandre Galí, pedagogo que trabajó en la renovación pedagógica catalana antes de la Guerra Civil Española sumiera el país en la penumbra durante cuarenta años, decía en una conferencia de formación de directores de escuelas el 1961 que:

---

341 Micheletti, M. (2010). *Political Virtue and Shopping. Individuals, Consumerism and Collective Action.* Palgrave Macmillan.

"El hombre es el único animal que tiene la facultad de poner límites a su libertad"[342].

No existe libertad sin límites, ni límites sin libertad. Libertad y límites son dos caras de la misma moneda, dos formas de ver la condición humana. Libertad proviene del latín "libertas". En el diccionario etimológico se propone que el origen de la palabra libertad se encuentra en la calificación de aquellos hombres que "no debían hacer la guerra", que se habían librado de lo peor. Límite proviene del griego "limen" y del latín "limen", que significa "el sendero que separa una propiedad de la otra propiedad". Parece que la libertad es el sendero que limita, que transita en el "entre", y que permite a los hombres no hacer la guerra y vivir en paz. La libertad es lo que transita en el "entre", y el "entre" es el campo de la política. Luego la libertad es la política, y solo la política nos hará libres. Paz y libertad, ¿les suena? Parece que afortunadamente los humanos llegamos a algunas conclusiones comunes desde ángulos y visiones ideológicas completamente diferentes. Las palabras de Zizek[343]:

> *"La lección que debemos aprender es que la libertad de elección es operativa solamente cuando un entramado complejo legal, educativo, ético, económico y de otras condiciones forman un fondo espeso e invisible en el ejercicio de nuestras libertades".*

Podrían haber sido escritas por mi abuelo, que no era precisamente un comunista convencido sino un democrata cristiano, o por Hannah Arendt. Liberarse y dibujar una línea son actos recíprocos y complementarios. Se necesitan el uno al otro. Los agentes de la libertad son los hombres, que pueden trazar líneas alrededor de su libertad. Las empresas no son libres, no pueden trazar líneas alrededor de su dinámica, simplemente porque obedecen a una naturaleza distinta, una na-

---

342 Galí, A. (1961). *Règim de llibertat, règim de confiança.* Conferència a l'Escola de Mestres de Barcelona.

343 Zizek, S. (2010). *Living in the End Times.* Verso. London.

turaleza no libre, una naturaleza maquinalmente animal, empujada a su crecimiento por naturaleza, programada para la ocupación del mercado y la estimulación de la demanda.

La mayor de las amenazas es la que se deriva de las consecuencias de los efectos agregados de todas las empresas en el sistema. Y la única posibilidad de limitación reposa en marcar las reglas de juego y no confiar de forma cómplice en la autolimitación de los que las gestionan. Y de la consideración de que sus actos no tienen solamente un impacto solo en el ámbito de la empresa sino en toda la sociedad. Un solo spray de CFC no hace un agujero en la capa de ozono. Pero millones de sprays acaban causando un desastre. Una campaña de publicidad no tiene un efecto social importante pero el agregado de millones de campañas acaba siendo un factor de creación de carácter consumista.

Para finalizar nos parecen proféticas las palabras de Arendt. La "filosofa del siglo XX", nos recuerda que Marx construyó su teoría de la historia contando con que el incremento de productividad del trabajo liberaría tiempo para actividades "más elevadas".

> *"Cien años más tarde de Marx sabemos que este razonamiento es una falacia; el tiempo de ocio del animal laborans siempre se gasta en el consumo, y cuando más tiempo le queda libre, más ávidos y vehementes son sus apetitos. Que estos apetitos se hagan más adulterados, de modo que el consumo no quede restringido a los artículos de primera necesidad, sino que por el contrario se concentre principalmente en las cosas superfluas de la vida, no modifica el carácter de esta sociedad que contiene el grave peligro de que ningún objeto del mundo se libre del consumo y de la aniquilación a través de este".[344]*

---

344 Hannah, A. (1958). *La condición Humana*. Paidós, Surcos, 1ª Ed, en la colección Surcos, 2005.

Ya en los 70 describía la sociedad actual como una sociedad de consumidores y laborantes, es decir, de individuos que básicamente trabajan para ganarse la vida (el *animal laborans*) y convertir esta ganancia en consumo. Una sociedad donde el genuino trabajo (la transformación de la naturaleza para construir el mundo) y la acción (el trabajo de preocuparse de la cosa común) solo están al alcance de pocos y no constituye la base del sistema sino su residuo. Y también tenía una visión premonitoria en lo que hemos descrito como traslación simbólica del consumo de producto al uso de producto como elaboración humana a partir de lo que provee la madre tierra:

"El mundo, el hogar levantado por el hombre en la Tierra y hecho con el material que la naturaleza terrena entrega a manos humanas, está formado no por cosas que se consumen sino por cosas que se usan. Si la naturaleza y la tierra constituyen por lo general la condición de la vida humana, entonces el mundo y las cosas de él constituyen la condición bajo la que esta vida específicamente humana pueda estar en el hogar sobre la Tierra. La naturaleza, vista con los ojos del animal laborans, es la gran proveedora de todas las "cosas buenas" que pertenecen por igual a todos sus hijos, quienes "las sacan de sus manos "y las "mezclan con" ellos mediante la labor y el consumo. La misma naturaleza, vista con los ojos del homo faber, o sea, del constructor del mundo, "proporciona sólo materiales casi sin valor en sí mismos", valorizados por entero con el trabajo realizado sobre ellos. Sin sacar las cosas de las manos de la naturaleza y sin defenderse de los naturales procesos de crecimiento y decadencia, el animal laborans no podría sobrevivir. Pero sin sentirse a gusto en medio las cosas cuyo carácter duradero las hace adecuadas para el uso y para erigir un mundo cuya misma permanencia está en directo contraste con la vida, esta vida no sería humana.

El peligro radica que en tal sociedad, deslumbrada por la abundancia de su creciente fertilidad y atrapada en el funcionamiento de un proceso interminable, no sea capaz de reconocer su propia futilidad, la futilidad de una vida que "no se fija o realiza en una circunstancia permanente que perdure una vez transcurrida su labor".

La naturaleza de la vida humana es la vida efímera, no permanente, que pasa en medio de cosas duraderas y usables, y como tal vida efímera, contrasta con la permanencia de las cosas de carácter duradero. Y lo duradero es el mundo, la naturaleza, a la que estamos poniendo en peligro cuando a través de nuestra ilusión consumista intentamos lograr la eternidad. Y el mundo natural nos despertará bruscamente del sueño. ¿Estamos a tiempo de evitar la crisis de sostenibilidad? No lo parece. Los que lleven ventaja en el camino de la sostenibilidad sufrirán menos. Pero todos, todos lo pagaremos, ricos y pobres lo sufriremos. A no ser que pongamos rápidamente coto a la estimulación permanente del consumo, lo que no se consigue solamente con la técnica de marketing y la ciencia de la conducta, sino con la ética y política. A no ser que le demos a la sociedad otro carácter. Su carácter moral y natural.

Referencias

Arendt, H. (1958). La condición Humana. Paidós, Surcos, 1ª Ed. en la colección Surcos, 2005.

Burroughs, J.E., & Rindfleisch, A. (2002). Materialism and well Being: A Conflicting Values Perspective. *Journal of Consumer Research*, 29(3), 348-370.

Frankl, V.E. (1999). *El Hombre en busca del sentido último.* Paidós, Barcelona.

Fromm, E. (1989). *Del tener al Ser. Caminos y extravíos de la conciencia.* (Obra póstuma) Paidós, Barcelona.

Galí, A. (1961). *Règim de llibertat, règim de confiança.* Conferència a l'Escola de Mestres de Barcelona.

Micheletti, M. (2010). *Political Virtue and Shopping. Individuals, Consumerism and Collective Action.* Palgrave Macmillan.

World Economic Forum (2011). *The Consumption Dilemma. Leverage Points for Accelerating Sustainable Growth.* Forum Davos, Davos.

Zizek, S. (2010). *Living in the End Times.* Verso. London, New York.